高等院校立体化创新经管教材系列

营销管理

李宝库　主编

清华大学出版社
北京

内 容 简 介

本书根据教育部关于普通高等院校营销管理课程教学基本要求进行编写。全书共分为16章，分别阐述了市场营销和营销管理、营销的产生和发展、营销理论演进、营销环境、营销信息与营销调研、目标市场营销战略、消费者市场与消费者购买行为、组织市场与购买者行为、产品与品牌营销策略、定价策略、渠道管理、广告与推广策略、数字营销等内容，本书还特别增加了营销相关的法律法规与营销活动、营销人员和企业的道德责任、农村市场营销等内容。

本书可作为高等院校市场营销专业及其相关专业的基础教材，同时也适合市场营销领域的人员阅读。

本书封面贴有清华大学出版社防伪标签，无标签者不得销售。
版权所有，侵权必究。举报：010-62782989，beiqinquan@tup.tsinghua.edu.cn。

图书在版编目(CIP)数据

营销管理/李宝库主编. —北京：清华大学出版社，2023.8
高等院校立体化创新经管教材系列
ISBN 978-7-302-64216-9

Ⅰ.①营⋯ Ⅱ.①李⋯ Ⅲ.①营销管理—高等学校—教材 Ⅳ.①F713.50

中国国家版本馆 CIP 数据核字(2023)第 135323 号

责任编辑：陈冬梅
封面设计：刘孝琼
责任校对：徐彩虹
责任印制：丛怀宇

出版发行：清华大学出版社
　　网　　址：http://www.tup.com.cn, http://www.wqbook.com
　　地　　址：北京清华大学学研大厦 A 座　　邮　编：100084
　　社 总 机：010-83470000　　邮　购：010-62786544
　　投稿与读者服务：010-62776969, c-service@tup.tsinghua.edu.cn
　　质量反馈：010-62772015, zhiliang@tup.tsinghua.edu.cn
　　课件下载：http://www.tup.com.cn, 010-62791865
印 装 者：三河市科茂嘉荣印务有限公司
经　　销：全国新华书店
开　　本：185mm×260mm　　印　张：17　　字　数：395 千字
版　　次：2023 年 8 月第 1 版　　印　次：2023 年 8 月第 1 次印刷
定　　价：49.80 元

产品编号：093234-01

前　言

习近平总书记在中国共产党第二十次全国代表大会上的报告中明确指出，要办好人民满意的教育，全面贯彻党的教育方针，落实立德树人根本任务，培养德智体美劳全面发展的社会主义建设者和接班人，加快建设高质量教育体系，发展素质教育，促进教育公平。本教材在编写过程中深刻领会党对高校教育工作的指导意见，认真执行党对高校人才培养的具体要求。

营销管理教材源于2008年辽宁工程技术大学营销专业创建的中英文课程教学体系。教材内容按照专业生源特点和营销职业发展需求，从利于学生对知识点的消化、吸收和应用的角度出发，构建8个知识模块体系进行教学，并精心设计与制作了多媒体课件。学院自2013年起开始采用教学团队式授课，由此形成了一门96学时的平台型课程，其结构清晰合理，内容丰富实用，分析透彻科学。从2015年开始，营销管理课程一直坚持实行以学生为中心的教学模式改革和教材创新，2020年获国家首批一流课程，本书是我们的教学团队十多年课程教学成果的真实反馈。

在营销管理课程教学和教材建设方面，我们始终坚持转变"教与学"的理念，以学生为中心，时刻注重培养学生走进课堂的主观自觉性，激发学生的学习热情和学习兴趣，鼓励学生用实践理念从营销专业和批判性思维进行价值判断"发现问题"；通过"为什么为什么为什么"的问题导向教学过程实现"以学生为中心"的教育理念，从根本上培养学生的营销思维方式。思维培养胜于能力培养，这是我们认为学生应该具备的营销专业素质中最重要的特质。所以本书不仅仅是一本教材，更是一个注重教育理论、体现专业教学思想、尊重教师教学自主性，培养学生成为具有高度法律意识、爱国情怀、职业道德、社会责任、文化自信和人文精神的勇于担当、勇于奋斗的营销人才的专业教学方法探讨成果报告。

与一般营销教材不同的是，本教材添加了中国农村市场营销内容，这部分内容是我们从2000年承担海尔农村冰箱项目开始，20多年间对中国农民消费者和农村市场研究的项目成果和学术成果，并且将在国内首创的《营销法与企业家职业道德》课程中体现与专业密切相关的营销法、营销者职业道德、传统文化与人格价值等核心内容，将其浓缩添加到本教材中，突出教材建设也要围绕立德树人的根本任务。

在教材编写过程中，辽宁工程技术大学市场营销专业的李宝库教授负责全书的修订和统稿工作以及前言、第一章、第二章、第十五章、第十六章的编写，吴正祥博士负责第三章、第四章、第五章的编写，刘聪博士负责第六章、第七章的编写，刘帅博士负责第八章到第十章的编写，董志静博士负责第十一章、第十三章、第十四章的编写，李晓梅教授负责第十二章的编写。

尽管我们在编写过程中尽了最大努力希望能为老师和学生呈现一本有滋有味的教学用书，但因水平和能力有限，本教材还存在许多不足，恳请各位专家和读者指正，并且能够将问题和改进意见及时反馈给出版社或我们，我们将在后续的教学工作以及教材建设中不断改进和完善。

编　者

目 录

第一章 营销的概念 ... 1
第一节 市场营销和营销管理 ... 3
一、什么是市场营销 ... 3
二、什么是营销管理 ... 4
第二节 营销的产生和发展 ... 4
一、市场营销形成的历史背景 ... 4
二、市场营销学的发展 ... 5
三、营销的科学性和艺术性 ... 8
本章小结 ... 9
自测题 ... 9

第二章 营销理论演进 ... 10
第一节 早期营销理论 ... 11
一、早期营销理论的兴起 ... 11
二、美国早期的营销理论 ... 11
第二节 快速发展时期的营销理论 ... 12
一、金色的20世纪50年代 ... 13
二、高涨的20世纪60年代 ... 14
第三节 萧条时期的营销理论 ... 15
一、动荡不定的20世纪70年代 ... 15
二、滞缓发展的20世纪80年代 ... 17
第四节 现代营销管理理论 ... 18
一、营销基础理论(4P、4C、4R、4I) ... 18
二、移动营销 ... 19
三、绿色营销 ... 19
四、大数据营销和精准营销 ... 20
五、整合营销 ... 20
第五节 营销3.0演进脉络与4.0畅想 ... 21
一、营销3.0演进脉络 ... 21
二、营销4.0畅想 ... 21
第六节 营销历史人物评价 ... 23
本章小结 ... 32
自测题 ... 33

第三章 营销环境分析 ... 34
第一节 营销环境概述 ... 35
一、营销环境的含义 ... 35
二、企业与营销环境的关系 ... 35
第二节 宏观环境分析 ... 37
一、政治环境 ... 38
二、法律环境 ... 38
三、经济环境 ... 39
四、社会文化环境 ... 41
五、技术环境 ... 42
六、人口环境 ... 43
七、自然环境 ... 44
第三节 微观环境分析 ... 44
一、企业自身 ... 44
二、供应商 ... 44
三、营销中介 ... 45
四、顾客 ... 46
五、竞争者 ... 46
六、公众 ... 46
第四节 营销环境的分析方法 ... 47
本章小结 ... 50
自测题 ... 50

第四章 营销信息与营销调研 ... 51
第一节 营销信息 ... 52
一、营销信息的价值 ... 52
二、营销信息系统 ... 52
第二节 营销调研 ... 54
一、营销调研的内涵与角色 ... 54
二、营销调研的内容与类型 ... 55
三、营销调研的步骤 ... 57
四、营销调研的方法 ... 63
本章小结 ... 69
自测题 ... 69

第五章 目标市场营销战略 70
第一节 市场细分 71
一、市场细分的依据 71
二、市场细分的程序与步骤 76
三、市场细分的有效性 77
第二节 目标市场选择 78
一、评价细分市场 79
二、选择目标市场 80
第三节 市场定位 84
一、市场定位的核心要素 85
二、市场定位的典型过程 88
本章小结 89
自测题 90

第六章 消费者市场与消费者购买行为 91
第一节 消费者市场和消费者行为模型 91
一、消费者市场的特点 91
二、消费者行为模型 92
第二节 购买行为类型 94
一、复杂型购买行为 94
二、协调型购买行为 94
三、变换型购买行为 94
四、习惯型购买行为 94
第三节 影响消费者行为的因素 95
一、文化因素 95
二、社会因素 96
三、个人因素 98
四、心理因素 99
五、政治因素 101
第四节 购买决策过程 102
一、问题认知 102
二、信息搜集 103
三、评价选择 103
四、购买决策 103
五、购后行为 103
第五节 新产品购买决策过程 104
一、采用过程的各个阶段 104
二、新产品采用者的分类 104

本章小结 105
自测题 106

第七章 组织市场与购买者行为 107
第一节 组织市场 108
一、组织市场的含义与分类 108
二、组织市场的特点 108
第二节 组织购买者行为 110
一、组织购买者行为的含义 110
二、组织购买者行为的特征 110
三、组织购买者行为 112
四、组织购买过程的参与者 114
五、组织购买行为的影响因素 115
六、组织购买决策过程 116
本章小结 118
自测题 118

第八章 产品与品牌营销策略 119
第一节 产品整体概念 120
一、产品整体概念的含义和特点 120
二、产品整体概念的意义 121
第二节 服务产品决策 122
一、服务的含义和特点 122
二、服务的分类 123
三、服务营销 123
四、服务组合决策 124
第三节 产品生命周期决策 125
一、产品生命周期的含义 125
二、研究产品生命周期应注意的问题 127
三、产品生命周期各阶段的特征及营销策略 127
第四节 新产品开发决策 130
一、新产品开发概述 130
二、新产品开发程序 131
三、新产品的采用与扩散 131
第五节 品牌战略 133
一、品牌概述 133
二、品牌的战略 133

第六节　产品包装策略...........................135
　　一、包装的含义............................135
　　二、包装决策的含义......................135
　　三、包装的策略............................135
　　四、包装的程序............................136
　　五、影响包装决策的因素...............137
　　六、绿色包装的原则......................137
　本章小结...137
　自测题..138

第九章　定价策略..............................139
第一节　影响企业定价的因素...............140
　　一、价格构成要素.........................140
　　二、影响企业定价的因素...............141
第二节　定价导向.................................147
　　一、成本导向定价.........................147
　　二、需求导向定价.........................149
　　三、竞争导向定价.........................150
第三节　企业的定价策略......................152
　　一、新产品定价策略.....................152
　　二、折扣定价策略.........................154
　　三、地区定价策略.........................156
　　四、心理定价策略.........................156
　　五、差别定价策略.........................157
　　六、产品组合定价策略..................159
第四节　价格调整策略.........................161
　　一、价格调整策略.........................161
　　二、价格变动后的反应..................162
　　三、对竞争者价格变动的反应........163
　本章小结...164
　自测题..164

第十章　渠道管理..............................165
第一节　分销渠道的性质和重要性........166
　　一、性质..166
　　二、重要性....................................166
第二节　渠道行为和组织......................167
　　一、渠道行为.................................167
　　二、渠道组织.................................168

第三节　分销渠道管理决策...................171
　　一、分销渠道管理的含义...............171
　　二、分销渠道管理的特点...............171
　　三、分销渠道成员选择..................172
　　四、渠道成员培训.........................173
第四节　物流与供应链管理..................173
　　一、供应链视角下分销渠道的
　　　　新特征...................................173
　　二、供应链视角下营销渠道管理
　　　　优势体现...............................174
　本章小结...175
　自测题..175

第十一章　广告与推广策略................176
第一节　广告与广告策划......................177
　　一、广告..177
　　二、广告策划.................................177
第二节　个人推销.................................179
　　一、推销的含义.............................179
　　二、个人推销的要素.....................180
　　三、个人推销的特点.....................180
　　四、个人推销的功能.....................181
　　五、个人推销的原则.....................182
第三节　公共关系.................................183
　　一、公共关系的定位.....................183
　　二、公共关系的构成要素..............184
　　三、公共关系的职能.....................184
　　四、公关营销活动中常用的手段...186
第四节　营业推广.................................186
　　一、营业推广.................................187
　　二、营业推广的方式.....................188
　　三、营业推广的控制.....................189
　　四、营业推广设计.........................190
　本章小结...191
　自测题..191

第十二章　数字营销...........................192
第一节　数字营销概述.........................193
　　一、数字营销的产生与发展...........193

二、数字营销的特征 195
第二节 数字营销的内容与方法 196
　　一、数字营销的内容 196
　　二、数字营销的方法 197
第三节 数字营销管理体系及面临问题 198
　　一、数字营销的管理体系 198
　　二、数字营销面临的问题 199
本章小结 201
自测题 202

第十三章 营销相关的法律法规与营销活动 203

第一节 价格法 204
　　一、核心条款 204
　　二、重点条款 204
　　三、易犯条款 205
　　四、《中华人民共和国价格法》整体介绍 206
第二节 广告法 208
　　一、核心条款 208
　　二、重点条款 208
　　三、易犯条款 209
　　四、《中华人民共和国广告法》整体介绍 210
第三节 产品质量法 213
　　一、核心条款 213
　　二、重点条款 213
　　三、易犯条款 214
　　四、《中华人民共和国产品质量法》整体介绍 215
第四节 消费者权益保护法 217
　　一、核心条款 217
　　二、重点条款 218
　　三、易犯条款 218
　　四、《中华人民共和国消费者权益保护法》整体介绍 220
第五节 反不正当竞争法 221
　　一、核心条款 221
　　二、重点条款 222
　　三、易犯条款 222
　　四、《中华人民共和国反不正当竞争法》整体介绍 223
第六节 商标法 225
　　一、核心条款 225
　　二、重点条款 225
　　三、易犯条款 226
　　四、《中华人民共和国商标法》整体介绍 228
本章小结 229
自测题 230

第十四章 营销人员和企业的道德责任 231

第一节 企业与道德的关系 233
　　一、企业的主业 233
　　二、企业的道德背景 233
　　三、社会对企业要求 233
第二节 道德水平与道德责任 233
　　一、道德水平 233
　　二、道德责任 234
第三节 义务责任与解释责任 234
　　一、义务责任 234
　　二、解释责任 234
第四节 营销管理者及其角色的道德责任 234
第五节 功利主义与商业贿赂 235
　　一、功利主义 235
　　二、商业贿赂 235
本章小结 236
自测题 237

第十五章 农村市场 238

第一节 农村市场的中国特色 240
第二节 农民消费行为二重性与农村市场 242
第三节 农村市场与农民需求 243
本章小结 246

自测题 246

第十六章　农村市场营销模式 247

第一节　农村居民消费者模式与需求层次 248
一、农村居民消费模式 248
二、农村居民需求层次 248

第二节　农民消费行为特征 249
一、消费结构偏好 249
二、消费观念 249
三、消费决策 250
四、消费环境 250

第三节　以农民为核心的营销策略制定 251
一、农村消费行为特征差异营销策略 251

二、农村消费者行为不确定性营销策略 251

第四节　"三农"问题与营销 252

第五节　农业产业化 253
一、农业产业化概念 253
二、农业产业化理论 254
三、农业产业化的特征 255

第六节　农产品网络营销 255
一、农产品网络营销模式 255
二、农产品网络营销策略 256

本章小结 258
自测题 258

参考文献 259

第一章　营销的概念

【学习要点及目标】 通过本章的学习，使学生掌握市场营销和营销管理的概念，了解营销产生的背景及发展进程，理解营销的科学性与艺术性。

【关键概念】 市场营销(marketing)　营销管理(marketing management)

【引导案例】

酒庄的历史就是最好的营销历史

葡萄酒文化是伴随着人类的历史与文明成长和发展起来的。据考证，古希腊爱琴海盆地有以种植小麦、大麦、油橄榄和葡萄为主的十分发达的农业。大部分葡萄果实用于做酒，剩余的制干。几乎每个希腊人都有饮用葡萄酒的习惯。在美锡人时期，希腊的葡萄种植已经很兴盛，葡萄酒的贸易范围涉及埃及、叙利亚、黑海地区、西西里和意大利南部地区。

葡萄酒是罗马文化中不可分割的一部分，曾为罗马帝国的经济做出了巨大的贡献。

十七八世纪前后，法国雄霸整个葡萄酒王国。波尔多和勃艮第两大产区的葡萄酒代表了两个主要类型的高级葡萄酒：波尔多的厚实和勃艮第的优雅，也成为酿制葡萄酒的基本准绳。1855年，法国正值拿破仑三世当政。三世国王想借巴黎世界博览会的机会向全世界推广波尔多的葡萄酒。葡萄酒批发商的官方组织 Syndicat of Courtiers(商业联合会，音译为辛迪加)，将所有酒庄分为五级，包括1个超一级、4个一级、12个二级、14个三级、11个四级和17个五级。超一级酒庄为：吕萨吕斯酒堡(Lvsa-Lvsi)。一级酒庄为：拉菲(Château Lafitte)、拉图尔(Latour)、玛歌(Margaux)和侯伯王(Haut-Brion)。1973年，在菲利普·罗斯柴尔德(Philippe Rothschild)男爵的不断努力下，木桐(Mouton Rothschild)由二级酒庄升级为一级酒庄。至此便形成了世人所熟知的"六大名庄"。

吕萨吕斯酒堡是1855年官方列级酒庄评级中的唯一一个超一级甜白酒庄。吕萨吕斯是法国葡萄酒界最负盛名的传奇家族，吕萨吕斯不仅是欧洲最古老的几个贵族家庭之一，也是世界上最珍贵的贵腐城堡吕萨吕斯酒堡数百年的主人，推动了葡萄酒历史的发展。

吕萨吕斯酒堡一直以极其严格的葡萄酒酿造和管理而闻名。据《法国人的酒窝》一书介绍，"此地采收葡萄非常特别，需要大量人工，要分五六次完成。此外，贵腐的葡萄采收时间比一般的葡萄采收时间晚，如果在采收前或采收期间下雨，将前功尽弃。被葡萄孢霉菌攻击的葡萄皮非常容易破裂，糖分、氧气与葡萄孢霉菌接触会形成醋酸，就得将所有的葡萄倒掉。"也就是说，即便是上天恩赐，也不能保证每年都能产出酒香特异、果香微弱、口味浓厚、酒体丰满的贵腐酒。

拉菲酒庄园内主要种植品种为顶级的赤霞珠(Cabernet Sauvignon)，其比例占到68%，其他的葡萄品种包括28%的美乐(Merlot)、3%的品丽珠(Cabernet Franc)，以及1%的小维度(Petite Verdot)。拉菲酒庄不会采用新栽培的低于10岁的葡萄进行酿制，进行酿制的每株葡萄藤平均年龄达到了35岁，酿造顶级酒的葡萄树平均年龄达到了45岁。被称作"采石场"(La Gravière)地块上的葡萄树已经达到了135岁的高龄，这些葡萄树栽种于1886年。

收成之后，每个地块出产的葡萄都立刻进入各个酿酒桶中独立发酵，以在第一时间保留土地的芬芳特征。所有的酒必须在橡木桶中进行发酵，所用酒桶全部来自葡萄园自己的造桶厂。每一个盛放酒的酒桶都要进行几次尝酒以挑选出顶级品质的佳酿。最后，为了去除悬浮颗粒，装瓶前要在每桶酒中加入四至六个打成雪花状的蛋清以使其凝结并沉至桶底。六月份，由拉菲庄园的员工装瓶，所有酒皆一次灌装完毕。

拉图尔酒庄对葡萄的产量控制得比较严格，在不好的年份时，对采摘后的葡萄还要经过严格的手工筛选，在这一点上，其高出拉菲酒庄一等。在梅多克(Medoc)地区有一句谚语"只有能看得到河流(吉伦特河)的葡萄才能酿出好酒"，拉图尔酒庄就在吉伦特河岸很近的地方，俯视着吉伦特河。葡萄园土壤表层是0.6～1米厚的粗砾石，是第四纪冰川开始时冰河融化侵蚀的产物。只有葡萄才能在这样贫瘠的鹅卵石土壤里生长。这样恶劣的自然环境迫使葡萄将根系向深处生长，以找到必需的养分。也正是这独特的土壤构造，赋予拉图尔酒特殊的风味。

1964年，拉图尔酒庄开始采用控温不锈钢发酵罐代替老的木制发酵槽。待发酵过程完全结束后，酒与发酵好的酒液要进行一系列的品尝，只有质量最好的才有资格作为正牌酒，其余的，则只能做二等酒和三等酒。正牌酒在12月份的时候会被注入全新的法国橡木桶里，接下来就要进行最短18个月的陈酿过程了。在第二年的6月份之前，橡木桶放在新酒专门的酒窖里，使用玻璃的塞子塞住，酒桶并非完全密封。这时的酒是"透气"的，橡木桶会吸收一部分酒液，还会有一部分挥发掉，因此，每星期都要有两次将橡木桶补满。每三个月，酒庄会进行一次倒桶，以分离澄清的酒液和沉淀物质。整个陈酿过程要经过至少6次的倒桶工作。到了6月份，天气转热，橡木桶酒要转入地下酒窖，这里被称作"第二年酒窖"。此时，酒桶会换用木头塞子。木头塞子会因为吸收液体膨胀，将酒桶严丝合缝地堵住，因此就不需要定期补充酒液了。但每3个月的倒桶工作依然需要进行，直到葡萄酒陈酿结束为止。

玛歌酒庄位于梅多克南部。葡萄树植根于深层土壤，出产的葡萄酒极为优雅芳香，单宁含量丰富且柔和细腻，令人联想到女性的温柔。酒香极富变化：初酿制时醇香可口，随着时间的推移，口感逐渐变得无比的精致、柔顺。这片土地产出的葡萄酒像一个无与伦比的香味调色盘，呈现出一个酒庄到另一个酒庄独一无二的香气，高贵雅致，优雅芬芳。玛歌酒有力度但不浓烈，喝起来舒服而不易醉，入口后纯净清凉，是一种适合心平气和地品尝和体验的酒。有人形容玛歌葡萄酒像优美婉转的绝妙女嗓或余音绕梁的音乐体会，也有人形容它为"皇室贵妇"。如果说拉图尔是梅多克产区的"酒王"，那么玛歌酒庄应该就是"酒后"。文学家海明威希望能将孙女养得如同玛歌葡萄酒般充满女性魅力，因此将她取名为"Margaux"，后来这个女孩真的成了一位电影明星。

玛歌酒庄依然保持传统销售形式，每年90%的酒不拆封以橡木桶直接出售，剩下的10%酒庄自行装瓶收藏。酒庄只接受参观而不售酒，玛歌酒庄对自己的品牌十分维护，也拒绝售卖与酒庄品牌有关的纪念品和明信片。

侯伯王酒庄位于法国波尔多左岸的佩萨克-雷奥良(Pessac-Leognan)产区，是整个波尔多葡萄园中历史最悠久的酒庄，唯一一个没有在梅多克产区的列级名庄，是唯一以红、白葡萄酒同时都是列级顶级酒的酒庄。1666年，Chateau Haut Brion(侯伯王酒庄，曾称为奥比昂庄园)庄主在英国开了一家酒馆，专门销售自家酒。他们是第一家在自己的产区之外推广葡

第一章 营销的概念

萄酒的波尔多酒庄。

所有的红葡萄都会经过人工筛选,红葡萄破碎之后会放在橡木桶或者双层不锈钢罐中酿制,侯伯王酒庄也是在波尔多第一个使用不锈钢罐的庄园,并且正牌会在全新橡木桶中陈酿24个月,70%的橡木桶是庄园和Seguin Moreau公司合作,定制更适合自身的橡木桶。

木桐酒庄在销售上十分高明,自1945年以来每年以自产红酒换取一位艺术家为其设计酒标,到现在这些酒标的原作已经巡展过许多国家,每一个酒标都能够讲一个故事。1945年酒标是一个带有V的图案以庆祝二战胜利,那年也是木桐酒庄史上最优秀且至今无法逾越的年份;1973年纪念毕加索逝世,以毕加索《酒神祭》为酒标;1989年的酒标是为了纪念柏林墙倒塌;1996年以中国艺术家作品《心连心》为酒标;2000年以自家藏品金羊为原型在酒标上制作了一个黄金浮雕,因而当年价格更高。很多人仅仅是为了收藏酒标而要将木桐的红酒买齐,酒的标签本身就是颇有价值的艺术品,所以就算那年的酒不是很出众,但酒瓶和酒标也是珍贵的收藏品。

(资料来源:百度百科. https://baike.baidu.com.)

第一节 市场营销和营销管理

一、什么是市场营销

许多人都认为,市场营销关乎人类与社会需要的识别与满足,其不仅是一种工具或功能,更是一种做生意的思维方式。

最简洁的市场营销定义是"有利可图地满足需求"。当特斯拉发现人们的需求从省油向环保转变时,创造出了通过充电实现动力供给的纯电动汽车。当泡泡玛特发现当代年轻人追求潮流和精致的猎奇需求时,推出了盲盒玩具。这两家公司的例子都较好地阐述了营销技巧,即将社会或私人化的需求转变成可盈利的商机。

在这个概念的基础上,不同的学者和机构都对市场营销的定义作了不同程度的延伸,具体如表1-1所示。

表1-1 不同的学者和机构对市场营销的定义

作 者	定 义
美国市场营销协会(AMA)	市场营销是创造、沟通与传送价值给顾客,以及经营顾客关系以便让组织与其利益关系人受益的一种组织功能与程序,是一种最直接有效的营销手段
杰罗姆·麦卡锡	市场营销是企业经营活动的重要职责,它通过特殊的手段将产品及劳务从生产者直接或间接地引向消费者或使用者,实用这种手段一方面可满足顾客需求,另一方面能帮助公司实现利润,该过程也是一种社会经济活动过程,其目的在于满足社会物品流动需求,实现社会目标
菲利普·科特勒	市场营销是个人和集体通过劳动创造产品及价值,并将产品和价值拿与别人自由交换,以此获得自己所需之物的一种社会和管理过程

续表

作　者	定　义
格隆罗斯	市场营销就是在不断变化的市场环境中，着力满足市场消费需要、进一步实现企业目标的商务活动过程，具体环节包括市场调研、确定目标市场、新产品开发及促销等一系列与市场有关的企业经营活动
基恩·凯洛斯	一般可将各种市场营销定义分为三类：第一类是将市场营销看作是消费者需求为消费者服务的理论；第二类强调市场营销活动是对社会现象的一种认知；第三类认为市场营销是通过渠道把生产企业同最终消费者联系起来的过程

根据以上观点，我们可以把市场营销定义为：营销是一种组织职能，是一套流程，用于为客户创造、交流和交付价值，并以有利于组织及其利益相关者的方式管理客户关系。

需求是营销概念中的核心，市场营销就是"盈利的同时满足人们的需求"（见表 1-2）。这种需求可以包括明确的需求、抽象的需求、能使人愉悦的需求、不可告知的需求。

表 1-2　市场营销的核心概念

名　称	定　义
需要	指人们感到缺乏的一种状态，是人类对食物、衣着、温暖、安全感等的生理需要，对社会归属感和影响力的需要，对个人知识和实现自我价值的需要
欲望	由需要派生出的一种形式，主要受到社会文化和人们个性的限制
需求	可以被购买能力满足的对特定产品的欲望

二、什么是营销管理

营销管理是选择目标市场以及通过创造、交付和传达卓越的客户价值来获取、保持和增长客户的艺术和科学。营销管理的实质是需求管理，在营销管理实践中，企业通常需要预期一个与实际不一致的市场需求水平，这就需要企业营销管理者针对不同的需求情况，采取不同的营销管理对策，有效地满足市场需求，确保企业目标的实现。营销管理就是要寻求适当的方式来影响需求水平、需求的时间和性质，实现组织目标。

第二节　营销的产生和发展

一、市场营销形成的历史背景

市场营销思想最初的产生完全是自发的，即在人们解决生产过程中产生各种问题时逐渐自发形成。

20 世纪初，工业革命促使美国从农业经济迅速向工业经济转化，大规模生产带来的商品日益增多使市场供应超过了市场需求，卖方市场开始从买方市场转化，让生产者完成了从只关心产品生产到既关心产品生产也关心产品市场和产品销售问题的重大转变。在该时期，城市化给大规模生产带来了机会、引入了新的竞争因素，中间商的作用开始逐渐显现，经济自由思想和市场竞争机制开始形成。

在经济危机之后的一段时期，形成了以提高生产效率为中心、强调专业化分工的"科学管理"理论，为市场营销学的产生奠定了基础。它们使科学技术飞速发展，形成了许多专业化分工，人们能够在理论的指导下对某一领域进行研究、分析和控制，使得以市场交换为核心的市场营销学逐渐从企业管理的各项职能中独立出来，成为了一门经济管理学科。

二、市场营销学的发展

市场营销学的产生和发展同商品经济的发展、企业经营哲学的演变密切相关。早期市场营销学诞生于美国，自20世纪初以来经历了六个阶段。

(一)萌芽阶段(20世纪初到20年代)

进入20世纪以后，美国资本主义发展迅速，竞争日益激烈，促使企业日益重视广告宣传和销售活动。理论界一批学者开始研究有关营销、分配等方面的问题并著书立说。例如巴特勒(Ralph Starr Butler)曾在威斯康星大学讲授《市场营销方法》。韦尔德(L. D. H. Weld)提出："经济学家通常把经济活动划分为三大类：生产、分配、消费。……生产被认为是效用的创造，市场营销应当定义为生产的一个组成部分"。这一阶段的研究是以传统经济学理论为依托、以供给为中心、以生产观念为导向，主要限于理论界。

(二)功能研究阶段(20世纪20—40年代)

这一阶段以营销功能为研究特点。克拉克(F. E. Clerk)和韦尔德在1932年出版了《美国农产品营销》一书，对美国农产品营销进行了全面的论述，指出市场营销的目的是"使产品从种植者手中顺利地转到使用者手中。这一过程包括3个重要的内容：集中——购买剩余农产品、平衡——调节供需、分散——把农产品化整为零"。1942年，克拉克出版的《市场营销学原理》一书，把功能归结为交换功能、实体分配功能和辅助功能等，提出推销即创造需求，这便是市场营销的雏形。

(三)形成和巩固阶段(20世纪50年代)

1952年，范利(Vaile)、格雷特(Grether)和考克斯(Cox)合作出版了《美国经济中的市场营销》一书，全面阐述了市场营销如何分配资源，指导资源的使用，尤其是稀缺资源的使用；市场营销如何影响个人分配，个人收入又如何制约营销；市场营销还包括为市场提供适销对路的产品。同年，梅纳德(Maynard)和贝克曼(Beckman)在出版的《市场营销学原理》一书中，提出了市场营销的定义，认为营销是"影响商品交换或商品所有权转移，以及为商品实体分配服务的一切必要的企业活动"。梅纳德归纳了研究市场营销学的5种方法，即商品研究法、机构研究法、历史研究法、成本研究法及功能研究法。这一时期已形成市场营销的原理及研究方法，传统市场营销学颇具雏形。

(四)营销管理导向阶段(20世纪60年代)

这一阶段的理论研究以营销管理为主。约翰·霍华德(John A. Howard)在出版的《市场营销管理：分析和决策》一书中，率先提出从营销管理角度论述市场营销理论和应用，根

据企业环境与营销策略之间的关系来研究营销管理问题,强调企业必须适应外部环境。尤金尼·麦卡锡(E. J. McCarthy)在1960年出版的《基础市场营销学》一书中,对市场营销管理提出新的见解:把消费者视为一个特定的群体,即目标市场;企业通过制定市场营销组合策略,适应外部环境,满足目标顾客的需求,实现企业经营目标。

(五)协同和发展阶段(20世纪70年代)

这一时期,市场营销学逐渐从经济学中独立出来,同管理科学、行为科学、心理学、社会心理学等理论相结合,使营销理论更加成熟。乔治·道宁(George S. Downing)于1971年出版《基础市场营销:系统研究法》一书,提出了系统研究法,认为公司就是一个市场营销系统,"企业活动的总体系统,通过定价、促销、分配活动,用各种渠道把产品和服务供给现实和潜在的顾客"。1967年,美国著名市场营销学教授菲利普·科特勒(Philip Kotler)出版了《市场营销管理:分析、计划与控制》一书,更全面、系统地发展了现代市场营销理论,对营销管理作了更为精粹的定义:营销管理是通过创造、建立和保持与目标市场之间的有益交换和联系,为达到组织的各种目标而进行的分析、计划、执行和控制过程,提出市场营销管理过程包括分析市场营销机会,进行营销调研,选择目标市场,制定营销战略和战术,制订、执行及调控市场营销计划。菲利普·科特勒突破了传统市场营销学认为营销管理的任务只是刺激消费者需求这一观点,进一步提出了营销管理任务还影响需求的水平、时机和构成,由此提出营销管理的实质是需求管理,还提出市场营销是与市场有关的人类活动,既适用于营利组织,也适用于非营利组织,扩大了市场营销学的范围。

(六)分化和拓展阶段(20世纪80年代后)

在此期间,市场营销领域出现了大量丰富的新概念,使得市场营销这门学科出现了变形和分化的趋势,应用范围也不断扩展。1985年,巴巴拉·本德·杰克逊(Barbara B. Jackson)提出了"关系市场营销""协商推销"等新观点。1986年,科特勒论述了"大市场营销"这一概念,提出了企业如何打进被保护市场的问题。"直接市场营销"也是一个引人注目的新问题,其实质是以数据资料为基础的市场营销,事先获得大量信息和电视通信技术的发展使直接市场营销成为可能。进入20世纪90年代以来,关于市场营销、市场营销网络、政治市场营销、市场营销决策支持系统、市场营销专家系统等新的理论与实践问题开始引起学术界和企业界的关注。

进入21世纪,互联网的应用推动了虚拟网络的发展,基于互联网的网络营销得到了迅猛发展。随着社会和市场经济的发展,市场营销学发生了根本性的变化,从传统市场营销学演变为现代市场营销学,其应用从营利组织扩展到非营利组织,从一国扩展到多国。当今,市场营销学已成为同企业管理和经济学、行为科学、人类学、数学等学科相结合的重要管理学科。

【拓展阅读】

大数据赋能企业营销

"十二五"期间中国信息化的迅速发展,为数字化时代奠定了基础,积累了丰富的数字资源。在党的十八届五中全会提出"实施国家大数据战略"以及"十三五"规划的指引下,中国大数据产业更是迎来了重大的发展机遇,推动了经济的发展和商业的创新,大数据为行业赋能的同时,也创造了新经济新业态,造福了大众生活。2020年中共中央、国务院印发的《关于构建更加完善的要素市场化配置体制机制的意见》首次提出把数据作为生产要素资源,要加快培育数据要素市场,推进数据开发共享,提升社会数据资源价值,加强对数据资源的整合与保护。互联网、大数据这些新兴技术都已经渗透在市场营销中,为市场营销带来新的挑战与机遇,市场营销的创新与演变也能够发挥数据要素的社会应用价值。

从互联网阶段、社交网络阶段到大数据阶段,乃至今后的人工智能阶段,市场营销也随着环境的变化,不断地创新和演变。基于互联网技术与应用的快速发展,以及计算机处理、存储、交换能力的提升,网络留存数据呈现出指数级的增长,跟踪消费者的踪迹逐渐成为可能,消费者在网上留下了大量信息,可支持企业的营销决策。随着社交网络的发展,营销信息的传送也从单向转变为双向,消费者同时成为营销信息的接收者和制造者。营销科学经历了一场大数据革命,消费者的行为和营销战略都发生了很大的变化。

企业通过为消费者提供的产品或服务来传递价值,以实现营销的目的,同时实现企业的价值主张。大数据环境下,企业对消费者的需求了解不再局限于抽样的样本数据分析,消费者在网上留下的真实消费行为数据将需求传递给企业,为市场人员理解顾客和市场带来了新的机会,逆向推动企业为消费者创造更合适的产品或服务。以往的工业制造追求规模化生产,以降低成本,创造利润。企业使用同质化的产品去满足消费者的共性需求,但不能满足消费者的个性需求。随着网络技术的发展,消费者通过社交网络更多地参与产品的生产,表达自己的个性化诉求。大数据技术下,追踪采集和挖掘分析这些客户诉求数据成为可能,企业提供的产品层次也从最基本的核心利益层,上升到附加产品层,甚至潜在产品层次,从而为消费者提供更大的利益,增强企业竞争优势。

营销沟通是指针对公司销售的产品和品牌,试图直接或间接地对消费者进行告知、说服和提醒的各种方法,是与消费者建立关系和对话的工具。移动互联网为营销沟通带来了"连接红利",使得人与人、人与机器、机器与机器都可以随时随地连接与沟通。连接式的沟通降低了沟通成本,提升了效率,沟通的模式也呈现多样化。与以往的大众传媒相比,大数据环境下的营销沟通使企业与消费者通过社交媒体等工具实现了多样化的网状交互沟通。调查显示,截至2018年,近七成企业已经不同程度地使用了数字营销,基于网络的沟通,企业和消费者交互过程的数据信息被记录下来,例如:企业发布的产品信息数据,与消费者交互的数据;消费者使用搜索引擎的搜索数据、消费者浏览产品的网页浏览数据、消费者通过网络的交易数据、消费者使用产品后提供的口碑数据、消费者开展网络社交的社交数据,等等。网站点击、搜索、口碑、社交传播已经成为消费者消费过程的重要环节,消费者不仅接受企业发布的内容,也利用社交网络生产和传播内容。营销沟通从发散式的星形形式转变为错综互联的网状连接,内容为连接提供资源。

营销过程中消费者获得的价值,通过营销渠道从企业交付到消费者手中。营销渠道是促使产品或服务顺利地被使用或消费的一套相互依存的组织,它们是一个产品或服务在生产后经过的一系列途径,使产品或服务经过销售到达使用者手中。传统的营销渠道企业通过在企业与消费者之间建立层层分销渠道,来完成价值交付。互联网环境下,企业需要建立混合渠道的新零售模式,实现价值的多点传递与交付。以大数据驱动为背景,依靠泛零售形态和全渠道整合来满足顾客多维一体的综合零售业态。新零售商业模式背后沉淀了海量的用户消费数据，只有把这些数据进行深层次的挖掘和分析，才能深刻洞察其隐藏在数据背后的商业逻辑和商业价值。企业对不同渠道的消费者数据进行整合分析，洞察消费者的消费心理与习惯，预测消费倾向，提供更适合消费者的产品，可以实现更高的价值交付。不同的消费者采用不同的营销渠道、社交媒体、物流平台来获得企业传递的价值。企业通过建立线上电商平台、线下实体、社交平台、物流仓储及运输等各种渠道来实现灵活立体的价值交付。

公司不断创造的价值来自现有的顾客和未来顾客的价值，营销导向的基石就是拥有牢固的客户关系。消费者从企业获得的价值，也就是顾客的感知价值，取决于顾客利益与顾客成本之差。企业可以通过提高顾客利益，或降低顾客成本来提高顾客的感知价值，从而获得忠实的顾客。前面的创造、沟通、交付都提到了大数据环境下，可以通过分析海量客户数据来定制产品、获得消费行为路径、网络化沟通渠道，为消费者提供更高的价值。在客户关系管理方面，大数据能够采集分析客户历史数据实现消费者的分类管理，开展有针对性的精准营销。从企业角度来讲，企业可以把有限的资源更精准地投放给不同类型的客户，来获得更大的利益。从消费者角度来讲，基于大数据的精准营销让消费者能够获得最适合自己的产品和服务，不再被过多的同质产品所干扰。基于大数据的个性化推荐使得消费者的消费路径大大缩短，有效降低了消费者的时间和精力成本，提高了顾客感知价值。

营销是企业创造、沟通、交付价值和客户关系管理的过程，大数据时代企业市场营销在信息技术发展的影响下，有了更多的创新和演变。企业创造的价值不再是以企业生产资源为中心的规模化生产，而是基于大数据分析的消费者需求驱动的柔性生产。营销沟通也从企业到消费者的单项沟通转变为基于网络的网状沟通。同时大数据驱动的新零售模式，为企业和消费者的连接创建了立体化全方位的价值交付渠道。基于大数据的精准营销，进一步稳固了企业的客户关系，也让消费者和企业获得了更多的价值。

(资料来源：岛宁. 大数据时代赋能企业营销的创新与演变研究[J]. 营销界，2021(31): 10-12.)

三、营销的科学性和艺术性

菲利普·科特勒教授于 1987 年 5 月在美国营销协会成立 50 周年纪念大会上，作了一个堪称经典的学术报告。

营销学这门学科源出何处？
- "父亲"是经济学；
- "母亲"是行为科学；
- 数学乃营销学的"祖父"；
- 哲学乃营销学的"祖母"。

如此源远流长，我们完全可以期待未来会衍生出更为强健的新一代的营销学。

市场营销涉及众多的学科——诸如经济学、心理学、行为学、统计学、文化人类学等社会科学，其本身也是一门多学科交叉的应用科学。

营销既是一门科学也是一门艺术。营销的科学性是指企业在进行营销的过程中，在一定范围内和程度上揭示和把握营销的内在规律，把握市场需求的本质，并可以预见市场需求变化的客观趋势。营销的艺术性是指企业在尊重市场规律的前提下，生产满足消费者需求的产品，同时运用相应的策略，将产品销售到市场当中去，使产品能够更好地满足人们的精神需求。营销涉及美学、设计、判断等多个方面，是一门充满创意的学科。

营销既是科学也是艺术，营销的科学性是艺术性得以体现的基础，艺术性是科学得以应用的表现形式。

本 章 小 结

市场营销思想最初是自发产生的，在人们解决生产过程中发生的各种问题时逐渐自发形成。早期市场营销学诞生于美国，自 20 世纪初以来经历了六个阶段。分别为萌芽阶段、功能阶段、形成和巩固阶段、营销管理导向阶段、协同和发展阶段、分化和拓展阶段。

营销既是一门科学也是一门艺术。营销的科学性是指企业在进行营销的过程中，在一定范围内和程度上揭示和把握营销的内在规律，把握市场需求的本质，并可以预见市场需求变化的客观趋势。营销的艺术性是指企业在尊重市场规律的前提下，生产满足消费者需求的产品，同时运用相应的策略，将产品销售到市场当中去，使产品能够更好地满足人们的精神需求。营销涉及美学、设计、判断等多个方面，是一门充满创意的学科。

自 测 题

1. 简述市场营销的定义。
2. 简述营销管理的定义。
3. 简述市场营销早期经历的六个阶段。
4. 如何理解营销既是一门科学也是一门艺术？

第二章　营销理论演进

【学习要点及目标】 通过本章的学习，使学生了解不同时期的营销理论以及理论的演进过程，理解营销革命3.0和4.0的深刻内涵，认识营销学领域具有突出贡献的历史人物。

【关键概念】 营销理论(marketing theory)　历史人物(historical figures)

【引导案例】

星巴克，从一间咖啡屋到咖啡帝国

在各种产品与服务层出不穷的时代，星巴克公司把一种世界上最古老的商品发展成为与众不同、持久的、高附加值的品牌。1986年霍华德·舒尔茨购买并改造星巴克。15年后，星巴克就成为全球最大的咖啡零售商、咖啡加工厂及著名咖啡品牌。目前，该公司已从西雅图的一个小公司发展成为在全球四大洲拥有多家零售店的大型企业。

星巴克采取的主要产品策略是差异化策略，通过提供特色的产品和服务吸引顾客，提高顾客忠诚度。星巴克的主要产品有三个系列：经典咖啡、星冰乐和茶饮料。为了迎合更多顾客的口味，星巴克还推出了个性化调制服务，能够根据顾客的独特需要，调制极具个性化的咖啡饮品。除了以上三类饮品之外，还有许多美味、精致的糕点，和饮品一起为客户提供堪称完美的休闲体验。星巴克还创造了具有自己特点的周边产品，例如与咖啡有关的饮具，与休闲有关的书籍、唱片，和各种别具一格的装饰物和小件商品等。在星巴克店内出售的不只是咖啡，更是"星巴克体验"。这些独特的产品和服务都使星巴克与顾客高度契合，在竞争中始终处于优势地位。

星巴克致力于为顾客创造除家和工作场所之外的"第三生活空间"，为客户提供了难以复制的体验价值。星巴克通过体验营销，成功塑造了世界范围内的品牌扩张传奇。星巴克的成功在于其将消费者产品需求转为服务需求，最终将重点放在服务体验上。通过高质量的服务以及完美的体验获得广大客户的一致肯定。星巴克通过客户体验，进一步将自身品牌文化以及价值观念传播给广大客户群体，实现世界范围内的文化价值诉求。星巴克通过将一些全新文化理念赋予原本只具有提神效用的咖啡饮品中，将传统咖啡饮品打造成一种具有深刻内涵的文化符号，造就了全新的咖啡文化。在情景体验方面，大多数消费者购买星巴克的饮品主要是为了体验星巴克所营造的良好情境氛围。星巴克通过咖啡这一载体，为消费者提供一种浪漫格调氛围，使消费者能够享受星巴克提供的良好的内心体验，将一切产品、环节、过程、感觉浪漫化。在环境布置方面，星巴克尽最大努力为消费者营造一种"起居室"氛围的环境，使其能够成为消费者的"第三空间"，满足消费者会客需求的同时，也能够满足消费者放松身心的需要。星巴克利用柔和的音乐、暖色的灯光、店内设计的个性化、管理的氛围化等方式进一步为消费者营造一种独特浪漫的氛围。

对于社会化网络营销方面，星巴克于2009年开始在Facebook、Twitter以及YouTube等网络平台进行营销活动。星巴克通过消费者的相关建议、反馈来进一步对产品和服务进行优化，为消费者建立了良好的沟通渠道。星巴克的创始人舒尔茨曾说过："品牌不仅仅指的是广告，更重要的是存在于消费者与员工的交流互动之中。我们始终追求为消费者提供良好的体验，这一良好体验是在员工服务与消费者消费的过程中形成的。"星巴克在整个社会化网络营销过程中都融入进这种良好的互动体验。例如星巴克利用 Facebook 将特制的数字礼品卡赠送给星巴克粉丝；在世界艾滋病日邀请客户前往星巴克消费，并向相关基金会捐献客户咖啡消费中的 0.5 美元；将消费者的相关产品服务要求以及奇思妙想通过 Facebook 中所构建的"意见墙"收集起来。星巴克利用上述社会化网络模式从根本上转变了传统的品牌营销传播方式，逐渐地把社交中心转移到网络平台之中。

星巴克对于社交媒体以及数字化媒体等方面一直很重视，始终致力于构建科技、时尚和潮流。从企业数字化策略来讲，星巴克的微信公众号平台是该策略的重要组成部分。至 2015 年，星巴克微信公众号平台拥有了 40 万之多的粉丝，互动交流达到上百万次，并且这一数据还在持续上升。星巴克在 2015 年夏天通过微信与音乐的完美契合进行了星巴克冰摇沁爽系列新品的发布，获得了巨大成功。之后，星巴克实施了微信公众号平台的自然醒项目。只要微信粉丝发送给公众号诸如忧伤、沮丧或者是高兴的表情符号，便能够享受平台为粉丝定制的相应音乐旋律，从而与星巴克展开一场别开生面的互动交流。除此之外，星巴克为了对早晨系列新品发布实施推广，于秋天再次实施了极具创意性的"星巴克早安闹钟"项目。星巴克粉丝可以将"星巴克中国"这一应用下载到手机之中，这一应用会在每天 7:00～9:00 响起闹钟。粉丝听到闹钟之后能够在 1 小时之内前往星巴克购买咖啡饮品的同时购买到半价早餐。通过上述活动不难看出，星巴克在进行数字营销的同时十分注重用户的实际生活，而不仅仅是一味地追求利润与销售额。

星巴克取得成功的秘诀就在于它的营销模式是从产品到服务再到体验的转变。良好的服务态度和消费者体验提高了星巴克的竞争力，使其成为全球咖啡连锁企业的领先者。

(资料来源：黄宁. 星巴克的营销案例研究[D]. 北京建筑大学，2015.)

第一节 早期营销理论

一、早期营销理论的兴起

19 世纪末到 20 世纪初，为市场营销的初始阶段。这一阶段由于工业革命爆发，使资本主义世界经济迅速发展，需求膨胀，市场处于供不应求的卖方市场。在这个阶段，市场营销学的研究特点是：着重推销和广告；研究活动基本局限于大学的课堂和教授的书房。

二、美国早期的营销理论

学者们研究市场营销的最初动力，主要来自激进经济思想的学术气氛和环境，同时美国早期市场营销思想的发展也受到了其他环境因素的影响。在农业领域工作的学者主要从事农业市场研究，来自各大城市的学者则偏重成品的营销和营销惯例、技巧的研究。早期学者主要发展了商品市场营销理论，后来的学者则注重市场营销职能、实践及问题的研究。教学工作的特性和需要刺激了有关市场营销的论著大量涌现。市场营销教师在倾吐个人对该学科兴趣的同时，几乎全部变成了市场营销刊物的编辑、作者和市场营销思想的启蒙人。

(一)威斯康星学派理论

在市场营销思想的发展历史中，威斯康星大学扮演着开路先锋的角色。它吸引了许多早期市场营销学者，诸如琼斯(Edward D. Jones)、海杰蒂(James E. Jagerty)、希巴德(Benjamin H. Hibbard)、麦克林(Theodore Machlin)、尼斯托姆(Paul H. Nistorm)、巴特勒、康沃斯(Paul D. Converse)等人。出于学术或实际的目的，加之校园中活跃的学术气氛影响，他们互相激励，最终创造出一些新鲜事物。他们将这一领域中的概念加以集中，首先在课程或著作中使用了"市场营销"一词，如对市场营销定义的确定、扩展和研究等，最终完成了市场营销思想早期的形成与发展。并且这些人第一次讲授了农产品市场营销，通过对外联系传播了市场营销知识，对学术和农业市场营销的研究都起到了促进作用。

(二)哈佛学派理论

哈佛大学商学院和经济学系对早期市场营销起到重要影响。早期在哈佛对市场营销做出贡献的学者有切林顿(Paul T. Cherington)、肖(A. W. Show)、科普兰(Melvin T. Copeland)、托斯德(Harry R. Tosdal)、麦克纳尔(Malcon Mcnair)、博顿(Neil H. Borden)和韦尔(Vaile)。相较于威斯康星大学市场营销学者完成学业后到其他地方任教，哈佛的大部分营销学者是在那里学习后又继续任教，为哈佛学派的形成奠定了基础。哈佛的学者们是市场营销理论早期发展的重要参与者，他们主要的贡献是对市场营销一般性问题和专业问题进行编辑整理。

(三)中西部学派理论

中西部学派对美国早期市场营销思想的发展贡献巨大，他们在1920年左右掀起了市场营销理论研究的第二次浪潮。第一次浪潮是在1920年之前的8~10年里，以巴特勒、切林顿、肖和尼斯托姆等为代表的人物就一些市场营销新概念开展切磋。自此，市场营销一词开始流行起来。第二次浪潮的这10年间主要强调了市场营销的商品研究法。第二次世界大战之后，学者们开始注重对市场营销职能的研究。中西部学派的主要贡献在于对市场营销理论的集成与提炼，开展了市场营销职能和原理的研究。他们将这门学科加以定型，丰富了市场营销理论体系。

(四)纽约学派理论

哥伦比亚大学和纽约大学对早期市场营销思想做了一定的奠基工作，其中安格纽(Huph E. Agnew)贡献最突出。职业因素对安格纽在广告和沟通方面的思想形成起了很大作用。1902年直邮广告的成功诱发了他对这种推销方法的兴趣。1912年，他接受了伊里诺斯一家报纸的管理工作，投身于广告业，发表了多篇关于广告的文章。1920年，安格纽赴纽约大学任教，成为日后该地区最早的市场营销思想家，对广告的发展作出了巨大贡献。

第二节　快速发展时期的营销理论

20世纪50—60年代，随着二战的结束和战后生产的恢复，商业再次变得繁荣起来。经济的活跃，刺激了市场营销理论和学术的发展，营销进入一个百家争鸣的年代。

第二章　营销理论演进

一、金色的20世纪50年代

(一)市场营销组合

1953年，尼尔·波顿(Neil Borden)首先提出了"市场营销组合"的概念。市场营销组合(Marketing Mix)是指企业根据目标市场的需要，综合考虑环境、能力、竞争等因素，对自己可控制的各种营销因素(产品、价格、渠道、促销等)进行优化组合和综合运用，以取得更好的经济效益和社会效益。波顿确定了营销组合的12个要素，并指出"营销学家将比经济学家(主要关心价格)、销售人员(主要关心推销)和广告人员(把创造需求视为广告的主要功能)等，走得更远。"

(二)USP理论

20世纪50年代初，罗瑟·瑞夫斯(Rosser Reeves)提出USP理论，认为企业必须向受众陈述产品的卖点，同时这个卖点必须是独特的、能够带来销量的。

USP(unique selling proposition，独特销售主张)理论主要包括以下三方面的内容。

(1) 强调产品具体特殊功效和利益：每个广告都必须对消费者有一个销售的主张。

(2) 这种特殊性是竞争对手无法提出的：这一项主张必须区别于其他企业的销售主张，具有独特性。

(3) 强劲的销售力：这一项主张必须具有冲击性，足以影响成万的社会群众。

(三)市场细分

1956年，美国市场学家温德尔·史密斯(Wendell R. Smith)首次提出市场细分的概念。市场细分(market segmentation)是指企业按照某种标准将市场上的顾客划分成若干个顾客群，每一个顾客群构成一个子市场，不同子市场之间，需求存在着明显的差别。市场细分是选择目标市场的基础工作。企业内市场营销活动包括细分一个市场，选择公司的目标市场，设计合适的产品、服务，从而满足细分市场内顾客的需要和欲望。

(四)营销观念

1957年，约翰·麦克金特立克(John B. McKitterick)提出了具有深刻意义的"营销观念(marketing concept)"，指出实现企业各项目标的关键，在于正确确定目标市场的需要和欲望，比竞争者更有效地提供目标市场所期望的产品或服务，比竞争者更有效地满足目标市场的需要和欲望。营销观念作为一种指导思想和经营观念，是企业一切经营活动的出发点。它支配着企业营销实践的各个方面。企业营销观念是否符合市场环境的客观实际，直接影响企业营销活动的效率和结果，决定着企业在市场竞争中的兴衰存亡。奉行正确的营销理念，是企业组织市场营销实践的核心和关键所在。

(五)营销审计

1959年，艾贝·肖克曼(Abe Shuchman)提出了"营销审计"，认为公司应该定期进行营销审计以检查它的战略、结构和制度是否与其最佳的市场机会相吻合。营销审计(marketing audit),又被称为"营销稽核""营销审核",它通过对企业或业务单位的营销环境、目标、战略和活动,进行全方位的、系统的、独立的和定期的检查,发现营销机会,找出营销问题,提出正确的短期和长期的行动方案,保证营销计划的实施或不合理的营销计划能够得到修正。

二、高涨的20世纪60年代

(一)4P理论

1960年,杰罗姆·麦卡锡(Eugene J. McCarthy)提出了著名的"4P组合",4P分别包括产品(product)、价格(price)、渠道(place)、推广(promotion)。具体含义如下。

产品是指能够提供给市场被人们使用和消费,并满足人们某种需要的任何东西,包括有形产品、服务、人员、组织、观念或它们的组合。

价格是指顾客购买产品时的价格,包括折扣、支付期限等。价格或价格决策关系着企业的利润、成本补偿以及是否有利于产品销售、促销等问题。

渠道是指经销商的培育和销售网络的建立,企业与消费者的联系是通过分销商来进行的。

推广是指品牌宣传(广告)、公关、促销等一系列的营销行为。

(二)"营销近视症"

1961年,美国哈佛大学管理学院的教授西奥多·莱维特(Theodore Levitt)提出了"营销近视症"的概念。"营销近视症"(marketing myopia)就是指企业把主要精力放在产品上或技术上,而不是放在市场需要(消费需要)上,导致企业丧失市场,失去竞争力。"营销近视症"的具体表现是:只注重技术的开发,而忽略消费需求的变化;只注重内部经营管理水平,不注重外部市场环境和竞争等。

(三)生活方式营销理论

1963年,威廉·莱泽(William Lazer)提出了令人着迷的"生活方式营销"概念。"生活方式营销"就是以消费者所追求的生活方式为诉求,通过将公司的产品或品牌演化成某一种生活方式的象征甚至是一种身份、地位的识别标志,而达到吸引消费者、建立起稳定的消费群体的目的。

"生活方式营销"主要表现在两个方面,其一是必须在产品同质化的时代创造一个让消费者接受的概念,其二是要在概念的挖掘上引起消费者的注意和共鸣,因此,营销人员不能局限于消费者物质生活层面的诉求,而是要更多地从精神层面去挖掘触动人心的东西,以新颖独特或者是能够满足于大众的生活方式的产品或服务去打动消费者。

(四)品牌形象理论

20世纪60年代中期,大卫·奥格威(David Ogilvy)提出品牌形象论的观念。品牌形象论(brand image)认为每一则广告都应是对整个品牌的长期投资。每一品牌、每一产品都应发展和投射一个形象。形象经由各种不同推广技术特别是广告传达给顾客及潜在顾客。消费者购买的不仅是产品，还有产品能够提供的物质利益和心理效应。因此，广告活动应该以树立和保持品牌形象这种长期投资为基础。

(五)产品生命周期理论

1966年，美国哈佛大学教授雷蒙德·弗农(Raymond Vernon)在其《产品周期中的国际投资与国际贸易》一文中首次提出产品生命周期理论。产品生命周期(product life cycle)简称PLC，是产品的市场寿命，即一种新产品从开始进入市场到被市场淘汰的整个过程。弗农认为：每一个产品都要经历一个引入、成长、成熟、衰退的阶段。

(六)买方行为理论

1967年，约翰·霍华德(John A. Howard)和杰迪逊·西斯(Jagdish N. Sheth)合作提出了"买方行为理论"，这是运用行为学理论研究消费购买行为的学术成果。这一理论尝试着解释人们如何作出购买决策，力图从消费者的心理来解释购买需求。从此，将需求理论与购买行为作为理论基础的营销方法和策略研究具有更明确的针对性。

(七)扩大的营销概念

1969年，西德尼·莱维(Sidney J. Levy)和菲利浦·科特勒提出了"扩大的营销"概念，即"大营销"理论。他们认为营销学不仅适用于产品、服务的商业性经营，同样适用于所有非营利组织和个人，这些组织和个人都在从事能力、形象、观念的营销活动，即所有与营销相关的个人和组织都在为营销活动起到各种各样的作用。

第三节 萧条时期的营销理论

20世纪70年代，由石油危机导致的滞涨席卷美国和整个欧洲经济。经济增长发动机的位置由亚洲四小龙取代，欧美经济的萧条期一直延续到20世纪80年代。商业环境的变化迫使营销专家们绞尽脑汁，努力寻求更好的对策。在这种情况下，许多重要的营销概念应运而生。

一、动荡不定的20世纪70年代

(一)社会营销理论

1971年，杰拉尔德·蔡尔曼(Gerald Zaltman)和菲利普·科特勒提出了"社会营销"理论。社会营销是一种运用商业营销手段达到社会公益目的或者运用社会公益价值推广商业服务的营销方案。社会营销理论认为：人们应该关注营销学在传播社会目标方面的意义，企业也应当承担起相应的社会责任。"社会营销"作为新的营销思想很快被列入营销观念的范畴，于营销策略及应用过程中体现，成为营销学发展史上的又一个里程碑。

社会营销与其他商业营销相同，都是追求对于消费者行为的成功影响和改变。与一般商业营销模式比较，社会营销中所追求的行为改变动力更多的来自非商业动力，或者将非商业行为创造出商业性卖点。社会营销可以分为公共项目的商业化营销和商业项目的公益化营销两大类。

(二)低营销理论

1971 年，西德尼·莱维(Sidney J. Levy)和菲利普·科特勒提出了"低营销"概念，在某种环境中，必须有选择地或全面地减少需求的水平，而不是一味地鼓励和刺激需求。低营销(demarketing)理论主要通过提高价格和减少服务两种手段，暂时或永久地降低一般顾客或某特定阶层顾客的需求，是一种减低需求饱和度的策略。需要注意的是，低营销并不是杜绝需求，仅是降低其需求水平。

(三)定位理论

1972 年，美国著名营销专家艾·里斯(Al Ries)与杰克·特劳特(Jack Trout)在美国《广告时代》杂志上撰写的文章《定位新纪元》，首次提到了"定位"这个概念。定位理论(positioning)主要针对产品进行，这种产品可以是一件商品，一项服务，一家公司，一个机构，甚至是一个人。定位的目的是使产品在未来潜在顾客的脑海里占据一个合理的位置。

定位理论的主要观点有以下几种。

(1) 定位就是让企业和产品突出某方面的焦点，让品牌在消费者的心智中占据最有利的位置，成为某个类别或某种特性的代表品牌。当消费者产生相关需求时，便会将定位品牌作为首选。

(2) 消费者对品牌的印象不会轻易改变，必须保持定位的稳定性，切忌频繁变更。定位一旦形成就很难在短时间内消除，而盲目的品牌延伸反而会摧毁已有的定位。

(3) 定位就是追求简单，借助持续、简单的信息在消费者心中占据一个位置，其最佳的效果是让企业和产品在消费者心智中拥有一个字眼，如沃尔沃代表"安全"，英特尔代表"微处理器"。

(4) 定位就是建立认知。消费者心智工作原理是定位的核心，决定着商业战略的成败。具体表现为：心智容量有限，只能接收有限的信息；心智厌恶混乱，喜欢简单；心智缺乏安全感，容易产生从众心理；心智拒绝改变，对老品牌更感兴趣；盲目的品牌延伸会使心智失去焦点。

(四)战略营销

1973 年，波士顿咨询公司提出了"业务经营组合"，从这一思想中又诞生了"战略营销"的概念。战略营销是指以营销战略为主线和核心的营销活动。战略营销观念认为，营销必须提升到战略高度来认识，要用全局的、长远的观点来策划企业的营销活动。企业的一切营销活动必须要有营销战略指导，保证营销战略的实施。

(五)社会性营销

1975 年，菲利普·科特勒进一步对"社会营销"的概念进行了扩充，认为企业应承担一定的社会责任。同时，还出现了"社会的营销""人道营销""社会责任营销"等相关概念。这些概念要求企业在决策时，不仅应考虑消费者需要和公司目标，还应考虑消费者和社会的长远利益。

(六)服务营销

1977年,林恩·肖斯塔克(Lynn G. Shostack)提出"服务营销"。服务市场营销是企业在充分了解顾客需求的前提下,为充分满足顾客服务需求而在营销过程中所采取的一系列活动。它起因于企业对顾客需求的深刻认识,是企业市场营销观的质的飞跃。随着社会分工的发展、科学技术的进步以及人们生活水平和质量的提高,服务营销在企业营销管理中的地位和作用也变得日益重要。服务营销不仅仅是某个行业发展的一种新趋势,更是社会进步的一种必然产物。

二、滞缓发展的20世纪80年代

(一)内部营销

1981年,克里斯琴·格罗路斯(Christian Grönroos)提出了"内部营销"概念。内部营销(internal marketing)是一项管理战略,其核心是培养员工的顾客服务意识,在产品和服务通过营销活动被推向外部市场之前,先对内部员工进行营销,使员工热爱公司的产品和服务,然后再让他们去说服客户热爱这一产品和服务。

(二)全球营销

1983年,西奥多·莱维特提出了"全球营销"。全球营销是指企业通过全球性布局与协调,使其在世界各地的营销活动一体化,以便获取全球性竞争优势。全球营销有三个重要特征:全球运作、全球协调和全球竞争。开展全球营销的企业在评估市场机会和制定营销战略时,不能以国界为限,应该放眼于全球。随着科技的进步以及交通通信的发展,各国之间的交往日益频繁,世界经济社会一体化趋势进一步加强,全球在众多方面具有越来越多的共性,各国市场之间的需求也越来越具有相似性。就某些产品而言,各国市场之间的差异性甚至将完全消失。企业要想在激烈的优胜劣汰竞争中赢得生存发展,就必须以世界市场为导向,采取全球营销战略。

(三)直接营销

1984年,鲍勃·斯通(Bob Stone)提出了"直接营销",即"以数据资料为基础的营销"。直接营销(direct marketing),又称直复营销,是指利用各种广告媒介直接和消费者互动,同时要求消费者直接回应。直接营销使用的媒体包括广播、电视、报纸、杂志、直接邮件、目录、在线购物等,消费者则可利用电话、邮件或电脑来订货或作出其他回应。不论采用哪种媒体,直接营销的目的都在设法让目标市场的消费者可以快速回应、直接订货。

直接营销的主要特点有以下几个。
(1) 目标顾客选择更精确。
(2) 强调与顾客的关系。
(3) 激励顾客立即反应。
(4) 营销战略的隐蔽性。

(5) 关注顾客终身价值和长期沟通。

(四)关系营销

1985年，巴巴拉·本德·杰克逊(Barbara Bund Jackson)提出了"关系营销"，关系营销就是把营销活动看成是一个企业与消费者、供应商、分销商、竞争者、政府机构及其他公众发生互动作用的过程，其核心是建立和发展与这些公众的良好关系。

关系营销的本质特征可以概括为以下几个方面。

(1) 双向沟通。在关系营销中，沟通应该是双向而非单向的。只有广泛的信息交流和信息共享，才可能使企业赢得各个利益相关者的支持与合作。

(2) 合作。一般而言，关系有两种基本状态，即对立和合作。只有通过合作才能实现协同，因此合作是"双赢"的基础。

(3) 双赢。即关系营销旨在通过合作增加关系各方的利益，而不是通过损害其中一方或多方的利益来增加其他各方的利益。

(4) 亲密。关系能否得到稳定和发展，情感因素也起着重要作用。因此关系营销不只是要实现物质利益的互惠，还必须让参与各方能从关系中获得情感的需求满足。

(5) 控制。关系营销要求建立专门的部门，用以跟踪顾客、分销商、供应商及营销系统中其他参与者的态度，由此了解关系的动态变化，及时采取措施消除关系中不稳定和不利于各方利益共同增长的因素。

(五)"大营销"

1986年，菲利普·科特勒提出了"大营销"概念。科特勒指出，企业为了进入特定的市场，从事业务经营，在策略上应协调地运用经济、心理、政治、公共关系等手段，以博得外国或地方各方面的合作与支持，从而达到预期的目的。大市场营销战略在4P的基础上加上2P，即权力(power)和公共关系(public relations)，把营销理论进一步扩展开来。

大市场营销理论与常规的营销理论即"4P"相比，有以下两个明显的特点。

(1) 十分注重调和企业与外部各方面的关系，以排除来自人为的(主要是政治方面的)障碍，打通产品的市场通道。

(2) 突破了市场营销环境是不可控因素这一壁垒，重新认识市场营销环境及其作用，某些环境因素可以通过企业的各种活动施加影响或运用权力疏通关系来加以改变。

第四节 现代营销管理理论

一、营销基础理论(4P、4C、4R、4I)

1990年美国学者罗伯特·劳特朋(Robert Lauterborn)教授从满足消费者需求角度出发，提出了与4P理论相对应的4C理论，即消费者(consumer)、成本(cost)、便利性(convenience)和沟通(communication)，4C理论的提出重新定义了市场营销组合的各个要素，也成为后来整合营销传播的重要理论。4C理论补充了消费者在营销过程中的要素内容，但没有真正解决如何维护客户关系。

艾略特·艾登伯格(Elliott Ettenberg)在21世纪提出了4R理论，即关系(relationship)、节省(retrenchment)、关联(relevancy)和报酬(reward)，4R理论的核心是关系营销，旨在建立客户的忠诚度，指导企业与客户在市场变化的动态关系中建立长久的互动关系，减少顾客流失，赢得长期、稳定的市场。4R理论仍然存在两点不足：第一，4R理论提出的关系营销数据库是相对"粗放"的，用户的肖像特征是模糊不清的，无法实现"一对一"个性化关系营销。第二，4R理论提出了建立营销数据库的重要性和必要性，没有指出如何建立有效的客户关系数据库。

在此基础之上，冯和平、文丹枫于2007年提出了4I理论模型。4I理论模型是指：个体识别(individual identification)、即时信息(instant message)、互动沟通(interactive communication)、"我"的个性化(I personality)。4I理论模型在原有的4R理论基础上，通过移动终端设备具备的唯一性标识和数据采集技术，建立客户关系管理的营销数据库。互联网营销是针对不同的用户特征传递不同类别的个性化信息，实现"一对一"的关系营销方式。在营销过程中，通过与客户加强互动性，进一步了解客户的真实需求，让用户获得宾至如归的营销体验，客户同时还会把自己的营销体验进行分享，吸引其他的潜在客户。在移动互联网时代，4I理论模型无处不在。

二、移动营销

移动营销指向移动中的消费者，通过他们的移动设备递送营销信息。随着手机的普及，以及营销者能根据人口统计信息和其他消费者行为特征定制个性化信息，移动营销发展迅速。营销者运用移动营销在购买和关系建立的过程中随时随地和顾客联系，与顾客互动。对于消费者来说，一部智能手机或平板电脑就相当于一个便利的购物伙伴，随时可以获得最新的产品信息、价格对比、来自其他消费者的意见和评论，以及便利的电子优惠券。移动设备为营销者提供了一个有效的平台，借助移动广告、优惠券、短信、移动应用和移动网站等工具，吸引消费者深度参与和迅速购买。

许多学者也分别对移动营销给出了各自的定义，如现代营销管理之父菲利普·科特勒认为："移动营销最为突出的优势是能够全面地整合与精准地投放。"很多企业利用短信群发的方式向潜在的消费者发送手机短信广告，就是一种最简单的体现模式。Dickinger认为移动营销是运用无线媒体向用户提供基于时间、地点的个性化产品和服务信息，进而带来价值。冯和平和文丹枫所著的《移动营销》一书中把移动营销定义为移动营销就是利用手机、平板电脑等移动终端为传播媒介，结合移动应用系统所进行的营销活动。

三、绿色营销

绿色营销是基于早期生态营销的理论基础诞生的，生态营销的概念出现在20世纪70年代，Henion提出了一个全新的概念，即"关心生态的消费者"，关心生态的消费者是指支持组织政策且受教育程度较高的消费者，这类消费者倡导并有意愿在消费过程中承担环境责任，完全知晓其行为的长期影响，具有环境友好的道德动机和理性能力，并得出市场的供求力量将对环境施加影响这一结论。

在此基础之上，英国威尔斯大学肯·毕提(Ken Peattie)教授在其所著的《绿色营销——化危机为商机的经营趋势》一书中提出绿色营销的概念。绿色营销观念认为，企业在营销活动中，要顺应时代可持续发展战略的要求，注重地球生态环境保护，促进经济与生态环境协调发展，以实现企业利益、消费者利益、社会利益及生态环境利益的协调统一。绿色营销是以满足社会和企业的共同利益为目的的社会绿色需求管理，以保护生态环境为宗旨的绿色市场营销模式。

四、大数据营销和精准营销

(一)大数据营销

大数据营销是指营销人员运用大数据技术和分析方法，将不同类型或来源的数据进行挖掘、组合和分析，发现隐藏其中的模式，有针对性地开展营销活动，以迎合顾客的个人喜好，为顾客创造更大的价值。

(二)精准营销

世界级营销大师菲利普·科特勒在2005年首次明确提出精准营销，并将其描述为公司需要更精准、可衡量和高投资回报的营销沟通，需要更注重结果和行动的营销传播计划，还有更注重对直接销售沟通的投资。国内较为权威的说法是著名精准营销学者徐海亮提出的精准营销就是在精准定位的基础上，依托现代信息技术手段，建立个性化的顾客沟通体系，实现企业可度量的低成本扩张。其他学者也对精准营销做了更为详细的说明。有学者认为"精准营销"是通过定量和定性相结合的方法对目标市场的不同消费者进行细致分析，根据他们不同的消费心理和行为特征，企业采用有针对性的现代技术、方法和指向明确的策略，实现对目标市场不同消费者群体强有效性、高投资回报的营销沟通。

到目前为止，还没有对精准营销的绝对定义，从学者们的理解中可以基本归纳出精准营销的3个关键点：精确定位、可衡量、高投资回报。用4W和1H可以形象地阐述精准营销，即在合适的时间(when)、合适的地点(where)以恰当的方式(how)向恰当的人(who)销售恰当的产品(what)，恰到好处称为"精准"。

五、整合营销

整合营销(integrated marketing)是一种对各种营销工具和手段的系统化结合，根据环境进行即时性的动态修正，以使交换双方在交互中实现价值增值的营销理念与方法。整合就是把各个独立的营销综合成一个整体，以产生协同效应。这些独立的营销工作包括广告、直接营销、销售、人员推销、包装、事件赞助和客户服务等。企业应该战略性地审视整合营销体系、行业、产品及客户，制定出符合企业实际情况的整合营销策略。

一般来说，整合营销包含两个层次的整合：一是水平整合，二是垂直整合。水平整合包括三个方面：信息内容的整合、传播工具的整合和传播要素资源的整合。垂直整合包括四个方面：市场定位整合、传播目标整合、4P整合和品牌形象整合。

第五节　营销 3.0 演进脉络与 4.0 畅想

一、营销 3.0 演进脉络

(一)营销 1.0 时代,即以产品为中心的时代

工业化时代,工业机械是企业的核心技术,企业几乎不存在营销行为,企业的唯一目标就是生产产品以满足大众的市场需求。通过实现产品的标准化和规模化,不断降低生产成本,形成低廉的产品价格,吸引更多顾客购买。亨利·福特的 T 型车就体现了这一营销战略,福特曾这样说过:"无论你需要什么颜色的汽车,福特只有黑色的。"

(二)营销 2.0 时代,即以消费者为导向的时代

营销 2.0 时代出现于信息时代,企业的核心技术是信息科技。在这一时代,消费者比以往了解更多的产品信息,拥有了更多自主选择的权利,营销工作开始变得复杂起来。消费者的喜好存在巨大的差异,营销者需要对市场进行细分,针对某个特定市场开发出最具优势的产品。值得注意的是,在营销 2.0 时代,少数企业将"客户即上帝"作为获得成功的黄金法则,大部分企业在使用以消费者为中心的营销方式的同时,仍把顾客视为被动的营销对象。

(三)营销 3.0 时代,即价值驱动营销时代

营销 3.0 时代,伴随着科技的进步和生活节奏的加快,消费者开始寻找一些具有使命感、愿景规划和相同价值观的企业,希望他们能够同时满足自己功能、情感和精神上的需求。营销 3.0 时代在营销 2.0 时代满足消费者需求的基础之上,把营销理念提升到了关注人类期望、价值和精神的新高度,它认为消费者是具有独立意识和感情的完整个体,他们的任何需求和希望都不能忽视。营销 3.0 时代的企业必须具备更远大的、服务整个世界的使命、愿景和价值观,它们必须努力解决当今社会存在的各种问题。

在全球化经济危机发生时,营销 3.0 和消费者的生活联系更加紧密,快速出现的社会、经济和环境变化与动荡对消费者产生越来越多的影响。在这个时代里,地区疾病会爆发成国际危机,贫困问题日益突出,环境破坏问题越发严峻。营销 3.0 时代的企业努力为应对这些问题的人寻求答案并带来希望。在营销 3.0 时代,企业之间靠彼此不同的价值观来区分定位。在经济形势动荡的年代,这种差异化定位方式对企业来说是非常有效的。

二、营销 4.0 畅想

营销 4.0 是对新时代的营销发展状况的高度概括。"营销 4.0"包括大数据深度应用、营销的人工智能化、工业制造的深度融合、全新的内容交互模式、人与机器的互联、机器与机器的互联等各个方面。数字营销和传统营销将在营销 4.0 时代中共存,最终实现共同赢得用户拥护的终极目标。

营销4.0，即从传统市场向数字市场转变。

(一)从细分和选择到用户社区确认机制

传统意义上，营销的起始点通常是市场细分，即根据客户的地理、人口、心理和行为特征，将市场划分为同质的群体。市场细分后进行目标市场选择，即挑选与品牌达到心灵契合的、有吸引力的一个或者多个用户群。细分和选择都是品牌战略中的根本部分，使资源分配和定位更为高效，帮助营销人员为客户群体提供不同的产品和服务。

传统的细分和选择存在很多局限，例如细分和选择完全是由营销人员单方面决定，不征求客户的意见；客户是决定市场细分群体的变量，却只参与市场调研时的信息输入；顾客在参与市场调研时常常受到无关信息的打扰和冒犯；许多人将品牌发送的单方向推送视为垃圾短信等。

在数字经济中，用户同各个垂直社区(新的市场群体)的其他用户形成社会互联。不同于其他市场群体，这种社区是用户在自我定义下形成的。用户的社区不会受到垃圾信息和无关广告的影响。品牌想要与社区的用户有效交流，需要请求许可。塞斯·高汀(Seth Godin)提出的"许可市场"理论，围绕着请求用户许可进行营销信息推送这一观点展开。该理论认为品牌在请求许可时，应该是真诚的帮助者，而非带着诱饵的猎人。同Facebook上的机制一样，用户可以选择"确认"或"忽略"好友请求，这就意味着用户和品牌间的关系将逐渐演化为水平关系而不是过去的垂直关系。

(二)从品牌定位和差异化到品牌特质和品牌密码解读

传统意义上，品牌是名字、标志和标语等一系列内容的组合，是品牌产品和服务相互区别的手段，也是公司品牌活动中产生的价值的载体。近年来，品牌成为品牌服务用户体验的一种体现。企业活动的方方面面都与品牌有着密不可分的关系，品牌成为企业战略的平台。品牌的概念与品牌定位密切相关。自20世纪80年代起，品牌定位成为企业吸引顾客，取得成功的关键因素。实现品牌的成功，必须有清晰和持续的定位和支持定位的差异化标准。品牌定位是营销人员为赢得用户心意，做出的具有说服力的承诺。想要展示品牌的真实特性，赢得用户的信任，营销人员必须保守这种承诺，用差异化的营销手段巩固其承诺。

在数字经济中，过去依靠重复持续的品牌认证和定位这一模式，已经不足以使企业获得成功。随着新型技术的出现、产品周期的缩短和趋势的迅速变化，品牌只有具有动态性，才能在各种环境下适应自如。企业还应坚持品牌的特性和密码，只要品牌的特性和密码岿然不动，其外部的特征可以随意变化。

(三)整合传统营销和数字营销

数字营销的出现并不代表着传统营销的消失，相反，两者应该相互补充，发挥共存作用。在企业和客户交互的早期阶段，传统营销在建立知名度和引发兴趣方面有着重要作用。随着交互的加深，用户对企业关系需求的加深，数字营销的重要性也在加深。数字营销最重要的角色即引发购买，赢得拥护。营销4.0的本质就是意识到传统营销和数字营销在促进用户参与和获得用户拥护的过程中角色的变化。

第六节　营销历史人物评价

(一)艾·里斯(Al Ries)

1. 简介

艾·里斯先生被誉为"全球定位之父",是享誉世界的营销大师,被《公共关系周刊》评为20世纪100个最有影响力的公关人物之一,也曾被选为美国《商业周刊》的封面人物。2001年,他与杰克·特劳特提出的定位理论,被美国营销学会评选为有史以来对美国营销影响最大的观念。目前担任里斯(Ries & Ries)咨询公司的主席,该公司主要业务是为众多知名企业提供战略选择服务,总部位于美国亚特兰大。艾·里斯也曾担任美国工业广告协会(现商业营销协会)会长以及纽约广告俱乐部主席,以及Andy Awards俱乐部的主席。1989年,国际市场营销主管授予他"高等营销"奖,1999年,《公关周刊》授予他"20世纪最有影响力的100位公关专家"称号。

艾·里斯于1950年毕业于迪堡大学,之后进入通用电气公司纽约分公司的广告与销售部门工作。1955年,加盟了Needham, Louis & Brorby公司,1961年,加盟Marsteller公司担任客户主管。1963年,他在纽约成立了自己的第一家广告代理公司：Ries Cappiello Colwell公司。

2. 学术成就

1972年,里斯和杰克·特劳特在《广告时代》杂志上发表了《定位新纪元》一文,"定位"一词开始进入人们的视野。1979年,里斯将其公司更名为特劳特和里斯广告(Trout & Ries Advertising)公司,自己担任公司主席。

1981年与特劳特联手合作,出版了《定位：头脑争夺战》,再次引领市场营销学界的"定位"潮流,该书也成了广告学界经久不衰的畅销书。此后,里斯和特劳特四度合作,于1985年出版《营销战》(Marketing Warfare)、1988年出版《营销革命》(Bottom-Up Marketing)、1990年出版《人生定位》(Horse Sense)、1993年出版《市场营销的22条法则》(The 22 Immutable Laws of Marketing)。其中,《定位：头脑争夺战》和《营销战》被译成17种文字在多个国家出版,《市场营销的22条法则》成为各国商务类图书的畅销书。

1996年里斯出版了《聚焦》,阐述了为什么公司需要一个较窄的定位以使自己能够在消费者心目中抢占一定的市场。该书被Red Herring杂志称为"Management canon"(管理原则)。

1998年出版《打造品牌的22条法则》向读者指出了将产品或服务打造成世界品牌的法则。该书成为1999年《商业周刊》畅销书排行榜的第9名。

2000年出版《打造网络品牌的11条法则》指出了新千年面临的最大的挑战：对于网络我们该做些什么,如何打造一个网络品牌。

2002年出版《广告的衰落与公共关系的兴起》提出成功的品牌是由公共关系而不是广告打造的,品牌首先是通过公共关系深入人心的,然后才由广告来捍卫品牌。

(二)肖(A. W. Show)

肖在剑桥重建工商管理学院之时讲授商业政策。1912年在《经济学季刊》上发表了"市场营销中分销的一些问题"的文章，1916年，肖出版了《商业问题的出路》(An Approach to Business Problems)一书。

肖与办公设备制造商沃克(L. D. Walker)的生意交往中，广泛而深入地观察了商业运行的过程，并以此对其系统和方法进行改造。他主要通过自己的刊物——《系统》，来增加与商人之间进行思想交流的机会，强调商业秩序性和统一性的观点在其以后的文章中有所体现。

在哈佛时，肖的学术思想还受到其他因素影响，这在他的"分销中的一些问题"一文中有所体现。受某个德国教授的影响，肖深刻认识到：作为一门科学必须要有自己的概念。在为这些尚未被系统描述的活动寻找名字时，其思想也受到一种"认为所有事物都在变化的思想"的影响，这是他从一个纯经验性的讲演中获得的。肖设想市场营销是一个运动事物的过程，开始寻找其他一些商业活动中的一致性和规律性。

(三)希巴德(Benjamin H. Hibbard)

希巴德从他的工作环境产生研究市场营销的动机。当他还住在依阿华州北部时，他观察到，农民总是以很低的价格销售产品。同样的产品被转售时，价格却提高了许多。1902年希巴德在艾奥瓦大学农业经济系任教时，在调研经费相当匮乏的条件下，独自承担了对谷物市场的研究，取得了令人瞩目的成果。1903年，被威斯康星大学邀请去负责市场营销的调查研究，开设了农产品合作市场营销课程。在学术刊物上撰写了许多文章，尤其是关于日用品的市场营销。1921年，希巴德撰写了《农产品的市场营销》(Marketing of Agricultural Products)一书。

(四)克里斯琴·格罗路斯(Christian Grönroos)

1. 简介

克里斯琴·格罗路斯教授是芬兰市场学家，执教于芬兰赫尔辛基瑞典文经济与管理学院，任该校学监、市场营销学系主任、管理教育中心主任。该校始建于1909年，是北欧成立最早的商学院，其中最强的是市场营销学系，在世界上享有盛誉。

格罗路斯教授亲手创办了两家服务咨询公司，同时兼任10多家公司的营销顾问，长期为世界著名的美国电报电话公司、沃尔沃公司、杜邦公司、联合电信公司、航空公司等企业提供咨询服务。

由于在营销学方面做出的突出贡献，格罗路斯教授荣获欧洲最具影响力的阿塞尔(Ahlsell)营销学研究奖，获聘为美国斯坦福大学、亚利桑那州立大学的客座教授和美国第一洲际服务营销中心特邀研究员，数次前往澳大利亚、加拿大、美国、西欧及中国的高等学院访问讲学。格罗路斯教授作为全球权威管理学家被国际学术和实务界誉为"服务营销理论之父"、世界CRM(Customer relationship management，客户关系管理)大师。

2. 学术成就

格罗路斯教授才思敏捷，治学严谨，著作等身，通晓芬兰语、瑞典语、英语、德语4种语言。他用英文撰写的论文达几十篇，分别刊登在《欧洲市场营销学学报》《工业营销管理》《国际经营与生产管理学报》《商业研究学报》《管理决策》《国际服务管理学报》《营销管理学报》等世界一流的学术刊物上；他先后出版了《服务营销学》《工业服务营销学》《战略管理与服务业的营销》《如何销售服务产品》《服务营销：诺丁学派的观点》《公共部门的服务管理》《全面沟通》和《服务管理与营销》等数十部著作。其中，《服务管理与营销》一书刚问世不久，即被翻译成西班牙文、瑞典文和俄文，成为国际各大一流商学院服务营销课程的首选教材。

1981年，格罗路斯教授发表了论述"内部营销"(Internal Marketing)概念的论文。他认为，公司设立了强有力的营销部门，并不意味着这家公司实施了营销导向；公司实施营销导向的关键问题，是要培养公司经理和雇员接受以顾客为导向的观念，这一工作比为顾客开发有吸引力的产品和服务更为棘手。

(五)大卫·麦肯兹·奥格威(David MacKenzie Ogilvy)

大卫·麦肯兹·奥格威，英国西霍斯利人，曾被称为"广告怪杰"，已经成为举世闻名的"广告教父"(The Father of Advertising)，其创办的奥美广告公司今天已成为世界上最大的广告公司之一。奥格威在纽约创办奥美广告公司的时间是1948年。那时，他没有文凭、没有客户，银行账户里只有6000美元。10年过后，奥美公司已成为全球最大的5家广告代理商之一，在29个国家设有分公司，拥有1000多个客户，营业额8亿多美元。

1936年，他在伦敦一家广告公司谋得实习的机会。该公司送他到国外学习美国广告技术，为时一年。这次经历令他收获颇丰，学业有成。25岁时，他宣称："每个广告必须讲述完整的营销故事，文案中的每句话都要掷地有声。"

1938年，奥格威移民美国，受聘于盖洛普民意调查公司，在其后的三年中辗转世界各地为好莱坞客户进行调查。盖洛普公司严谨的研究方法与对事实的执着追求对奥格威的思想影响巨大，这也成为他日后行事的准则之一。第二次世界大战期间，他受命于英国国家安全部，出任英国驻美使馆二等秘书。第二次世界大战之后，他与宾夕法尼亚州阿门宗派为邻，以种烟草为生，后举家迁至纽约，并决定开创自己的广告公司。对于资金问题，他向外界寻求帮助。一家英国公司投资4.5万美元帮助他开业。奥格威与Anderson Hewitt一同开创了Hewitt Ogilvy, Benson & Mather，从此凭借独创的理念、敏锐的洞察力、严谨的作风引领着公司一步步走向壮大。

20世纪60年代的美国广告三大宗师中，奥格威的风格最朴实。其著作《奥格威谈广告》(Ogilvy on Advertising)在全球被作为广告人的基本教材之一，颇受欢迎。

(六)爱德华·琼斯(Edward D. Jones)

爱德华·琼斯是威斯康星大学成长起来的一颗新星，其于1895—1902年间曾在该校执教。在威斯康星大学，他接触了该校一些著名的自由主义经济学家。1902年，他来到了密执安大学，当时的经济学系主任亨利·G. 亚当斯(Henry G. Adams)正在开展一项"向更实用的人类活动扩展学科"的运动。亚当斯和弗里德·M. 泰勒(Fred M. Taylor)都鼓励他开设一门名叫"美国分销管理产业"(The Distributive Regulative Industries of the U.S.)的课程。当年该校学报中对这门课程是这样描述的："这门课的内容，包括对商品进行分类、分级、品牌化、批发和零售以及其他各种市场营销方法。同时，也涉及一些对产业过程起引导和控制作用的非金融私人组织,如商会等。"这也许是美国国内讲授的第一门市场营销课程。

(七)詹姆斯·海杰蒂(James E. Hagerty)

海杰蒂 1905 年讲授了俄亥俄大学的第一门市场营销课《产品销售学》,后更名为《分销与管理产业》。1900 年海杰蒂开始表现出对市场营销的兴趣。当时,他是宾夕法尼亚大学的研究生,毕业论文是关于商业机构的。海杰蒂曾在威斯康星大学学习,后来出国深造。关于市场营销的早期调研在费城展开,通过问卷调查和走访,了解了许多商人的商业经历,悉心钻研了当时这方面为数不多的文章,尤其是费城商业博物馆收集的一些贸易期刊上的文章。1901 年后,他来到哥伦比亚大学,学术思想开始受到很多著作的影响。其中联邦工业委员会报告的第四部分,在 1905 年开设市场营销课程时曾被用作教材。海杰蒂一直对市场营销抱有很大兴趣,并致力于发展这门学科,直至他 1940 年退休。

(八)杰罗姆·麦卡锡(Jerome McCarthy)

1. 简介

杰罗姆·麦卡锡是密歇根大学教授、4P 理论的创始人,是 20 世纪著名的营销学大师。他于 1958 年获明尼苏达大学博士学位。麦卡锡教授一直走在市场营销研究领域的前沿,发表论文多篇,并著有多本关于数据处理和市场营销方面的教科书。他对其编著的营销教科书进行多次修订,以紧跟时代发展的步伐。麦卡锡教授曾与全美多位教授共同合作从事研究工作,多次在南美、非洲及印度等地出席国际会议。他还担任过许多知名企业的市场营销顾问,如 DOW 化学公司、3M 公司等。

2. 学术成就

麦卡锡教授于 1960 年在其第一版《基础营销学》中,第一次提出了著名的"4P"营销组合经典模型,即产品(product)、价格(price)、渠道(place)、促销(promotion)。4P 理论的提出,是现代市场营销理论最具划时代意义的变革,从此,营销管理成为公司管理的一个部分,涉及了远远比销售更广的领域。

(九)尼斯托姆(Paul H. Nistorm)

尼斯托姆为市场营销发展成为一门管理学科方面奠定了基础。在尼斯托姆的学术生涯中,对市场营销的兴趣产生得相对晚些。1897 年以前,尼斯托姆曾干过农场帮工和零售店店员,1908 年前在威斯康星大学担任教师、系主任,1906—1908 年曾担任威斯康星税务委员会特别调查员。所有这些经历都对他兴趣的产生有影响。与众不同的是,尼斯托姆对市场营销的兴趣是在相继获得威斯康星大学哲学学士、硕士、博士学位后才产生的。在此期间也受聘于大学分校。此时,尼斯托姆的主要兴趣是经济学,尤其是税收。1913 年在威斯康星大学政治经济学院担任助教时,他出版了《零售与商店管理》(Retail Selling and Store Management)一书。该书的原稿曾于 1911 年作为油印教材被大学分校使用。尼斯托姆于 1914 年完成博士学业,其博士论文则作为第二本书于次年出版,名为《零售经济学》(Economics of Retailing)。在明尼苏达大学任教一年后,尼斯托姆暂时中断了自己的学术生涯,在商海

第二章 营销理论演进

里遨游了几年。1921—1927年,尼斯托姆担任了零售业研究联合会和联合销售公司的负责人,著述工作也暂告中止。1928年,尼斯托姆重返讲坛,并出版了《时尚经济学》(Economics of Fashion)一书,该书大部分内容来源于实际经历。后来他开设了"消费经济学"课程,并于1929年出版了《消费经济学》(Economics of Consumption)一书。

(十)杰克·特劳特(Jack Trout)

1. 简介

杰克·特劳特是"定位"理论的创始人,美国特劳特咨询公司的创始人及前总裁。他是全球最顶尖的营销战略家,Jack Trout定位理论和营销战理论的奠基人和先驱。

特劳特先生在通用电气(GE)的广告部开始职业生涯。在那段时间,他认识了艾·里斯,后来特劳特先生加入了里斯的公司,之后这家公司更名为特劳特&里斯公司(Trout & Ries, Inc),两人合作了26年之久。1994年,特劳特伙伴公司(Trout & Partners Ltd)成立,特劳特定位事业全面展开全球化发展。

2. 学术成就

1972年以《定位新纪元》论文开创了定位理论。

1981年,《定位:头脑争夺战》面世。

1985年,与艾·里斯合著的《营销战》(Marketing Warfare)成为第二本畅销书。

1988年,《营销革命》(Bottom-Up Marketing)出版。

1993年,《市场营销的22条法则》(The 22 Immutable Laws Of Marketing)成为营销圣经。

1996年,《新定位》(The New Positioning)推出,标志着特劳特先生为"定位"观念画上了圆满的句号,定位理论由此上升到一个全新的高度。该书随即成为《商业周刊》的畅销书,被翻译成16种语言在世界各地广泛传播。

接下来,特劳特先生推出了《简单的力量》(The Power Of Simplicity: A Management Guide To Cutting Through The Nonsense And Do Things Right)和《与众不同:极度竞争时代的生存之道》(Differentiate Or Die: Survival In Our Era Of Killer Competition)两部大作,后者阐述了全球竞争激烈的经济环境下的生存之道,同样荣登畅销书榜。

2001年,特劳特先生的著作《大品牌大麻烦》(Big Brands Big Trouble: Lessons Learned the Hard Way)出版,书内分析了美国最大企业的失败原因,从这些大品牌的经验中得出"来之不易的教训",对急于成功的企业来说,是一本必读书。

(十一)科普兰(Melvin T. Copeland)

1906年,在科普兰还是经济学研究生时,便在陶西格教授的指导下接触并产生了对棉花行业的兴趣。通过在图书馆钻研和实地调查,他对棉花行业及市场营销活动有了十分的了解。之后的6年,他在哈佛讲授"欧洲经济史和经济资源",后在纽约大学任教两年。最后他返回哈佛商学院研究生院,接手了开设"商业组织课程"的工作。两年后,这门课程更名为"市场营销"。回到剑桥以后,他的市场营销又进一步受到盖伊的影响。据科普兰说,盖伊在研究生院引进了"案例教学",要求课程的讲授应尽可能以讨论问题的形式进行,而不只是照本宣科地灌输。1912年,科普兰开始用这种方法授课。第二年夏天,作为新成立的商业研究所的调查人员,他搜集了一些关于鞋店经营费用的数据,开展了对杂货零售贸易的比较研究。1916 年他被任命为商业研究所的负责人,对各种批发零售中的运作费用进行研究。1919 年,科普兰刚服完兵役重返讲坛,时任工商管理学院院长的多汉姆(Wallace B. Donham)对他的第一个要求是着手编写市场营销教材。科普兰在 1920 年出版《市场营销中的若干问题》一书。之后,经过不断研究和实践,又于 1924 年出版了《商业原理》一书。

(十二)康沃斯(Paul D. Converse)

康沃斯对市场营销的兴趣和观点,颇受父亲和许多大学教授的影响。康沃斯的父亲是一位受过良好教育的热衷于社会变革的人物,使他产生了社会意识和对实用性的高度重视。康沃斯从正反两方面认识到理论用于实践的重要性。他在受过威斯康星大学培训的经济学老师的影响下,产生了对私人财产、利润及个人动机的浓厚兴趣。康沃斯曾担任联邦贸易委员会检查员的经历,又使他认识到"激进自由主义"、压力集团的操纵以及私人企业中个体利益的重要性。1915 年在威斯康星大学的一次短期培训中,康沃斯首次接触了市场营销课。当时他对巴特勒的《市场营销》一书中的有关材料进行了深入研究,从巴特勒的实际经验中获益颇深。这对他 1915 年在匹茨堡大学讲授的市场营销课程十分有帮助。在匹茨堡大学,由于没有通用教材,他给学生指定的是尼斯托姆的《零售经济学》。受上述学者的影响,他在 1921 年出版的第一本书《市场营销方法与政策》中,主要研究了中间商的作用等问题。1924 年,康沃斯来到伊里诺斯大学,那里的市场营销理论已被利特曼和贝仁斯所发展,而康沃斯则在另外两个领域产生了影响。他更清楚地认识到农业市场营销的重要性。由于农场远离大都市,他更强调市场营销原理的强化培训,而不是职业培训。

(十三)切林顿(Paul T. Cherington)

在切林顿身上,自然和个人因素的重要性体现得淋漓尽致。他对市场营销的兴趣来源于他与海杰蒂的接触。两人在宾夕法尼亚大学认识。当时切林顿是海杰蒂的学生。他为完成社会学博士论文,搜集了很多有关市场营销的渠道和案例材料。这对他市场营销思想的形成有很大的影响。1902 年,切林顿获得理学学士学位,1908 年,他获得了文学硕士学位,担任费城商业博物馆出版社的编辑。离开费城以后,切林顿到哈佛大学讲授市场营销,全身心地投入市场营销的研究工作。作为一名早期的市场营销学者。他的名著有《广告的商业作用》(Advertising as a Business Force)(1912 年出版)和《市场营销概论》(Elements of Marketing)(1920 年出版)。

(十四)菲利普·科特勒(Philip Kotler)

1. 简介

菲利普·科特勒被称为"现代营销学之父",拥有芝加哥大学经济学硕士和麻省理工学院经济学博士、哈佛大学博士后以及苏黎世大学等 8 所大学的荣誉博士学位。同时他也是许多大国公司在营销战略和计划、营销组织、整合营销上的顾问。这些企业包括:IBM、通用电气(General Electric)、AT&T、默克(Merck)、霍尼韦尔(Honeywell)、美洲银行(Bank of America)、北欧航空(SAS Airline)、米其林(Michelin)、环球市场集团(GMC)等。此外,他还曾担任美国管理学院主席、美国营销协会董事长和项目主席以及彼得·德鲁克基金会顾问。

第二章　营销理论演进

科特勒晚年的事业重点是在中国,他每年来华六七次,为平安保险、TCL、创维、云南药业集团、中国网通等公司作咨询。他的理论深受全世界营销、经济、管理、教育等各界人士的推崇,演讲场面震撼,座无虚席。科特勒本人也非常重视中国市场的研究。相对于经济平稳发展的欧美国家,中国充满机会。1999年年底,有着近三十年历史的科特勒咨询集团(KMG)在中国设立了分部,为中国企业提供企业发展战略、营销战略和业绩提升咨询服务。2011年3月,GMC制造商联盟正式邀请科特勒来华巡讲,得到科特勒的热情回应,"中国GMC总裁论坛菲利普·科特勒专场"于2011年6月初在中国广州、杭州、宁波举办。

2. 学术成就

菲利普·科特勒博士的著作众多,例如:《营销管理》《混沌时代的管理和营销》《科特勒营销新论》《非营利机构营销学》《新竞争与高瞻远瞩》《国际营销》《营销典范》《营销原理》《社会营销》《旅游市场营销》《市场专业服务》及《教育机构营销学》等。许多作品被翻译为20多种语言,被许多国家的营销人士视为营销宝典。

其中,《营销管理》一书更是被奉为营销学的圣经。他的《营销管理》(Marketing Management: Application, Planning, Implementation and Control,1967年第1版,与凯文·凯勒合著)不断再版,目前已是第16次再版,是世界范围内使用最广泛的营销学教科书,该书成为现代营销学的奠基之作,它被选为全球最佳的50本商业书籍之一。菲利普·科特勒还为《哈佛商业评论》《加州管理杂志》《管理科学》等一流杂志撰写了100多篇论文,在4P的基础上提出了6P理论并提出了大市场营销。

3. 评价

英国权威媒体《金融时报》评价说,菲利普·科特勒对营销与管理的贡献主要体现在以下三个方面。

(1) 在宣传市场营销的重要性上,他比任何一位学者或者商业作者做得都多,把市场营销从一种边缘性的企业活动,提升成为生产经营过程中的重要工作。

(2) 他沿着现代管理之父彼得·德鲁克提出的一种趋势继续前进,把企业关注的重点从价格和分销转移到满足顾客需求上来。

(3) 他拓宽了市场营销的概念,从过去仅限于销售工作,扩大到更加全面的沟通和交换流程。全球大部分产业产品过剩,实际上,问题不是出在供给层面,而是需求层面,过多的产品在追求过少客户的青睐。与此同时,全球化、资讯科技以及网络也带来了巨大的市场变化,对企业生存环境产生了革命性的冲击,这些都要求企业进行转型。只有逃脱传统的营销局限,转而由营销来打造企业战略,才能对市场容量及企业自身定位作出更明确的界定,才能在此次转型中蜕变成功。

(十五)罗伯特·劳特朋(Robert F. Lauterborn)

1. 简介

罗伯特·劳特朋,营销理论专家,整合营销传播理论的奠基人之一。劳特朋现为中国中欧国际工商学院客座教授,美国北卡罗来纳大学教堂山分校新闻传播学院广告学教授,并管理着著名的摩根安德生行销传播管理顾问公司。劳特朋教授曾到过19个国家进行演讲

以及组织研讨会，主题涉及整合营销传播理论、创建内部品牌、改进创造绩效、市场营销与营销传播力以及诸多其他主题。1999年，鉴于他对商业营销的发展以及进步作出的卓越贡献，商业营销协会授予其"小G.D.克莱恩奖"，并正式将其列入商业营销名人堂。

2. 学术成就

1990年，在《4P退休4C登场》专文中，罗伯特·劳特朋提出了以顾客为中心的一个新的营销模式——著名的4C理论，即消费者(consumer)、成本(cost)、方便性(convenience)、沟通(communication)。与传统的4P理论相比，4C理论不再以产品为重心，更注重消费者，更注重如何同消费者沟通。4C理论是新经济时期的产物，它的出现，标志着4P时代的终结，整合时代的到来。

1992年，劳特朋和美国西北大学教授唐·舒尔茨(Don E. Schultz)、斯坦利·田纳本(Stanley I. Tannenbaum)合著了全球第一部IMC专著——《整合营销传播》，又强化了"4C取代4P"的观点。这本书的问世，标志着整合传播营销理论正式成为一种崭新的营销传播理论。该书已被译成多种语言(汉语、日语、韩语、西班牙语及葡萄牙语等)。在美国学术界、图书经销商以及客户服务提供商中开展的一项调查显示，《整合营销传播》一书在所有影响广告研究的众多著作中始终保持第14位的排名。

劳特朋提出的4Cs理论是以"消费者需求"为导向的市场营销理论，是对原有的市场营销理论的一次大的变革。

(十六)罗瑟·瑞夫斯(Rosser Reeves)

罗瑟·瑞夫斯是广告界大师和广告科学派的忠实卫道士，也是获得"纽约广告名人堂"荣誉的广告人之一。瑞夫斯曾任达彼思广告公司的董事长，并提出了著名的"USP理论"，即"独特销售主张"，这一理论，对广告界产生了经久不衰的影响。他运用这一独特理论策划了经典广告案例M&M's巧克力豆。

瑞夫斯19岁开始谋生，在里士满时代快报当过记者。为寻求收入更高的职业，他来到里士满的一家银行，当上了广告经理，对广告产生了兴趣。他觉得在银行做广告始终不专业，随后来到纽约的赛梭广告公司，正式成为一名广告撰文员。他先后在几家广告公司供职，主要担任撰文员。在与各行各业的广告接触中，瑞夫斯积累了大量的经验，初步形成了自己的创作风格——靠事实打动消费者。1940年进入达彼思广告公司(The Bates & Company)，1955年成为该公司的董事长。瑞夫斯创立的广告哲学和原则，使这家公司从小型公司跃升为世界最大的广告公司之一。

(十七)雷蒙德·弗农(Raymond Vernon)

1. 简介

雷蒙德·弗农于1913年出生，美国经济学家，是美国二战以后国际经济关系研究方面最多产的经济学家之一。他有着在政府部门任职20年的经历，还在短期内从事过商业。从1959年开始，他在哈佛大学任教，是克拉维斯·狄龙学院的国际问题讲座教授。

雷蒙德·弗农早期曾致力于区位经济学的研究，后转入对信息和专业化服务的研究，受克拉伍斯(I. Klar-Vas)和波斯纳(M. A. Posner)技术差距理论的启发，于1966年发表《产品周期中的国际投资和国际贸易》一文,提出了著名的产品生命周期理论。他认为,产品生命周期理论可以解释发达国家出口贸易、技术转让和对外直接投资的发展过程。在国际贸易理论方面的主要贡献是创立了产品周期理论。

2. 学术成就

1966 年发表《产品周期中的国际投资和国际贸易》。
1968 年发表《产品周期中的国际贸易》。
1977 年出版《跨国公司上空的风暴》。

(十八)麦克林(Theodore Machlin)

1911 年,麦克林在完成研究生课程后任教于艾奥瓦大学,并成为大学分校校长霍顿(P. G. Holden)的助手,这使得他有机会在全美国进行调查研究。麦克林强烈地感觉到农民的辛勤劳动并未在市场上得到等价回报。于是,他决定对市场营销进行更进一步的研究。1913 年他来到威斯康星大学对这个课题进行了研究,并于 1917 年获得哲学博士学位。1915—1916 年和 1918—1919 年,他曾在堪萨斯农业学院讲授农业市场营销。在 1919—1930 年,他一直是威斯康星大学的教授。之后,麦克林去了加州,担任州政府市场部主任。后来,他又回到威斯康星大学,撰写了《有效的农业市场营销》(1921 年出版)一书,这是他对市场营销学领域的主要贡献之一。

(十九)西奥多·莱维特(Theodore Levitt)

1. 简介

西奥多·莱维特(1925—2006)是现代营销学的奠基人之一,是市场营销领域里程碑式的偶像人物,曾担任《哈佛商业评论》的主编。他那些令人耳目一新、精心编撰但又充满争议的书籍和文章影响了一代又一代的学者和实业界人士。

1925 年莱维特出生于德国法兰克福附近的一个小镇,为躲避纳粹迫害,10 岁时随全家移居美国俄亥俄州。高中毕业后他加入了美国陆军,参加过第二次世界大战,退役后他先后就学于安提奥奇学院和俄亥俄州立大学,毕业后一度执教于北达科他大学,1959 年加入哈佛商学院,不久即获得了很高的国际声望。《营销短视症》(Marketing Myopia, 1960)最初刊登于《哈佛商业评论》,一经发表即大获成功,1000 多家公司索要了 35 000 份重印版杂志,共售出 850 000 多份,是《哈佛商业评论》历史上最为畅销的文章之一。莱维特的书籍和文章为他赢得了哈佛校园外的大批追捧者,在哈佛商学院,他也是备受欢迎的老师和精明干练的行政人员,从 1977—1983 年,他是学院市场部的主任。1990 年,莱维特离开教坛时已成为传奇式人物,他从实践与理论上改变了市场营销学。

2. 学术成就

西奥多·莱维特于 1956 年在《哈佛商业评论》发表了第一篇文章,题目是《变化中的资本主义特性》(The Changing Character of Capitalism),这篇文章引起了标准石油公司高层的注意,莱维特也因此步入了事业的又一阶段,成为芝加哥地区石油工业的咨询师。1958 年发表于《哈佛商业评论》上的另一篇文章《社会责任的危险性》,使他重返哈佛商学院。《营销短视症》就写于不久之后的一个晚上,初稿只花了四五个小时,在这篇营销学经典文章中，莱维特提出了一个使他声名远扬的观点：由于大多数企业过于偏重制造与销售产品，使营销成了"后娘养的孩子"，这就是"营销短视症"，其强调的是从卖方需求着眼的销售，忽视了从顾客需求着眼的营销。西奥多·莱维特的创作包括《业务增长市场学》(Marketing for Business Growth)、《第三产业》(The Third Sector：New Tactics for a Responsive Society)等近十部著作，以及发表于《哈佛商业评论》的 26 篇文章(其中四篇获得过"麦肯锡奖")。

莱维特一生获奖无数，除了"麦肯锡奖"之外，他的《营销创新》(Innovation in Marketing)一书获 1962 年度管理学院杰出商业书籍奖；1969 年获商业新闻约翰·汉考克奖；1970 年获"年度营销人"帕林奖；1976 年获乔治·盖洛普卓越营销奖；1978 年获全美营销协会杰出贡献奖；1989 年获国际管理理事会威廉姆·M. 麦克菲利奖。

1983 年，刊登于哈佛商业评论的另一篇文章《全球化的市场》(Globalization of Markets)再次引起轰动，在国际商业界引发了至今不能平息的争论，它将"全球化"一词载入了管理学词典，文章中莱维特作出了一个大胆预言：全球化已然来临，不久之后全球性公司将在世界的每一个角落以同样的方式销售它们的商品与服务。他在文章中明确提出了"全球营销"的概念。他呼吁多国公司向全世界提供一种统一的产品，采用统一的沟通手段。他发现，过于强调对各个当地市场的适应性，将导致生产、分销和广告方面规模经济的损失，从而使成本增加。他的观点激起了一场暴风雨式的争论，不仅引起了学术界的震动，同时也引起了实际从事营销活动的人士的浓厚兴趣。20 年后的 2003 年 5 月，哈佛商学院举办了为时两天的"全球化市场论坛"，来自世界各地的六十多位学者和商界精英出席了讨论，由此可见其深远的影响，而莱维特本人却因健康欠佳，未能出席。

本 章 小 结

本章主要介绍了不同时期的营销学理论以及提出这些理论的杰出学者和企业家。

第一节"早期营销理论"介绍了 19 世纪末到 20 世纪初市场营销萌芽时期的基本情况和四大营销学派。该时期的营销学研究主要集中在美国，大致可以分为威斯康星学派、哈佛学派、中西部学派和纽约学派。

第二节是对 20 世纪 50 年代至 60 年代快速发展时期营销理论的介绍，随着二战的结束和战后生产的恢复，商业再次变得繁荣起来，营销进入一个百家争鸣的年代。20 世纪 50 年代的营销理论包括市场营销组合、独特销售主张理论、市场细分、营销观念和营销审计。60 年代的营销理论包括 4P 理论、"营销近视症"、生活方式营销理论、品牌形象理论、产品生命周期理论、买方行为理论和扩大营销概念。

第三节"萧条时期的营销理论"介绍了 20 世纪 70 年代到 80 年代许多重要的营销理论。其中 70 年代诞生的营销理论和概念包括社会营销、低营销、定位理论、战略营销、社会性营销和服务营销。80 年代诞生的营销理论和概念有内部营销、全球营销、直接营销、关系营销和"大营销"。

第四节"现代营销管理理论"则是对营销基础理论、移动营销、绿色营销、大数据营销、整合营销概念和内涵的分析。

第五节所述的营销革命可以划分为以产品为中心的 1.0 时代、以消费者为导向的 2.0 时代、价值驱动的 3.0 时代和我们正在经历的 4.0 时代。"营销 4.0"包括大数据深度应用、营销的人工智能化、工业制造的深度融合、全新的内容交互模式、人与机器的互联、机器与机器的互联等各个方面。

第六节是对营销学领域具有突出贡献的历史人物的简要介绍。主要了解不同学者的教育背景、生活经历、学术成就等方面的内容。

自　测　题

1. USP 理论主要包括哪几个方面的内容？
2. 4P 组合指的是哪 4P？
3. 什么是产品生命周期理论？产品生命周期包括哪几个阶段？
4. 营销革命 4.0 的内涵是什么？

第三章 营销环境分析

【学习要点及目标】 通过本章的学习，使学生掌握营销环境的概念，了解企业与营销环境的关系，学会分析影响企业营销的宏观环境和微观环境，掌握营销环境分析的方法。

【关键概念】 营销环境(marketing environment)　宏观环境(macro-environment)　微观分析(micro-environment)

【引导案例】

教培巨头落幕说明大环境的重要

曾经发展得轰轰烈烈的校外培训行业，在2021年经历了一系列的调整，更上演了一系列悲歌。作为校外培训行业的龙头企业，好未来也经历了阵痛。

2021年12月11日，学而思举办了一场别开生面的告别会。在这场告别会上，好未来创始人张邦鑫说，感谢每一位认真坚持到秋季课结束的伙伴。尽管早已经知道结局，但还是认真地上好每一节课，一个组织撤退的时候，身影很重要。越困难、越山穷水尽的时候，越能显示出一个组织真正能剩下什么。在一个伟大时代，学而思做了顺势而为的尝试，从小作坊一路走来，花小钱办大事，三次收缩，有进有退，有失有得，标准化、组织化、系统化、网络化、数字化。

"沧海桑田，18年无怨无悔。"一个时代落幕了。好未来靠K12学科教育起家，在发展壮大的过程中公司名才由学而思升级为好未来，一度备受资本追捧，任凭浑水多次做空，好未来的市值始终坚挺，2020年疫情防控期间，更是大放光芒，市值最高冲破500亿美元。然而世事无常，国家的政策就像一声铁令，任何行业都不能背道而驰。2021年，中国教育培训行业经历重大调整，尤其是双减政策之后，很多业务已经难以为继，好未来市值更是跌至27.54亿美元。按照计划，好未来将于2021年12月31日起正式终止面向内地的义务教育阶段学科类培训服务。

这些调整的背后，也是一种遗憾，那就是好未来始终以学科类为主方向，也没做到把握时代的大势。这不仅是好未来值得思考的，对于上千万的全国教培行业从业人员来说，都是一场深刻的考验。张邦鑫反思，我们关注用户需求，更需要把握新时代的大势。虽然很痛，但双减是好未来18岁的成年礼物，我们积极地响应，务实地创造。全员会最后，张邦鑫以苏轼《水调歌头》中的名句作为结尾："人有悲欢离合，月有阴晴圆缺，此事古难全，但愿人长久，千里共婵娟。"

所谓时势造英雄，如今，一个时代落幕了。不过话说回来，随着客观环境的不断变化，有利与不利的因素也在不断转化，对环境的出色的适应能力是企业获取竞争优势的关键，同时分析营销环境、洞察消费者需求都不应该被忽视。

(资料来源：新浪专栏. https://tech.sina.com.cn/.)

第三章　营销环境分析

第一节　营销环境概述

企业营销处于一个变幻莫测的动态复杂环境中，与社会各个方面都有着千丝万缕的联系。这就要求企业必须密切关注营销环境的变化，一方面要适应营销环境，另一方面要通过企业自身的营销活动改变或创造有利于企业发展的环境。尤其是在企业的竞争重心从产品主导逻辑范式转变为服务主导逻辑范式、企业的关注点向"与顾客共同创造与分享价值"转移的过程中，企业更应该关注环境的变化，在顾客和竞争环境的研究上投入更多的时间。

一、营销环境的含义

21 世纪以来，经济、社会、环境不断发生各种变化，因此被称为 VUCA 时代。VUCA 是 volatility(易变性)、uncertainty(不确定性)、complexity(复杂性)、ambiguity(模糊性)四个英文单词的首字母缩写。"VUCA 时代"一词描绘出当代激荡多变的时代特征，数字经济的迅猛发展、新型冠状病毒肺炎疫情突发等都是该词最好的注脚，因而不断地、准确地分析企业所处的营销环境对企业经营至关重要。

不同领域对环境一词有着不同的定义，但共同点在于环境是相对于某一对象而言的，是对该对象产生影响的所有内部与外部因素的统称。在营销管理中，企业的营销环境是相对于市场营销活动而言的，是与企业市场营销活动相关的所有外部因素和条件。这些因素和条件由企业营销管理机构外部的行动者与力量组成，影响着企业开发和维持为目标顾客提供满意的产品和服务的能力。企业不可能脱离环境而独立存在，它的一切行为都发生在环境当中，受到环境的影响，同时也对环境产生作用。企业从外部环境中获取的是物质与信息，并通过一系列的企业活动最终对外输出产品、服务和信息。企业所开展的各类营销活动正是为了促进这种输出活动的进行。

根据营销环境对企业市场营销活动产生影响的方式和影响程度的不同，我们将营销环境大致分成两类：宏观营销环境和微观营销环境。宏观营销环境与企业不存在直接的经济联系，但是可以通过影响微观营销环境的相关因素来影响企业，同样能对企业的活动产生重要影响，主要包括人口、经济、自然、技术、政治和文化等因素。微观营销环境与企业具有一定的经济联系，直接影响企业为目标顾客提供产品和服务的能力，主要包括企业自身、供应商、营销中介、顾客、竞争者和公众。微观营销环境受宏观营销环境的制约，宏观营销环境通过微观营销环境来发挥作用。毫无疑问，任何环境因素的变化都可能给企业带来成功营销的机会，也可能给企业的营销管理带来一定程度的阻碍。所以，全面认识和研究营销环境，主动提高企业适应环境的能力，对企业营销活动的成败具有十分重要的意义。

二、企业与营销环境的关系

(一)营销环境对企业的影响

营销环境从根本上来说可以分成两个大类：环境威胁、环境机会。所谓环境威胁，是指环境中不利于企业发展的影响因素，如果对环境威胁不加以处理，不采取正确的营销措施,就可能会对企业的市场地位造成损害。营销者应善于识别企业所面临的威胁,并根据其发生的可能性和严重程度及时制定适当的应对策略。环境机会则是指那些容易被企业的营销管理者加以利用从而来增强企业竞争力的领域,企业的成长不能只依靠不犯错误,而是应当抓住市场机会,结合企业自身的优势将市场机会转化为企业的机会,并利用这种机会获取利润并促进企业的发展。

当然,环境因素并不是一成不变的,而是随时随地都可能发生变化,比如从给企业的发展带来机会,到严重影响企业的生存。由于市场营销环境的动态性,环境机会与环境威胁在一定条件下可以互相转化。例如,某地为保护环境制定了严格的环保条例,企业在开展农业种植活动时不能过多地使用农药,这影响了企业提高产量的目标,对企业生存构成了威胁,但也为企业发展绿色生态农业提供了机会。从长远角度来看,如果企业坚持下来,并积极运用绿色纯天然这一理念来进行生产经营,那么一段时间过后,企业就可以绿色产品、生态产品为竞争优势,在市场上卖出比竞争对手更高的价格,从而取得高额利润,实现企业的发展。

成功地实现由威胁到机会的转化,考验的正是企业对营销环境的适应能力。企业应当主动适应环境,一方面是因为营销环境具有客观性,另一方面是因为这是企业营销观念的要求。现代营销理念以消费者需求为中心,这就要求企业充分认识环境和适应环境,进一步了解消费者需求,并比竞争对手更好地去满足消费者需求。不能成功做到这一点的企业最终会被市场所淘汰。消费者的需求经常发生变化,因此,企业只有时刻保持自身强大的环境适应能力才能应对这些变化。不存在永远受欢迎的产品和永远正确的市场营销策略。

即便如可口可乐这样受欢迎程度极高的产品也有它的困惑。众所周知,传统的可乐中含有大量糖分,会导致肥胖,不利于人们的身体健康。随着人们健康意识的提高,可口可乐公司不得不作出改变,推出低热量的健怡可乐来满足市场需求。尽管如此,整个软饮料市场的前景仍不容乐观。适应环境是企业取得成功的关键。瑞士钟表业的兴衰也印证了这种说法。20世纪70年代开始出现的日本石英表撼动了瑞士制表业的市场地位。石英表以其成本较低、走时精准的特点迅速获得了大量消费者的青睐。而瑞士制表业中的不少企业并没有就此倒下,而是适应环境的变化,调整市场策略,在手工制造的机械表方面下功夫,凭借高端的产品重新获得了坚实的市场地位。

这些例子都说明,随着客观环境的不断变化,有利与不利的因素也在不断转化。对环境的出色的适应能力是企业获取竞争优势的关键。市场营销学认为,企业的营销目标能否实现,在于能否对环境作出准确判断,并在此基础上采取适应环境的营销措施。"适者生存"是当今变化莫测、竞争激烈的市场上的不变真理。企业所作的每一项决策都不应是凭空想象出来的,也不是从其他成功企业那里照搬而来的,而是要基于客观环境,做到有理有据。企业营销活动策略的成功乃至整个企业生产经营活动的成功,其实是企业利用自身控制的资源去适应外在客观环境并取得相应成果的过程。

(二)企业对营销环境的影响

企业并不只是被动地适应环境,还可以积极主动地改造环境、影响环境。企业与环境相互影响。企业既受到营销环境的制约,又可通过企业的活动反过来影响环境。企业对营销环境的影响主要表现在以下两个方面。

第一,虽然营销环境具有客观性,但是企业仍然可以通过科学的分析手段对环境的发展变化进行预测,并及时对现有的营销计划进行调整。比如,当今占有巨大市场份额的阿里巴巴、京东等公司在设立之初就预测,在互联网高速发展的客观背景下,传统的商业零售业必将向网络空间转移,网络销售的比例会大幅提高。在这种预测的指导下,一批网络公司开始了对线上交易的摸索,并迅速获得了成功,财富创造与积累的速度都远超传统的商业模式。这批公司的成长进一步推动了互联网产业环境的发展变化。

第二,企业可以通过广告、公共关系等宣传手段来引导消费者的需求,促使环境因素朝着有利于企业的方向发展。实践中,不少企业已作出成功的示范。金龙鱼提出的1∶1∶1的健康调和油的概念,相信不少读者都听说过,不少人开始改变过去只食用一种油的饮食习惯。农夫山泉的经典广告词"我们不生产水,我们只是大自然的搬运工",吸引了越来越多的人成为瓶装水的爱好者。这些宣传都很好地调动了人们追求更高品质、更健康生活的积极性,创造出消费者对本企业产品的需求。

从实践来看,企业影响环境能力的大小既受企业自身实力的影响,又与环境因素相关。相较于小的手机制造商,苹果公司更有可能影响手机设计制造的潮流,而企业对直接营销环境的影响能力一般情况下要大于对间接营销环境的影响能力,因为企业与直接营销环境的联系更加紧密,作用更加直接。沃尔玛可以通过采购等措施影响其供应商,而供应商正是沃尔玛所面对的直接营销环境。相比之下,沃尔玛对人口规模、人均收入等间接营销环境因素的影响较小。

第二节　宏观环境分析

宏观营销环境是指为组织的营销活动带来市场机会和环境威胁的外部因素,其主要包括政治环境、法律环境、经济环境、社会文化环境、技术环境、自然环境和人口统计特征信息等。宏观营销环境的构成要素如图3-1所示。

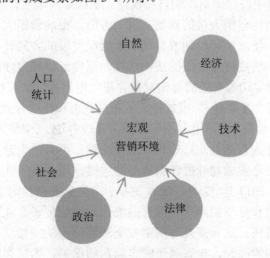

图3-1　宏观营销环境的构成要素

一、政治环境

政治环境是指企业市场营销的外部政治形势。概括而言,政治环境对一个组织营销活动的影响主要表现为政府制定的方针政策,如人口政策、能源政策、物价政策、财政政策、货币政策等。例如,国家通过降低利率来刺激消费的增长,通过个人收入所得税调节消费者收入的差异等,进而影响消费者的购买行为。如果涉及国际市场,还必须考察国际市场中对营销产生影响的各种因素。例如,国际的政治形势、企业母国与东道国之间的关系等。同时,还要注意不同国家干预外国企业在本国开展营销活动的政策,如进口限制、税收政策、价格管制、外汇管制等。

2017年,习近平主席在联合国日内瓦总部的演讲中提出构建人类命运共同体的思想,这是中国面对全球局势不断变化、从全球人类共同利益和发展角度提出的中国方案。在这一整体方案的指导下,企业也应承担起社会责任,立足于和平发展与合作共赢的主旋律,在推动中国经济发展的同时,为世界发展提供新的契机。2020年,党的十九届五中全会通过了《中共中央关于制定国民经济和社会发展第十四个五年规划和二〇三五年远景目标的建议》。该建议指出:我国发展环境面临深刻复杂的变化。一方面,企业面临着新时代带来的前所未有的发展机遇;另一方面,国内外错综复杂的形势和日趋激烈的国际竞争也为企业的发展带来了相应的挑战。对于国内企业而言,辩证地看待国内外政治经济形势的深刻变化,合理统筹利用好国际、国内两个市场,提前洞察有利的市场机会与可能存在的危机,并努力化危机为先机,是其在新发展阶段应该具备的战略理念和发展能力。

二、法律环境

法律环境是指政府的法律法规及其他有关规定,特别是涉及企业市场营销活动的有关立法。在营销过程中,研究并熟悉企业所在地的法律环境,既有利于保证组织行为的合法性,也有助于运用法律手段保障组织的自身权益。从法律环境对营销的影响来看,一方面,法律环境可能限制了市场营销人员的活动;另一方面,市场营销人员也可以采取一定的措施,如利用行业协会,使法律环境朝着有利于本组织发展的方向转变。对从事国际营销活动的中国企业来说,不仅要遵守中国的法律法规,还要了解和遵守国外的法律制度和有关的国际法规,以确保制定切实有效的营销对策并在"走出去"的过程中获得成功。

以中国为例,随着"互联网+"模式带来了新兴业态和传统行业升级,为了进一步规范市场发展环境,国家陆续颁布了《互联网信息服务管理办法》《中华人民共和国网络安全法》《网络食品安全违法行为查处办法》等相关法律法规。再者,大数据等信息技术的发展强化了顾客信息和数据对企业成功开展营销活动的关键作用。基于此,有关顾客隐私保护的问题也越发得到重视。2017年12月,国家发布了《信息安全技术个人信息安全规范》,明确提出企业收集、使用和分享用户个人信息的要求,并规定了企业落实用户个人信息控制权、制定隐私政策的责任。这一规范与网络安全法等法律法规相结合,在为企业合规开展市场营销活动指明方向的同时,也有利于顾客隐私的保护,为顾客更好地参与营销过程提供了制度保障。

需要指出的是,作为新发展阶段的主旋律,创新和绿色两大主题为国内企业的发展确立了明确的目标。相较于一般技术创新，绿色创新往往需要更多的资源投入且获利周期相对较长，风险相对较大。同时，绿色技术的溢出加剧了企业之间的竞争，在一定程度上阻碍了企业的持续创新投入。因此，企业必须明确："创新是引领发展的第一动力，保护知识产权就是保护创新。"作为一种鼓励和规范创新行为的重要制度，构建完善的知识产权保护体系至关重要，其有利于不断推动企业进行绿色创新，进而提升绿色消费观念，最终实现经济社会发展的全面绿色转型。党的十八大以来，我国更加重视知识产权保护工作并将其摆在突出位置，故而推出了一系列相关政策和行动，为企业开展创新活动和绿色产品营销构建了良好的市场环境。尤其是在数字化时代，一方面，需要在借鉴传统知识产权保护的基础上不断推动新领域、新业态的知识产权保护制度，以便优化市场环境和激发企业活力；另一方面，需要在产品创新和营销活动实践中，以社会主义核心价值观作为制度建设的基点，培育并践行以"诚信""公正""法治""平等"为核心的正确、积极的营销价值观，致力于营造健康的市场竞争环境。

三、经济环境

经济环境一般是指影响市场营销活动的经济因素，包括收入与支出状况和经济发展状况等。

(一)收入与支出状况

1. 收入

(1) 人均国内生产总值。一国的国内生产总值(GDP)反映了该国市场的总容量和总规模，人均 GDP 是对一个国家核算期内(通常是一年)实现的 GDP 除以这个国家的常住人口数得到的。人均 GDP 在总体上影响和决定消费结构与消费水平。

(2) 个人可支配收入。个人可支配收入是指从个人收入中减除缴纳税金和经常性转移支出以后所剩余的实际收入，即能够用以作为个人消费或储蓄的数额。《中国统计年鉴 2020》相关数据显示，2019 年，我国城镇居民人均可支配收入为 42 358.8 元。农村居民人均可支配收入为 16 020.7 元，两者相差 26 338.1 元，差距较大。

(3) 个人可任意支配收入。在个人可支配收入中减去维持生活所必需的支出后就是个人可任意支配收入，这是影响消费需求变化的最密切因素。《中国统计年鉴 2020》相关数据显示，2019 年，我国城镇居民人均全年消费支出为 28 063.4 元。农村居民人均全年消费支出为 13 327.7 元，计算后得出城镇居民人均可任意支配收入为 14 295.4 元，农村居民人均可任意支配收入为 2693 元，两者差距较大。

2. 支出

支出主要体现在消费者支出模式和消费结构上。它在很大程度上受收入的影响。德国统计学家恩斯特·恩格尔曾经对英国、法国、德国和比利时等国家不同收入水平的家庭进行调查，发现工人家庭收入变化与各方面支出变化的比例关系具有规律性，这就是著名的恩格尔定律。其中，食物支出占总支出的比例称为恩格尔系数。一般认为，恩格尔系数越大，生活水平越低；恩格尔系数越小，生活水平越高。《中华人民共和国 2019 年国民经济和社会发展统计公报》显示，2019年，中国居民恩格尔系数为28.2%，比上年下降0.2个百分点。其中，城镇居民为27.6%，农村居民为30.0%。同时，消费者支出模式与消费结构不仅与消费者收入有关，而且受家庭生命周期所处的阶段和家庭所在地等情况的影响。例如，有子女和没有子女的年轻家庭的支出情况是不同的。类似地，所在地不同的家庭在住宅、交通和食品等方面的支出也有所不同。

3. 消费者储蓄与信贷

储蓄来源于消费者的货币收入，最终用于消费，其主要形式包括银行存款、购买债券或手持现金等。一般而言，较高的储蓄率会推迟现时的消费支出，加大潜在的购买力。另外，储蓄的增减变化会引起市场需求规模和需求结构的变化，从而对一个组织的市场营销活动产生影响。因此，只有把握消费者的储蓄动机，才能为消费者提供恰当的产品和服务，并成功诱发消费者的购买动机。此外，消费信贷使消费者可利用贷款先取得商品使用权，再按约定期限归还贷款，即消费者预先支出未来的收入提前消费，如支付宝推出的"蚂蚁花呗"、京东商城推出的"京东白条"以及网易考拉推出的"网易白条"等，改变了消费者以往的消费方式，创造了新的购买力。

(二)经济发展状况

一个组织的市场营销活动不仅受到一个国家或地区经济发展状况的制约，在经济全球化的条件下，还受到国际经济形势的影响。

1. 经济发展阶段

美国学者罗斯托将世界经济发展历史分为六个经济成长阶段，即传统社会阶段、起飞准备阶段、起飞阶段、成熟阶段、大众消费阶段和超越大众消费阶段。根据国家统计局发布的数据：2019年，全年国内生产总值为990 865亿元，比上年增长了6.1%。尽管增速有所放缓，但整体仍处于稳中有进的良好态势，是世界经济增长的主要动力源泉。不过，伴随着这些举世瞩目的成就，传统发展方式的不协调、不平衡与难以持续等问题日益突出。如内外需投资与消费之间的关系不协调、城乡区域发展不平衡和居民收入差距扩大、资源消耗以及污染物排放高、生态环境压力日益增大、服务业发展滞后和产业结构不合理等。这些问题都在一定程度上反映了中国经济发展的阶段性特征。目前，中国是世界第二大经济体，并且正在成为拉动世界经济增长的最大引擎。中国正积极发展新兴产业，这不仅可以创造新的市场需求，而且将为全球经济复苏作出贡献。

2. 经济形势

距2008年的全球金融危机已过去十多年，世界经济开始触底回升，整体呈温和的增长态势，但增长动能有所放缓且存在下行风险。随着贸易保护主义抬头，逆全球化趋势愈发明显。尤其2020年新型冠状病毒肺炎疫情暴发，对全球产业链和供应链造成巨大的冲击，国际经济大循环动能减弱，整体持续衰退。

再来看中国，经济运行整体上保持稳中有进的发展态势。一方面，自改革开放以来，我国积极顺应经济全球化态势，通过实施出口导向型发展战略，鼓励企业走出去，参与全球价值链分工，实现了经济的有效增长。"一带一路"倡议的实施，为中国经济新一轮发展注入了动力,进一步提升了国家对外开放水平,这无疑给企业的市场营销带来了新的契机。另一方面,全球贸易摩擦、逆全球化危机等也为中国企业的发展带来了巨大的挑战和阻碍。

面对外部市场环境带来的不确定性和挑战,我国经济发展战略也开始从出口导向转向扩大内需。供给侧结构性改革的提出、推进和深化,提升了经济的供给质量,有效改善了国内市场的供需关系。在国内市场规模和潜力不断提升,经济平稳健康发展的态势下,党的十九届五中全会提出"加快构建以国内大循环为主体、国内国际双循环相互促进的新发展格局",完善并部署了"十四五"和未来更长时期我国经济发展的整体战略。在这一新发展格局下,企业应及时调整营销战略,合理布局国内国际两个市场,抓住新发展阶段带来的机遇。再者,党的十八大以来,伴随着我国将"实现全体人民共同富裕"的宏伟目标放在了更加重要的位置上,脱贫攻坚战不断推进并取得全面胜利。在脱贫攻坚实践中,国内企业积累了一系列营销实践经验。对于企业,尤其是国有企业而言,应该在现有理论认知和实践经验之上,继续承担起巩固脱贫成果的时代责任,结合企业自身特色,创新与贫困地区产业发展融合的方式,采取特色营销手段,推动电商扶贫和旅游扶贫等新业态不断发展,实现更加稳固、持续的脱贫效果,助力全体人民共同富裕目标的实现。

四、社会文化环境

(一)价值观念

价值观念是人们对社会生活中各种事物的评判标准。价值观念对人们的购买偏好具有十分重要的影响。例如,勤俭节约和铺张浪费是两种截然相反的价值观念,对于持有勤俭节约观念的人来说,他们在购买产品与服务时,会更加看重产品与服务的实用性,追求高性价比;而持有铺张浪费观念的人则往往追求享受,偏爱功能强大、设计奢华的产品,对于价格等因素不太敏感。企业应当根据不同目标客户群体的价值观念来设计产品与服务,并采取适当的营销策略。长久以来,中国人民一直保持着勤俭节约的良好美德,但这与改善生活带来的消费升级理念并不冲突。解决了温饱问题以后,人们必将把更多的资源投入到改善生活品质的努力当中去,一方面是新时代的年轻人逐步接受来自发达经济体的消费观念;另一方面是国民个人收入稳步提高。两种因素共同造就我国市场蕴藏巨大的潜力。

(二)宗教信仰

宗教信仰在一定程度上也会影响人们的消费习惯。企业在设计产品与服务及后续的营销活动时,应考虑宗教信仰所带来的影响,尤其要尊重宗教传统,不触犯宗教禁忌。例如,麦当劳餐厅在印度就不提供以牛肉为原料的食品;考虑到当地宗教的特点,麦当劳专门开设了全素餐厅,这些措施都是基于对宗教的尊重,目的是在当地人心目中树立良好的企业形象。

(三)风俗习惯

风俗习惯是指人们在长期的日常生活中形成的习惯性行为模式和规范。不同的风俗习惯使人们在饮食、服饰、居住、交通、节日、娱乐等方面呈现出不同的生活习惯和消费习惯。营销人员在从产品设计、包装到广告宣传、公共关系处理等的决策中应充分考虑所在市场居民的风俗习惯。例如，企业在产品包装颜色的选择上应注意不同市场的风俗习惯，同一种颜色在不同文化背景下的意义可能截然不同。在中国市场上红色象征着喜庆，所以有红色包装的产品可能更受欢迎，而在西欧的一些国家，红色就不那么令人喜欢。

(四)消费时尚

时尚对消费者偏好的影响在服饰领域表现得尤为突出。由于时尚具有明显的时间特征和地域特征，即同一时间，不同地区流行的商品款式具有差异性；不同时间，同一地区流行的商品款式具有差异性。因此，企业要随时了解消费时尚的变化。值得注意的是，消费时尚还具有非常明显的人群特征，即不同阶层的人对时尚的理解不同。医生、律师等追求产品优雅大方，演员追求产品新潮动感。这就需要企业对时尚有敏锐的洞察力。在网络时代，信息的沟通越来越便捷迅速。时尚信息借助网络有了越来越强大的影响力、穿透力。日本和韩国同属东亚文明，文化相近，其消费时尚对我国的影响巨大。近年来，日范、韩流等在一定程度上影响着我国的年轻人。在奢侈品领域，法国、意大利等国家的流行元素对我国的高端消费群体影响较大。在科技时尚领域，美国公司表现突出。我国本土的时尚也同时面临着机遇和挑战。随着产业升级步伐的推进，在吸取各方经验后，我国时尚业的提升空间很大。

五、技术环境

科学技术是第一生产力，科技的发展会对经济发展产生巨大的影响。一般来说，技术不仅会直接影响组织内部的生产和经营，还会通过与其他环境因素的相互作用对营销活动产生有利或不利的影响。具体来看，一种新技术的应用可以为企业创造前所未有的利益，但也可能会迫使企业放弃传统产品，甚至完全退出市场。当然，新技术的应用也会引起企业市场营销策略的变化以及企业经营管理的变化，甚至会改变消费习惯。在这方面，互联网技术的出现是很好的例证。互联网技术的发展颠覆了传统的商业形态、商业模式和商业逻辑，"互联网+"模式的零售、餐饮、教育、旅游、医疗、交通等喷涌而出，这种大融合打破了产业间原有的边界和壁垒，重新定义了产品和服务、经营业态和商业模式，蕴含着无穷无尽的商业机会。2018年12月，新型基础设施(简称"新基建")这一概念被首次提出。从狭义角度来看，"新基建"主要强调对以5G、人工智能、云计算、物联网、工业互联网等为代表的数字基础设施的投资建设。显然，"新基建"是布局并推动数字经济发展的基础保障和关键动力，有利于实现我国经济的高质量发展和企业的数字化转型。可以说，"新基建"的推动离不开企业的创新实践，同时也为企业构建竞争优势和实现可持续发展带来了新的机遇，越来越多的企业开始尝试数字平台企业的转型实践。

新技术是一股可以给市场营销环境带来巨大变化的力量，企业必须随时关注其发展动向，以便在激烈的市场竞争中站稳脚跟。在数字经济时代，大数据、云计算、人工智能、物联网、区块链等数字化技术不断发展，对企业的营销实践产生了深远的影响。基于已有学术研究和企业营销实践，应用在市场营销方面的数字化技术主要包括以下五个方面：人工智能技术(以数字助理或机器人形式呈现)、应用于医疗保健的技术(health technology，如基于物联网的可穿戴设备、传感器等)、会话代理和聊天机器人、移动互联网和社交媒体以及店内零售技术(in-store retail technology，如增强现实、虚拟现实、智能显示器等)。对企业而言，数字化技术是一把双刃剑。如图 3-2 所示，一方面，企业可以基于对顾客消费数据的分析来改善顾客体验，提升顾客满意度；另一方面，大数据分析带来的信息安全和潜在隐私风险也会增加顾客的担忧，进而对企业造成不利影响。

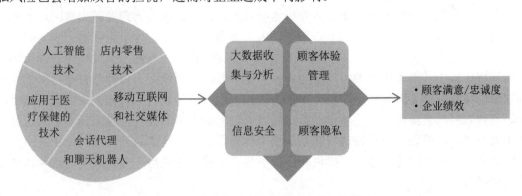

图 3-2　市场营销中的数字化技术及其影响

六、人口环境

(一)人口总量及其增长率

人口总量是决定市场规模和市场潜力的一个重要因素。人是产品和服务的最终购买者和享用者。在其他条件相同的情况下，人口基数大的国家或地区拥有更大的市场潜力，尤其是对生活必需品来说，大的人口基数意味着更多的需求。人口增长导致对食品、服装、交通、住房等方面的需求都会增加，企业也就获得了更大的市场。但我们应注意到，人口增长不一定是越快越好。过快的增长会带来就业压力、资源匮乏、政局不稳等多种问题，从而影响企业的长久发展。我国是一个人口资源丰富的国家，但是人口增长率长期处于一个较低的水平。尤其是近年来，随着人口老龄化的加剧，人口红利逐渐减少。企业在进行人口环境分析时，要注意我国人口众多、老龄化程度趋高等特点，还应注意国家实施的一些新政策，例如三孩政策。

(二)人口结构

人口结构是指人口的年龄和性别结构。不同年龄、不同性别的人对商品的需求不同。例如，相较于"70 后""80 后"而言，"90 后"更加追求产品与服务的个性化。女性更加注重产品与服务的时尚性，男性则更加注重实用性。家庭规模和结构也对消费者的消费习惯产生了重要影响。目前，中国城市家庭的规模普遍较小，常见的是由父母和 1～2 名未成年子女构成一个家庭单元。与美国的家庭相比，中国家庭未成年子女的数量较少。中美家庭的居住情况也不同。中国的城市家庭多居住于公寓、单元楼等小面积居室，而美国家庭多居住于独栋住房，人均居住面积较大。因此，企业面向中国市场设计产品时，应充分考虑小型化的用户需求。

(三)人口地理分布

空间上，人口的地理分布极不均衡。对于商业零售企业来说，选择合理的位置至关重要。在人口密集的区域设立营业网点能够有效地吸引消费者前来购物，但同时也会产生高昂的租金与停车难等问题。如果选择远离市中心的郊区，虽然租金降低了，但对于不少不开车的消费者来说，交通成了一大问题。企业在对城市进行选择时也面临着同样的难题。一方面，设立在人口较少的城市，各项成本会降低，但小城市人力资源较为贫乏，不利于人才的吸引。另一方面，设立在中心城市，人力资源较为丰富，便于企业进一步发展，但企业的各项成本又会大幅上升。小城市的竞争环境相对宽松，有利于企业快速占领市场，但市场规模较小。而大城市的市场潜力大，但竞争激烈，因此，人口地理分布是影响企业制定营销策略的重要因素。现阶段，中国的人口流动趋势是农村的青年人口大量向城市转移，导致农村的老龄化现象比城市严重。随着人们生活水平的提高，越来越多的人选择走出去看一看，出国留学热正是这一想法的集中体现。新东方英语培训的成功，正是因为它适时地抓住了人们的这种理念，提供相应的服务。出国中介的兴起与发展也与这种理念的广泛传播有关。

七、自然环境

自然环境主要是指自然资源因素，包括矿物和动物群体、自然界的其他方面以及生态系统的变化等。对自然资源的利用会对当地的营销活动产生深远的影响。例如，石油矿藏丰富的地区可能会致力于煤油和石蜡等相关产品的生产和销售。当然，有利的自然环境对营销活动的开展是有益的，不利的自然环境会阻碍组织的营销活动。因此，既然营销活动受到自然环境的影响，那么管理者就对自然环境负有一定责任。例如，当前的全球自然环境面临着资源短缺和环境污染严重等问题，这已经引起国际社会的广泛关注，唤起了人们的生态环境保护意识，许多国家政府对自然资源管理的干预日益加强。在这一大背景下，越来越多的组织担负起社会责任，努力开展生态营销或绿色营销，引导公众可持续消费。这既是维护世界人民长期福利的必然要求，也是企业获得成功的必然选择。

第三节　微观环境分析

微观营销环境，即直接环境，是指对企业服务其顾客的能力构成直接影响的各种力量。主要包括企业自身、供应商、营销中介、顾客、竞争者和公众。

一、企业自身

企业自身包括市场营销管理部门、其他职能部门和最高管理层。企业为开展营销活动，必须依赖于各部门的配合和支持，即必须进行制造、采购、研究与开发、财务、市场营销等业务活动。市场营销部门一般由市场营销副总经理、销售经理、推销人员、广告经理、营销研究经理、营销计划经理、定价专家等人员组成。

二、供应商

供应商是指向企业及其竞争者提供生产经营所需资源的企业或个人。供应商所提供的资源主要包括原材料、零部件、设备、能源、劳务、资金及其他用品等。供应商对企业的营销活动有着重大的影响。供应商对企业营销活动的影响主要表现在以下几个方面。

(1) 供货的稳定性与及时性。原料、零件、能源以及设备等货源得到保证，是企业一系列营销活动能够顺利进行的基本前提，企业应当与其供应商保持紧密联系，了解供应商的生产经营状况，避免因为供应商的问题遭受不必要的损失。著名电动汽车制造商特斯拉的实际产量时常达不到预期产量，与其供应商提供不了足够数量的产品有较大关系。比如 Model 3 车型的预约购买数量巨大，但公司只能与动作最慢的供应商保持相同的制造速度。

(2) 供货的价格变动。供应商提供的各种资源的价格直接影响企业最终产品与服务的价格水平，企业应当时刻对其使用的原材料、设备、劳务的成本做到心中有数，并保持适当地与供应商讨价还价的能力，避免陷入被动的局面。尤其是在终端产品定价难以变动的情况下，企业更应当对供应商提供资源的价格给予足够重视。例如在我国的成品油行业，由于最终的汽油销售价格受政策调控的影响，所以汽油生产企业可以采取提前约定价格订立供货合同的方式，来锁定其原油的成本，从而规避风险。

(3) 供货的质量水平。质量是决定企业能否生存的关键。企业最终产品的质量受到供应商提供的产品质量的影响。这里所说的质量有两方面的含义：一方面是供应商提供的产品本身的质量；另一方面是供应商提供的售前售后服务的水平。

企业在确定供应商的过程中，应当注意两方面的问题：一方面，注重对供应商资质、信誉、能力的考察，从而能够及时从供应商处以合理的价格取得足够数量的质量优良的产品。另一方面，努力使供应商多样化，这样既可以保证企业与供应商谈判时有足够的资本，又能够避免供应商的突发问题导致企业生产停滞的情况发生。

三、营销中介

营销中介是指为企业融通资金、销售产品给最终购买者提供各种有利于营销服务的机构，包括中间商、实体分配公司、营销服务机构(调研公司、广告公司、咨询公司)、金融中介机构(银行、信托公司、保险公司)等。它们是企业进行营销活动不可缺少的中间环节，企业的营销活动需要它们的协助才能顺利进行，如生产集中和消费分散的矛盾需要中间商的分销予以解决，广告策划需要得到广告公司的合作等。

(1) 中间商，是协助企业寻找消费者或直接与消费者进行交易的商业企业，包括代理中间商和经销中间商。代理中间商不拥有商品所有权，专门介绍客户或与客户洽商签订合同，包括代理商、经纪人和生产商代表。经销中间商购买商品并拥有商品所有权，主要有批发商和零售商。

(2) 实体分配公司，主要是指协助生产企业储存产品并将产品从原产地运往销售目的地的仓储物流公司。实体分配包括包装、运输、仓储、装卸、搬运、库存控制和订单处理等方面，其基本功能是调节生产与消费之间的矛盾，弥合产销时空上的背离，提供商品的时间和空间效用，以适时、适地、适量地将商品供给消费者。

(3) 营销服务机构，主要是指为生产企业提供市场调研、市场定位、促销产品、营销咨询等方面的营销服务，包括市场调研公司、广告公司、传媒机构及市场营销咨询公司等。

(4) 金融中介机构，主要包括银行、信贷公司、保险公司以及其他对货物购销提供融资或保险的各种金融机构。企业的营销活动因贷款成本的上升或信贷来源的限制而受到严重的影响。

四、顾客

顾客是企业服务的对象，也是营销活动的出发点和归宿，它是企业最重要的环境因素。按照顾客的购买动机，可将国内顾客市场分为消费者市场、生产者市场、中间商市场、政府市场和国际市场五种类型。

五、竞争者

竞争者是指与企业存在利益争夺关系的其他经济主体。企业的营销活动常常受到各种竞争者的包围和制约，因此，企业必须识别各种不同的竞争者，并采取不同的竞争对策。

1. 愿望竞争者

愿望竞争者是指提供不同产品、满足不同消费欲望的竞争者。

2. 一般竞争者

一般竞争者是指满足同一消费欲望的不同产品之间的可替代性，是消费者在决定需要的类型之后出现的次一级竞争，也称平行竞争。

3. 产品形式竞争者

产品形式竞争者是指满足同一消费欲望的同类产品不同产品形式之间的竞争。消费者在决定了需要的属类产品之后，还必须决定购买何种产品。

4. 品牌竞争者

品牌竞争者是指满足同一消费欲望的同种产品形式但不同品牌之间的竞争。

六、公众

公众是指对企业实现营销目标的能力有实际或潜在利害关系和影响力的团体或个人。企业所面临的公众主要有以下几种。

(1) 融资公众是指影响企业融资能力的金融机构，如银行、投资公司、证券经纪公司、保险公司等。

(2) 媒介公众是指报纸、杂志社、广播电台、电视台等大众传播媒介，它们对企业的形象及声誉的建立具有不可替代的作用。

(3) 政府公众是指负责管理企业营销活动的有关政府机构。企业在制订营销计划时，应充分考虑政府的政策，研究政府颁布的有关法规和条例。

(4) 社团公众是指保护消费者权益的组织、环保组织及其他群众团体等。企业营销活动关系到社会各方面的切身利益，因此必须密切注意并及时处理来自社团公众的批评和意见。

(5) 社区公众是指企业所在地附近的居民和社区组织。

(6) 一般公众是指上述各种公众之外的社会公众。一般公众虽然不会有组织地对企业采取行动，但企业形象会影响他们的惠顾。

(7) 内部公众是指企业内部的公众，包括董事会、经理、企业职工。

所有这些公众，均对企业的营销活动有着直接或间接的影响，处理好与广大公众的关系，是企业营销管理一项极其重要的任务。

第四节　营销环境的分析方法

依据系统论与生态学的观点，企业与其所处的外部营销环境共同构成一个大系统。企业内部营销环境与外部营销环境是这一系统中的两个子系统，只有两者相互联系，相互适应，才能产生系统效应。但外部营销环境这一子系统对于企业来说客观存在且不受控制，因此企业应当时常对自己的内部营销系统进行调整，从而适应外部环境的变化，实现长远发展。在调整内部营销系统之前，企业需要对内外部营销环境进行具体分析。

企业内部营销环境是影响组织营销规划与实施的内部环境因素。企业内部营销环境具有可控性，可由企业自身控制或调节。企业在开展营销活动前只需注意自身的财务能力、生产设备、人力资源、地理位置、研发能力以及在公众心目中的形象等因素。例如，制造商企业在决定开发新产品时，往往需要考虑自身的研发能力以及财务能力，同时确定能否利用现有的生产设备和专家资源。除此之外，工厂的位置往往决定了企业市场的地理限制，在运输成本较高且产品容易腐烂变质的时候，情况更是如此。对营销中间商而言，商店的位置(对零售店)或仓库的位置(对批发商)也会影响企业吸引顾客的数量和运营成本。当然，随着互联网技术的发展，在线零售商可能不必担心商店的地理位置，但是需要考虑仓库的位置。相反，由于外部营销环境相对复杂且不可控制，因此我们需要借助SWOT分析判断外部营销环境。

SWOT分析(SWOT analysis)即策略管理之父安索夫在1956年提出的SWOT分析思想，这一分析思想后来发展成为一个有效的企业营销战略分析方法，是常用的环境综合分析方法。SWOT是strengths(优势)、weaknesses(劣势)、opportunities(机会)、threats(威胁)的首字母组合。这一分析方法的核心是通过对企业内部和外部条件进行分析，确定企业可利用的机会与所面临的风险，再将这些机会和风险与企业的优势和劣势相结合，形成企业不同的战略。通常情况下，我们从三个方面分析外部营销环境变化对企业产生的影响：一是对企业市场营销活动有利的因素，即环境机会；二是对企业市场营销活动不利的因素，即环境威胁；三是对企业市场营销活动无影响或影响甚微的因素，即中性因素。对于环境机会和环境威胁，企业应当采取恰当的措施进行应对，有效规避风险，获取利润，取得发展。

SWOT分析的基本程序和内容说明如下。

1. 外部机会与威胁分析

1) 环境机会分析

环境机会是指对企业的营销活动具有足够吸引力的领域，并且企业在该领域内相较于其他竞争者具有优势，即企业可能获得成功的领域。从本质上来讲环境机会是企业发现的市场上的消费者未被满足且能够被满足的需求。市场上的需求多种多样，但有些需求受资源、技术、资金等方面的限制，导致企业没有能力去满足，如受肥胖等因素的困扰，消费者热切盼望可乐生产企业推出一款忠实于原有口味的低热量的健康可乐，但经过一段时间的努力，无论是可口可乐公司还是百事可乐公司都未能推出与其传统产品口味完全一致的健康可乐。健怡可乐虽然降低了产品所含的热量，但消费者反映其口感与传统可乐仍存在差异。这一需求现阶段无法满足，但随着技术的进步，在未来有可能满足。环境机会既可来源于宏观环境，也可来源于微观环境。由于企业自身的业务能力不同，环境机会对不同企业的有效性也不同。同样的环境设定对一些企业来说是环境机会，但对另一些企业来说可能就是环境威胁。消费者对绿色天然食品的需求高涨，这对于深耕绿色农业的种植企业来说是环境机会，但对另一些坚持使用化肥、农药进行耕植，追求产量的企业来说可能就是环境威胁。

2）环境威胁分析

环境威胁是指环境中可能会对企业产生不利影响的因素。这种威胁不一定会对企业造成损害。但是如果不采取恰当的营销措施，则可能影响企业的生存与发展。一般来说，环境威胁包括两方面：一是环境因素直接威胁企业的营销活动，如政府颁布的政策法规。二是企业的目标和所拥有的资源同环境机会相矛盾。营销管理人员应当在营销计划中把企业面临的威胁识别出来，并将这些威胁按严重性和发生的可能性进行分类，然后针对每个可能发生的威胁准备应对方案。越是有可能发生、严重性高的威胁，企业所准备的应对方案越要详细完善，以便在威胁出现时从容应对。

企业对面临的威胁有三种对策：①反抗，即通过自身的努力扭转不利因素；②减轻，即通过使用恰当的市场营销策略来提高企业的环境适应力，以减轻环境威胁；③转移，即通过调整企业的业务重心使其转移到具有更好机会、更大增长潜力的市场或行业。

企业所有业务可以根据其面临的机会和威胁进行分类：①理想业务，即高机会与低威胁业务；②成熟业务，即低机会与低威胁业务；③冒险业务，即高机会与高威胁业务；④困难业务，即低机会与高威胁业务。

2. 内部优势和劣势分析

所谓优势与劣势分析是指将企业自身的实力同竞争对手的实力进行比较，所以优势与劣势都是相对存在的。当两个企业为同一目标顾客群体提供产品与服务时，如果一个企业能够以相同的价格提供更好的产品与服务，或者以更低的价格提供同样品质的产品与服务，且具有更高的盈利能力或盈利潜力，我们就称该企业相较于对手具有竞争优势。优势是企业拥有的超过竞争对手的能力，这种能力既可以是给企业带来利润的盈利能力，又可以是未来给企业带来提升的发展能力。管理者在分析企业优势时，要综合各方面指标进行考察。而劣势是给企业的生产经营带来不利影响的各种因素，这些因素使企业在与对手的竞争中处于不利位置。通常来说，企业的劣势有技术落后、管理落后、资金缺乏、成本过高、质量低劣等。

由于优势与劣势的相对性，在同一市场中，竞争对手的优势就是企业的劣势。企业要摒弃懒惰被动的思想，主动了解竞争对手的信息，展开比较，补齐自己的短板，增强自身的核心竞争力，以积极的态度应对竞争者的挑战，在复杂的市场环境中，从节省精力成本的角度出发，企业可以外聘专业的市场咨询机构来完成相关信息的获取，以帮助企业作出

第三章 营销环境分析

恰当的决策。

3. 根据环境制定营销对策

企业通过对内外部环境进行分析研究，以明确企业所面临的形势、机会和威胁，在了解自身优劣势的基础上形成企业战略。只有这种与环境变化相符的战略才能使企业长久发展。企业的管理者在实施上述一系列行为的过程中，经常使用的是 SWOT 矩阵分析。所谓 SWOT 矩阵分析是指将企业的优势、劣势、机会、威胁以矩阵的形式列出，在进行内部营销环境分析时找出企业的优势与劣势，在进行外部营销环境分析时找出企业面临的机会与威胁。使用矩阵形式列出企业的优势、劣势、机会、威胁，简单明了，概括全面，不易发生遗漏。

通过 SWOT 矩阵分析形成的企业战略主要有四种类型：

- 机会与劣势组合(OW)——扭转型战略，即弥补弱点、抓住机会。
- 机会与优势组合(SO)——增长型战略，即发挥优势、利用机会。
- 威胁与劣势组合(TW)——防御型战略，即克服弱点、降低威胁。
- 威胁与优势组合(ST)——多元化战略，即发挥优势、减少威胁。

表 3-1、表 3-2 是以某电动汽车制造企业为例进行的 SWOT 矩阵分析。

表 3-1 SWOT 矩阵分析

外部营销环境		内部营销环境	
优势(S)	劣势(W)	机会(O)	威胁(T)
①利用现代管理模式打造了良好的企业运营机制； ②利润率高于行业平均水平； ③人员素质较高，技术人员占比高； ④技术水平领先于竞争对手，持有的专利多	①营销体系不健全，市场信息掌握得不准确； ②产品生产成本较高； ③资金需求量大； ④零部件供应不稳定	①行业发展趋势好，市场潜力大； ②国家政策支持； ③新兴市场尚未出现真正的领导者	①行业增长潜力大，潜在进入者多； ②经济增长放缓，石油价格低迷； ③消费者对新产品的需求增加缓慢

表 3-2 营销战略

SO 战略	ST 战略	OW 战略	TW 战略
①提高产品市场占有率； ②扩大企业生产规模； ③塑造世界性品牌； ④进行管理创新	①制定有吸引力的价格； ②加大产品宣传，培养消费者的使用习惯； ③推出差异化、个性化的产品	①完善企业营销管理体系，准确掌握市场信息； ②拓展融资渠道，争取获得补贴； ③加大研发投入，降低生产成本； ④选择稳定的零部件供应商	①改善与投资者的关系； ②加强成本控制； ③加强供应商关系管理

本 章 小 结

　　本章内容主要分为四节,即营销环境概述、宏观环境分析、微观环境分析、营销环境的分析方法。其中,第一节(营销环境概述)是对营销环境的含义、特点进行分析,了解企业与营销环境的关系。企业营销处于一个变幻莫测的动态复杂环境中,营销环境具有差异性、动态性、不可控性、系统性的特点,这要求企业必须密切关注营销环境的变化,并且企业与营销环境相互影响。第二节是对企业宏观环境进行分析。宏观营销环境是指为组织的营销活动带来市场机会和环境威胁的外部因素,主要包括政治环境、法律环境、经济环境、社会文化环境、技术环境、自然环境和人口统计特征信息等。第三节是对企业微观环境进行分析,微观市场营销环境,即直接环境,是指对企业服务其顾客的能力构成直接影响的各种力量,主要包括企业自身、供应商、营销中介、顾客、竞争者和公众。第四节是利用营销环境的分析方法SWOT分析理解和掌握企业外部环境。

自 测 题

1. 什么是企业的营销环境?它的特点有哪些?
2. 企业营销的宏观环境和微观环境分别包括哪些因素?
3. 简述企业与营销环境的关系。
4. 简述SWOT矩阵分析形成的企业战略的四种类型。

第四章　营销信息与营销调研

【学习要点及目标】通过对本章内容的学习，使学生掌握营销信息和营销调研的概念，学会运用营销信息系统以及营销调研的方法，及时了解信息需求与营销环境，以便决策者作出决策。

【关键概念】营销信息(marketing information)　营销调研(marketing research)

【引导案例】

可口可乐一次失败的市场调研

对于品牌的忠诚消费者而言，最主要的购买动机并不是口味，而是品牌背后所承载的精神。

作为一个家喻户晓的全球大品牌，可口可乐在20世纪80年代中期也曾出现过一次致命的失误。

1982年，可口可乐的老对手百事可乐发起了咄咄逼人的市场攻势，销量迅猛蹿升，并直接威胁到传统霸主可口可乐的市场地位。为了找出自身销量衰退的真正原因，可口可乐决定在美国10个主要城市进行一次深入的市场调研行动，并在调研的问卷中专门设计了"你认为可口可乐的口味如何？""你想试一试新饮料吗？""可口可乐的口味变得更柔和一些，你是否满意？"等问题，希望了解消费者对可口可乐口味的评价，这次市场调研的数据显示：大多数消费者愿意尝试新口味的可口可乐。

可口可乐的决策层以此为依据，决定结束可口可乐老配方的历史使命，同时研发新口味可口可乐。没过多久，比老可口可乐口感更柔和、口味更甜的新口味可口可乐样品便出现在世人面前。为了确保万无一失，在新口味可口可乐正式推向市场之前，可口可乐公司又花费数百万美元在美国13个主要城市中进行了口味测试，并邀请了近20万人免费品尝无标签的新/老可口可乐。结果让决策层更为放心，超六成消费者回答说新口味可口可乐味道比老可口可乐要好，认为新口味可口可乐味道胜过百事可乐的也超过半数。这次市场调研的数据显示：新口味可口可乐应该是一个成功产品。

1985年，可口可乐公司举行了盛大的新闻发布会，宣布新口味可口可乐将取代老可口可乐上市。然而令可口可乐始料不及的是，在新口味可口可乐刚上市的4小时之内，就接到抗议更改口味的电话达650个；到5月中旬，批评电话每天多达5000个；6月份这个数字上升为8000多个。此外，还有数以万计的抗议信如潮涌来，人们纷纷指责可口可乐作为美国的一个象征和一个老朋友，突然之间就背叛了他们，甚至有人成立"美国老可口可乐饮用者"组织来威胁可口可乐公司，如果不按老配方生产，就要提出集体控告，有的消费者甚至扬言再也不买可口可乐。仅仅过了3个月，新口味可口可乐计划就以失败而告终。

(资料来源：曾亦钢. 可口可乐一次失败市场调研的启示[J]. 市场观察，2010(1): 27.)

第一节 营销信息

一、营销信息的价值

信息普遍存在于自然界和人类社会活动中，它的表现形式远比物质和能量复杂。信息是人们在适应外部世界并使这种适应反作用于外部世界的过程中，与外部世界进行交换的内容和名称。信息是一个发展中的动态范畴，它随人类社会的演变而相应扩大或收缩。总的来看，信息所涵盖的范围是不断扩大的。我们可以断定，随着人类社会的发展，信息范畴将进一步扩大。对人类社会来说，信息有三个基本功能：一是中介功能；二是联结功能；三是放大功能。从认识论的角度来说，信息是事物运动状态以及运动方式的表象。广义的信息由文本、数据、图像、声音这几种形态组成，主要与视觉和听觉有关。

市场营销已从注重内部管理的时代发展到致力于应对外部环境变化的时代。为此，营销信息至关重要，企业要及时掌握营销信息并建立起营销信息系统。企业进行市场营销的目的就是通过了解市场环境的变化和预测未来的状况来应对顾客的需求变化。市场营销信息是在一定时间和条件下，与企业的市场营销有关的各种事物的存在方式、运动状态及其对接受者效用的综合反映。所有的市场营销活动都以信息为基础展开，经营者制定的决策也是基于各种信息，经营者的经营决策水平越高，外部信息和用于预测的信息就越重要。其中，市场营销信息构成了企业的战略性经营信息系统的基础。

二、营销信息系统

营销信息系统是指在一个组织中由人员、计算机和程序组成的相互作用的综合系统，它可以帮助营销管理者收集、整理、分析、评价以及提供适时、适用和准确的数据信息，以提高企业营销活动的及时性和准确性。营销管理者作出决策时需要充分的信息。所以，设计营销信息系统，帮助营销管理者收集营销信息，以满足营销管理者的决策需求是非常重要的。图 4-1 描述了营销信息系统的构成框架。其中，营销管理者在整个营销决策过程中发挥分析、计划、组织、协调、执行和控制等管理职能。同时，营销管理者在进行营销决策时，必须根据营销环境的变化进行分析，如分析目标市场、营销渠道、竞争者以及宏观环境(如政治、法律、技术、社会文化)等方面的情况。营销信息系统能够帮助营销管理者了解信息需求，收集信息，并把信息提供给制定决策的营销管理者。一般而言，营销信息系统往往体现出某种"交叉性"，如图 4-1 所示，这种交叉出现在管理者认为需要的信息、管理者实际需要的信息以及经济上可获得的信息之间。典型的营销信息系统包括四个子系统：内部报告系统、营销情报系统、营销调研系统和营销分析系统。其中，内部报告系统和营销情报系统重在了解信息需求，而营销调研系统和营销分析系统重在提供信息以便为营销决策提供支持。营销管理是选择目标市场以及通过创造、交付和传达卓越的客户价值来获取、保持和增长客户的艺术和科学。营销管理的实质是需求管理，在营销管理实践中，企业通常需要预设多个市场需求水平，这就要求企业营销管理者针对不同的需求情况，采取不同的营销管理对策，有效地满足市场需求，确保企业目标的实现。营销管理就是要寻求适当的方式来影响需求水平、需求的时间和性质，从而实现组织目标。

第四章 营销信息与营销调研

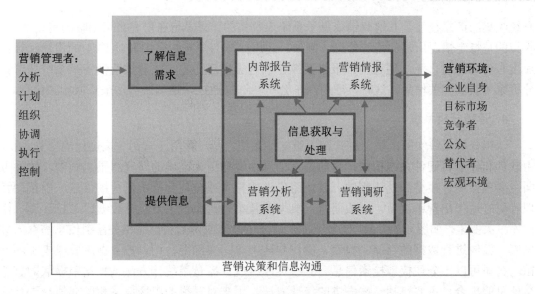

图 4-1 营销信息系统

1. 内部报告系统

内部报告系统(internal reporting system)及时向营销管理者提供有关交易的信息，它的主要作用是报告企业的订货、库存、销售、费用、现金流量以及应收应付款等方面的数据资料。内部报告系统的核心是订单—发货—账单的循环，以企业内部会计系统为主，辅之以销售信息系统。通过对上述信息的处理和分析，企营销管理者可以发现重要的市场机会，找出营销管理中存在的问题，例如，发现滞销的产品，了解大众的消费偏好，找出企业中存在的成本太高、利润太低的问题，以便让管理者作出改进。

2. 营销情报系统

营销情报系统(marketing intelligence system)收集有关企业营销环境发展变化的信息，往往由企业的各级营销人员、中间商以及专职的营销信息收集人员负责。内部报告系统提供的是事后数据，而营销情报系统提供的是当前的信息。企业一般通过销售代表、分销商、情报供应商等获取情报信息，并通过建立内部的市场营销信息中心来收集和传递市场营销情报。市场情报信息不仅来源于市场与销售人员，也可能来自企业中与外部有接触的其他员工。正所谓知己知彼，百战不殆。市场随时在变化，产品更新也是飞快，从外部获取市场信息是企业的生存之道。企业决策者通过这一系统，将最新信息传递给有关管理人员，使企业与时俱进。目前，产品博览会举办频繁，作为情报系统人员，要及时发现别人产品的优点与缺点，让本企业产品进一步完善。

3. 营销调研系统

营销人员可能需要对特定情况展开正式研究。例如，联想公司想知道有多少以及什么类型的个人和公司愿意购买新型超薄笔记本电脑。在这种情况下，营销情报系统往往无法提供所需的详细信息，这时营销人员就需要进行营销调研。一般来说，营销调研系统也称专题调查系统，其主要任务是：针对市场营销所面临的具体问题，通过收集相关信息，作出系统的分析和评价，整理并报告研究结果，以便解决特定的问题。换句话说，营销调研系统收集的信息往往是其他营销信息子系统未收集的信息，旨在研究公司面临的特定情况，收集的是特定情况所需的特殊信息。例如，通用汽车公司想知道顾客对EV1的提速和行驶速度有何感想时，无法通过内部报告系统获取这类信息，也无法通过营销情报系统和营销分析系统获取相关信息。这时，通用汽车公司会选择通过营销调研活动来获取相关信息。

4. 营销分析系统

营销分析系统实际上是一种营销决策支持系统，是一种用于营销决策过程的信息系统，由软件和计算机硬件系统构成，目的是从信息中发掘更为准确的研究结果。其中，软件方面主要包括统计模型和统计程序，其使用先进的技术或技巧分析市场营销信息，以帮助管理者更好地作出营销决策。一般而言，典型的营销分析系统主要包括数据库、统计库、模型库三大要素，如图4-2所示。①数据库。从公司外部或内部获得的相关营销信息需存入数据库，以便进行数据的存储、检索、操作与转换等。实际上，可以把数据库看成电子图书馆，公司可以十分便捷地检索信息。②统计库。统计库是用统计方法从数据中提取的有意义信息的集合，主要包括一些先进的统计方法，用来对获得的市场信息和顾客信息进行深入的统计分析。比较常用的统计方法包括回归分析、相关分析、判别分析、因子分析、联合分析以及聚类分析等。③模型库。营销决策支持系统的模型库是各种营销模型的集合，用来表达某些系统或过程的一组变量和它们之间的关系，以协助营销管理者制定更合适的市场营销策略。在过去的几十年里，市场调查专家开发了大量的模型，如广告预算模型、媒体组合模型、位置选择模型和市场反应模型等。

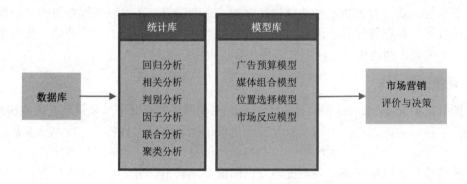

图4-2 营销分析系统

第二节 营销调研

一、营销调研的内涵与角色

(一)营销调研的内涵

营销调研是指针对企业特定的营销问题，运用科学的方法，有目的、有计划地设计、收集、整理、分析以及解释市场营销各方面的数据和资料，从而得到合乎客观事物发展规律的见解，提出解决问题的建议，为营销管理者制定、评估和改进营销决策提供依据。概括而言，营销调研包含了能使企业获得作出决策所需信息的全部活动，这些决策是指与环境、市场营销组合和现有顾客及潜在顾客相关的决策。一方面，营销调研在营销管理过程中扮演着十分重要的角色，市场营销计划的制订、实施和评价过程离不开营销调研；另一方面，营销调研特别强调调研者在开发信息方面应该承担的责任，包括确定问题、收集和处理数据、解释结果和以利于管理者的方式提供信息等。同时，营销调研者在整个研究过程中必须与营销管理者通力合作，在调研基础上承担为管理者提供战略建议的责任。在具体操作中，企业可以根据自己的研究能力和资源，决定是利用自己的部门(部分或全部)进行市场调查，还是通过委托等合作方式解决营销调研问题。

(二)营销调研的角色

如上所述，营销调研是一个过程。通过这一过程，企业可以把有关内部营销环境和外部营销环境的信息收集起来，进行分析和解释，最终帮助营销管理者进行营销决策。换句话说，营销调研不是制定决策，而是持续地增加营销管理者制定更好决策的机会。但在实践中，不少人对营销调研存在一些误解，他们把调研报告视为问题的最终答案，无论研究得出什么样的结果，都将其视为最合适的行动方案。营销管理者应当持有以下几个正确观念：①即使是最好的调研也可能存在某些偏差或错误；②即使做了准备，营销调研在将来可能发生的事情面前也是苍白无力的；③必须结合调研的结果，根据自身的知识和经验作出相应的决策，营销调研不可能涵盖影响战略的所有因素。

尽管营销调研本身无法制定决策，但它能够在一定程度上减少营销战略管理方面的风险。例如，通过评估顾客对新产品的接收情况，营销调研可以在一定程度上降低新产品推出的风险。同时，营销调研对于检验各种营销战略的实施效果是至关重要的。例如，营销调研能够验证营销组合要素的变化对顾客感知和行为产生的影响。

二、营销调研的内容与类型

(一)营销调研的内容

市场调研涉及营销活动过程的各个方面，主要内容有顾客调研、市场竞争调研、销售调研、营销组合调研等。

1. 顾客调研

企业营销活动的落脚点是顾客，顾客需求的变化直接影响企业营销活动的设计与调整。在数字化时代，随着物联网基础设施及智能手机、可穿戴设备的普及，顾客时刻都在产生大量的数据。Google平均每分钟收到四百多万次搜索请求，Facebook每分钟分享约250万条内容。基于大数据分析技术的市场洞察和精准营销是营销调研的新动向。所以，营销调研首先是基于大数据技术分析的顾客调研，包括对顾客消费心理和顾客消费行为特征等因素进行调查分析，研究社会、经济、文化等因素对顾客购买决策的影响，剖析广告影响度、品牌效应、价格敏感度和购买者数量等。此外，通过大数据、云计算等数字技术，实现对顾客的精准画像，了解潜在顾客的需求以及影响顾客需求的各项因素的变化情况，如位置数据能够显示出顾客的一些通勤、购物偏好、饮食偏好等信息，基于位置数据的营销为营销人员提供了更高效的广告定位和预算分配。

2. 市场竞争调研

企业要想在市场竞争中取得优势并掌握主动权,就必须做到知己知彼。因此,企业有必要通过营销调研,确切地掌握自身的竞争能力和地位、竞争对手的现状和动向。市场竞争调研的内容一般包括市场竞争格局和特点,企业的竞争地位,以及竞争对手的数量、实力、营销策略等。

3. 销售调研

企业必须对市场及自身的销售状况做到心中有数,为制定正确的营销战略和策略提供科学依据。因此,销售调研成为营销调研的重要内容。一般而言,销售调研包括对购买行为进行调查,即研究社会、经济、文化、心理等因素对顾客的实际购买行为产生的影响,也包括对企业销售活动进行全面的审查,如对销售量、销售范围和分销渠道等方面进行调研,还包括对产品的市场潜力与销售潜力以及市场占有率及其变化趋势等方面进行调研。

4. 营销组合调研

在所有影响企业营销效率和效果的因素中,营销组合是企业直接可控的最重要因素。因此,企业必须在营销战略的指导下,科学策划自己的营销方案。显然,科学的营销决策离不开营销调研的支持。其中,产品调研包括对新产品的设计、开发和试销,对现有产品的改良,对目标顾客在产品款式、性能、质量、包装等方面的偏好趋势进行预测。定价是产品销售的必要因素,企业需要对供求形势及影响价格的其他因素的变化趋势进行调研。促销调研主要是对企业在产品或服务的促销活动中采用的各种促销方法的有效性进行测试和评价。例如,广告目标、媒体影响力、广告设计及效果、公共关系及效果、企业形象的设计和塑造等都需要企业有目的地进行调研。分销渠道调研主要是对分销渠道中间商的资质、信誉和实力进行调查和分析,分析消费者对中间商的评价,探讨零售网点的地区分布是否合理等。

(1) 产品调研包括对新产品进行设计、开发和试销,对现有产品进行改良,对目标顾客在产品款式、性能、质量、包装等方面的偏好进行预测。

(2) 顾客调研包括对消费者心理、消费者行为的特征进行调查分析,研究社会、经济、文化等因素对购买决策的影响以及这些因素的影响作用到底发生在哪个环节。

(3) 销售调研包括对购买行为的调查,以及对企业销售活动的审查。产品的市场潜力与销售潜力以及市场占有率的变化情况也是销售调研的内容。

(4) 促销调研主要是对企业在产品或服务的促销活动中所采用的各种促销方法的有效性进行测试和评价。

营销调研最主要的活动有:识别潜在的市场,确定市场特性,分析市场占有率、销售及竞争情况。营销调研技术包括定量研究和定性研究。定量研究一般是为了对特定研究对象的总体得出统计结果而进行的。定性研究具有探索性、诊断性和预测性等特点,它并不追求精确的结论,只是为了了解问题之所在,摸清情况得到感性认识。

(二)营销调研的类型

营销调研可以根据不同的标准划分为不同的类型。通常,按不同的调研目的,可将营销调研分为探索性调研、描述性调研和因果关系调研。

1. 探索性调研

在经营过程中，企业通常会面对很多不确定性。在情况不明时，企业为找出问题的症结，明确进一步调研的内容和重点，故而需要进行非正式的初步调研，收集有关资料用于分析。探索性调研研究的问题和范围比较广，研究方法比较灵活，在调研过程中企业可以根据情况随时做出调整。

2. 描述性调研

在明确所要研究问题的内容与重点后，企业需要针对这些问题进行详细的调查和分析，进一步对市场营销的某个方面进行客观的描述，对问题如实地进行反映和回答。企业可以通过各种方法进行实地调查，收集一手资料，摸清问题的过去和现状，进行分析研究，寻求解决问题的办法。例如，某企业的产品销量下降，通过调研，查清了主要原因是产品质量差、服务不到位等，这时可对调研结果进行描述，如实反映情况和问题，以寻求对策。

3. 因果关系调研

在很多情况下，企业的营销活动之间存在诱发性关系，可以通过变量之间的关系反映出来。描述性调研可以说明这些现象或变量之间的关系，因果关系调研则通过一系列手段和方法，在描述性调研的基础上进一步分析所发生问题之间的因果关系，解释并说明某个变量是否影响或决定其他变量的变化，解释并鉴别某个变量的变化受哪些因素的影响，以及各个影响因素的变化对变量的影响程度如何。

实际上，调研问题的不确定性影响调研项目的类型。在调研的早期阶段，调研人员无法确定问题的性质，往往需要进行探索性调研；调研人员意识到问题，但对有关情形缺乏完整的认识时，通常需要进行描述性调研。相对而言，因果关系调研要求严格地定义问题。因此，在实践中，可以把上述三种调研类型看作一个连续过程的不同阶段。其中，探索性调研通常被看作调研的起始阶段。例如，企业想要探究"一次性尿布的市场份额为什么下降"，由于问题太过宽泛，不能直接将之用于引导调研。为了缩小这个问题的范围，自然需要使用探索性调研。在探索性调研中，重点要放在对市场份额下降的可能解释上。假如"有小孩的家庭有更高的收入且愿意在婴儿用品上花更多的钱"是由探索性调研获得的假设，这一假设将在婴儿用品行业趋势的描述性调研中得到检验。如果描述性调研结果支持这一假设，企业也许希望家庭愿意支付更多的决定因素是尿布的质量，而进一步探究尿布的特性(如更舒适或吸水性强)对顾客来说更重要，这只能通过一次市场测试——因果关系调研才能完成。

三、营销调研的步骤

营销调研是一个由不同步骤相互联系、相互衔接而构成的统一的整体。营销调研一般包括五个步骤：①确定问题和调研目标；②制订调研计划；③实施调研并分析调研效果；④处理调研数据；⑤撰写调研报告。为了提高营销调研工作的效率，确保调研的质量、时期更加可靠有效，营销调研工作必须有计划、有步骤地进行。

(一)确定问题和调研目标

营销调研实施步骤的第一个阶段是明确为什么要进行调研以及通过调研要达到什么具体目标。也就是说，管理者和调研者需要界定并弄清目前的处境，且对调研问题有清晰的理解。通过这一阶段的工作，管理者和调研者应当就下列问题达成共识：①涉及的调研问题的目前状况；②问题的属性；③具体的问题或通过调研检验的问题。

由此可见，在实施营销调研过程中，首要任务是识别存在的机会或面临的问题。当企业外部环境发生变化时，营销管理者会面临诸如此类的问题："我们应该改变营销组合吗？如果是，应该如何改变？"当然，如前所述，营销调研也可以用于对产品、促销、渠道或价格的评价。另外，可以利用营销调研来识别和评价新的市场机会。需要特别强调的是：营销调研问题注重的是信息，需要判定到底需要什么样的信息以及如何快速有效地获得调研信息。相应地，营销调研目标提供有预见性的决策信息，即能够回答营销问题的具体信息。只有把这些信息与管理者的经验以及其他信息综合起来，管理者才能作出恰当的营销决策。例如，在通用汽车公司的规划中，营销调研的目标是确定"后座消费者"——孩子——在家庭买车决策中的作用。一旦通用汽车公司确定了孩子在目标市场中所起的决定性作用，问题就变成了怎样去影响"孩子"这一决定性因素。

实际上，确定问题和调研目标往往是调研过程中最困难的一步。管理者可能已经知道出现了错误，但并不知道具体的原因。例如，某大型折扣零售连锁店的管理人员发现店铺的销售额下降了，于是决定进行营销调研。遗憾的是，管理者错误地认为销售额下降是由于广告不力，所以决定对公司广告进行调研。当调研结果表明"现在的广告正在向正确的人群提供正确的信息"时，管理者感到迷惑不解。显然，该营销调研不仅耗费了人力与物力，而且浪费了时间。因此，识别出真正的调研问题可以节省调研的时间和费用。在科学界定调研问题之后，管理者和调研者需要进一步确立调研目标。通常，营销调研目标包括三种情况：①探索性调研的目标可能是收集初步信息，确定问题并提出假设；②描述性调研的目标可能是描述产品的市场潜力以及购买顾客的特征和态度等；③因果关系调研的目标可能是检验因果关系假设。例如，如果企业把某一款产品的价格下调 10%，能否导致该产品的销量增加？产品销量增加带来的收入能抵消产品价格下降带来的损失吗？

面对新问题的时候，管理者往往会从探索性调研开始，再进行描述性调研和因果关系调研。不过，需要指出的是，在确定问题和调研目标时，营销管理者需要避免把问题界定得过宽或过窄。例如，在航空公司，如果营销管理者告诉营销调研人员"尽可能地发现关于航空乘客需要的一切"，那么最终得到的调研结果可能会包含许多无用信息。相对而言，营销管理者如果做出指示：去研究一下"是否有足够的乘客愿意在从芝加哥飞往东京的波音 777 客机上支付 25 美元的互联网接入费用，以便美洲航空公司提供这种服务后不赔也不赚"，那么很可能会因问题的界定过于狭窄而仅仅收集到十分有限的信息。最后，经过深入的分析和研讨，营销管理者和营销调研人员可能会把上述问题界定为："提供飞行电话服务显然会为美洲航空公司创造日益增加的偏好和利润，但这能否证明该投资与公司其他方案的成本相比是合理的？"

(二)制订调研计划

一旦就具体调研问题达成共识，企业就需要进一步制订调研计划。调研计划能够清楚

第四章　营销信息与营销调研

地说明即将开展的调研项目的属性,并把项目任务进一步细化成具体的资料来源、调研方法、调研工具、抽样计划和接触方式等,如表4-1所示。显然,调研计划必定包括获取什么数据、如何获取、谁来分析、如何分析以及调研时间等内容。当然,营销管理者还需判断所花的时间和成本是否值得。

表4-1　调研计划的内容

资料来源	二手资料、一手资料
调研方法	观察法、访问法、调查法、行为数据法、文本分析法和实验法
调研工具	调查问卷、心理学工具和扫描仪跟踪调查
抽样计划	总体与样本、抽样单位、抽样范围、抽样程序
接触方式	电话、邮寄、面谈、网上询问

1. 确定资料来源

由于收集一手资料的费用较高,调研通常从收集二手资料开始,必要时再采用各种调研方法收集一手资料。当然,也可以从企业外部的商业公司那里购买有关资料。一手资料是指专为特定的研究目标收集的资料;二手资料是指以前为其他目标收集的资料。需要明确的是,基本上所有的营销调研都需要二手资料,因为这些资料能够迅速收集,且价格便宜。即使问题没有得到解决,二手资料也有其他用处。

图4-3所示概括了主要的二手资料来源,如内部资源、报刊、年度报告、专利与商标文件、各种论坛、商业出版物、政府机构、电子数据库、公开新闻、商业或行业协会、促销传单、互联网、商务通信、咨询顾问、顾客沟通。

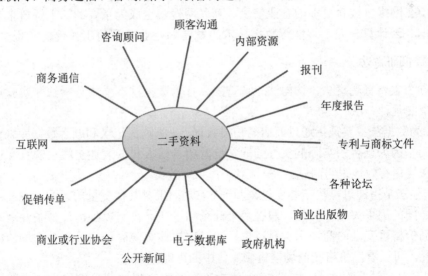

图4-3　二手资料来源

(1) 内部资源。这是指公司内部已经存在的一些有关竞争产品的有价值的信息。在过去的市场营销策划方案中,在战略策划团队所从事的专项研究中可以找到相关的信息。有时,这些信息就存在于公司某些办公室里。这些信息可能包括年报、股东大会报告、供新闻媒体使用的产品测试结果以及公司为员工、客户及其他人员交流而请专业人员编撰的公司期刊等资料。这些信息往往已编入公司的内部数据库。

(2) 报刊。营销管理者往往可以通过报刊低价获得有关竞争对手的信息。例如，如果关键竞争对手的产品是在一个小镇里制造出来的，那么订阅当地的报纸就是监督招聘和其他变化的好途径。例如某家美国药品制造商惊奇地发现，其日本竞争对手在肯塔基州新厂的产量有明显的增加。于是，该美国公司不得不降低价格，以维持现有的市场份额。

(3) 年度报告。在公司的年度报告中，很多信息是为公共关系价值服务的，其讨论的大多数内容是公司层面的，而不是产品层面的。但认真分析年度报告后，公司仍可能获得一些产品层面的相关信息。如果对年度报告没有提及的产品领域进行分析，公司更有可能获得这类信息。一般而言，可以通过董事长的讲话或文章中的有关信息来获悉公司想要重点发展的领域等方面的信息。年度报告可能会提及生产设备的地点以及公司关键决策者的名字。另外，尽管财务信息是以合计的形式呈现的，但一些产品销售成本的信息还是很有用的。当然，只有那些公众持股的公司才有这种年度报告。对于私营企业而言，可以在信息咨询公司(如麦肯锡咨询公司、波士顿咨询公司等)出版的报告中获得相关信息。

(4) 专利与商标文件。专利文件可以提供一些产品的制造过程和技术的相关信息。

(5) 商业出版物。有关产品和公司的优质信息来源是以《商业周刊》《财富》、福布斯、《华尔街日报》等为代表的商业出版物。人们也许会问：为什么某些公司会公开其内部的机密信息(如未来的市场战略)？实际上，某些潜在受众(或读者)可能就是投资者、员工，甚至是竞争对手，他们可能就是企业传递战略所要警告的对象。为了从这类出版物中获取相关信息，企业可以通过订购简报服务和电子数据库或剪切相关文章的方式获取信息。

(6) 互联网。据 IDC 数据显示，全球数据总量在 2025 年将达到 175 ZB。在信息爆炸的大数据时代，顾客每时每刻都在社交、购物等互联网平台产生大量的信息。越来越多的企业也倾向于在网络上披露更多的企业信息。互联网搜索也成为重要的二手资料来源。互联网、大数据、云计算、人工智能等数字技术的发展为企业的调研工作提供了极大的便利。

2. 选择调研方法

调研方法主要有观察法、访问法、调查法、行为数据法、文本分析法和实验法等。下面介绍其中的几种方法。

(1) 行为数据法主要是指通过商店的扫描数据、分类购买记录和顾客数据库来记录顾客的购买行为。因为顾客的实际购买行为通常比营销调研人员的表述更能反映真实情况，所以这种方法能更有效地说明问题。

(2) 实验法是指通过操控某些变量来验证它(或它们)对其他变量的影响，主要用于明确各个变量之间的因果关系。例如，假设两个商场除了产品价格以外，外部条件基本一致。如果以产品价格可变动的商场为实验对象，通过比较该实验商场与另一个商场的销售额及其变化情况，可以看出价格在商场销售额变化中的可能影响。

(3) 文本分析法是对顾客、企业等主体交流沟通中产生的信息转化为文本数据进行分析。在线评论、消费者服务热线、新闻发布、营销传播等活动都创造了有价值的文本数据。

当然，哪种调研方法更合理往往取决于特定的调研问题本身以及相关的成本约束。一般来说，定性的调研方法主要是在验证主题的早期阶段使用，以获得关于这一主题的初步信息；定量的调研方法则用于验证某些主题在大规模样本或群体中存在的程度或彼此之间

第四章 营销信息与营销调研

的关系。最后，作为总结，调研人员应该用书面的形式总结营销调研计划。计划书应该包括要解决的主要管理问题、调研目标、所需要的信息、间接信息的来源、直接信息的收集方法以及调研结果对管理决策的作用等。书面的调研计划可以确保营销管理者和调研人员全面地考虑问题，进而对调研原因和调研方法形成一致的意见。

3. 选择抽样方法

选择抽样方法主要有以下几种。

(1) 随机抽样。随机抽样方法中总体的每个单位被抽中的概率相等。具体包括四种方法：①简单随机抽样，是指以每一个体为抽样单位，并使每一个体被抽中的概率相等；②等距抽样，是指将总体中的个体按照某种顺序排列，随机抽出某一位置上的个体，并顺着某个方向等间隔地选取其他个体；③分层抽样，是指将总体中的个体按某种特征分为若干类，使得每类内部相差不大，类与类之间差异较大，然后在每一类中随机抽取若干个体构成样本；④整群抽样，是指将总体按照地域标志或其他标志分成若干个内部差异很大但相互之间差异很小的群体，然后在每一个群体中随机抽取若干个体构成样本。

(2) 非随机抽样。非随机抽样是指从总体中非随机地选择特定的个体，每一个体被选中的机会未知，也不能用概率表示。具体包括四种方法：①任意抽样，是指调研人员随机抽取一些个体作为样本；②滚雪球抽样，它要求被调研者提供其他可能回答问题的人的名单供调研人员使用；③判断抽样，是指调研人员根据对总体及个体情况的了解，凭借主观判断选择有代表性的个体构成样本；④配额抽样，是指调研人员根据一定的标准确定样本个体数的配额，然后按照配额抽出一定数额的个体构成样本。

(3) 设计样本量。选定抽样方法之后就要根据抽样的特点确定样本量。可以使用五种方法：①教条式方法，即根据调研人员的经验确定样本量；②约定式方法，即认为某一个"约定"或某一数量为正确的样本量；③成本基础法，即将成本视为样本量的基础；④统计分析法，即为了确保样本可信度或统计结果的正确性而确定最小的样本量；⑤置信区间法，即运用置信区间、抽样分布等概念创建一个有效的样本。

4. 确定调研方式

一旦抽样计划确定了样本的来源范围和抽样对象，营销调研人员必须确定如何接触调查对象，具体的方式包括邮寄、电话、面谈或网上询问等。特别是随着互联网技术的发展，网络改变了人与人接触的形式。除了电话、面谈等传统方式外，调查人员与调查对象还可以通过网上视频、用户社区平台、微信以及微博等社交媒体进行联系。双方之间的接触方式更加多元化、便利化，而且是即时的。

(三)实施调研并分析调研效果

在制订详细的调研计划以后，关键的任务是实施调研计划并分析营销调研的效果。其中，具体内容包括为数据收集做好准备、实际收集数据以及对所获数据的质量进行评估等。具体而言，这一阶段的任务往往取决于调研的类型以及所需数据的类型。其基本规则是：获取和记录最大数量的有用信息，同时符合时间、金钱以及回答者隐私等约束条件。因此，无论是调研目标，还是数据收集等方面的约束，都必须得到严密的监控。具体而言，如果使用二手数据，它们必须有助于分析和解决问题，并且可以获得预期的回报；如果收集并使用一手资料，则需要对观察表格和问卷等进行科学的设计、预先测试并检验其信度与效度。同时，调研人员必须得到符合统计要求的样本，面对面访谈必须提前安排，发邮件或打电话给选定的个体，他们也必须提前做好准备。

(四)处理调研数据

营销调研工作完成之后，营销调研人员已经收集到大量原始资料。这时，这些原始资料处于一种分散和凌乱的状态，单凭这些信息，营销决策人员无法对市场形成清晰的认识和准确的判断。所以，必须对这些原始信息进行分析处理，使之系统化、合理化。营销调研数据的处理是对通过调研得到的数据进行归纳整理，使之反映总体特征的过程。从经验的角度来看，数据处理是营销调研中一个非常有弹性的环节，简单与复杂的数据处理无论在难度、工作量还是成本等方面都相去甚远。简单的数据处理只是针对问卷结果计算各项目的百分比或绘制一些交叉表格(统计上称为列联表)。对于大多数描述性调研来说，这样的分析已经足够，甚至相当一部分调研的最终目的可能只是获得一两个百分比数据。例如，对于品牌知名度的调研，只要获得各品牌在消费者心目中的认知、美誉、偏好和选择等几个方面的百分比，调研即可被认为是成功的。相比之下，复杂的数据处理往往涉及对数据的检验、推断和建模等一系列活动，也涉及统计学几乎所有的分支学科。近年来，蓬勃发展的数据挖掘技术更是将人工智能、大型数据库技术、神经网络等新技术集于一身。不过，大多数复杂的数据处理对于企业的常规营销调研活动来说显得有些多余，毕竟数据处理是一项成本极高的工作。

一般来说，处理调研数据包括准备工作和实际的分析工作。其中，准备工作即数据的整理过程，主要包括数据编辑和分类，而对收集的数据进行分析所使用的技术往往取决于调研问题的属性和调研设计。其中，统计与分析是指运用数理统计方法把分析结果表达出来，并制成相应的统计图表，以便更直观地观察信息数据的特征。对于访谈记录等定性研究数据，分析重点往往集中在思想上；而对于定量调研数据，可能要以各种方式进行分析，其中可供使用的分析方法有很多，如方差分析、聚类分析、相关分析、差分分析、结构方程模型分析、因子分析及回归分析等。

(五)撰写调研报告

营销调研的最后一步是编写一份高质量的调研报告，即以报告的形式展示营销调研获得的数据资料和分析结果，以便委托者或本企业管理者作出营销决策。调研报告是制定市场营销决策的重要依据。调研报告的内容和质量决定了营销决策人员所作决策的有效程度。因此，调研报告必须全面系统地反映调研内容，主要包括调研单位的基本情况、调研问题的事实材料分析说明、调研结论和建议等。此外，调研报告还包括调研目的、方法及步骤等的说明。而且，调研报告最好同时附有必要的统计图表和补充资料。通常情况下，调研报告的组成部分包括引言、正文、结论和附件。当然，衡量调研报告质量的最重要依据是调研建议。同时，调研报告中关于所做工作的描述以及所得建议等应当是清晰明确的，这意味着调研报告本身必须交替使用管理者能够理解的日常用语和简洁的科学术语。

第四章　营销信息与营销调研

四、营销调研的方法

要想更好地实现调研目的，必须有科学合适的营销调研方法。只有调研手段恰当，调研方法科学，搜集来的资料才能及时、准确和全面。要搞好营销调研，就必须根据调研的目的、任务、被调研对象的特点选择合适的调研方法。常见的营销调研方法有文案法、观察法、访问法、实验法、问卷法。

(一)文案法

文案法(copy method)又称二手资料调研法、间接调研法或文献调研法，是指通过查找或阅读图书、统计资料或研究成果等资料，获得所需信息的过程。它具有成本较低、资料较易查找、搜寻耗时较少等优点；同时具有针对性弱、时效性差、可信度低等缺点。

1. 文案调研的资料来源

文案调研的资料来源有两个方面：内部资料和外部资料。

(1) 内部资料，是指企业生产经营活动的各种记录，包括以下几个方面。

① 物资供应资料，包括原材料、零部件、在产品及产成品的库存记录，进出资料记录，以及各种物料管理的规章制度等。

② 生产资料，包括生产作业的完成情况、工作效率、质量检验、操作规程、工艺流程，以及产品的设计图纸和说明、技术文件、实验数据等资料。

③ 销售资料，包括订单、发票、销售记录、业务员访问报告、业绩总结等文件或资料。

④ 统计资料，包括各类统计报表及统计分析资料。

⑤ 财务资料，财务资料指的是企业的各种财务和会计的核算与分析资料、财务制度，包括各种会计账目、利润表、资产负债表、现金流量表等，以及企业产品的成本、销售价格等。

⑥ 市场环境资料，包括顾客和客户资料；竞争者的产品、服务、规模及优劣势研究；市场潜力、成长速度、发展趋势等。

⑦ 其他资料，如日常简报、经验总结、同行业研究及有关照片和录像、顾客意见及建议等。

(2) 外部资料，是指已出版的资料，具体来源如下。

① 国际组织、国家统计机关及各级政府主管部门公布的有关统计资料，如联合国每年出版的《联合国统计年鉴》、世贸组织发布的国际贸易统计数据、我国每年出版的《中国统计年鉴》、各省市的统计年鉴及《中国经济年鉴》等综合性年鉴资料汇编。

② 各种专业调研机构、经济信息中心、信息咨询机构、行业协会和联合会等提供的市场信息和有关行业情报，国内外行业文献，各企业的年度报告、财务报告等。根据2014年国家营销调研中心对中国营销调研公司进行的实力排名，前五位分别为央视市场研究公司、央视－索福瑞媒介研究公司、上海尼尔森市场研究有限公司、北京特恩斯市场研究咨询有限公司、北京益普索市场咨询有限公司。这些专业的市场研究机构都拥有大量的数据库，可以提供权威的市场数据。

③ 互联网提供的各种信息。互联网以其便捷、及时的特点，成为非常重要的获得二手营销资料的来源，大有取代传统纸媒的趋势。

④ 国内外相关书籍、文献、杂志、咨询报告等所提供的资料。例如，各种统计资料、广告资料、市场和行业情报及预测资料。

⑤ 有关生产和经营机构发布的资料，例如，《中国商企业名录》等企业名录、广告说明书、专利资料及商品价目表等。

⑥ 电视台、电台提供的信息。

⑦ 各种国际组织、使馆、商会和国内外博览会、展览会、交易会、订货会以及专业性、学术性经验交流会提供的信息。

2. 文案调研的步骤

文案调研的步骤如图4-4所示。

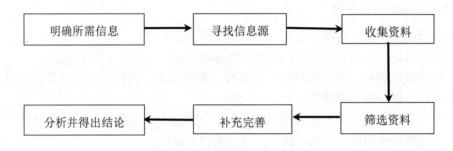

图4-4 文案调研的步骤

(1) 明确所需信息。识别实施营销策划可能出现的问题，明确所缺少的但能够从企业内部或外部获得的信息。

(2) 寻找信息源。通过分析所需信息的属性及特点，确定搜寻渠道。

(3) 收集资料。通过查找、阅读企业的内外部资料获得所需的各种信息。

(4) 筛选资料。将所查找的资料中不具有时效性、客观性差、针对性不强的资料剔除，保留具有分析意义的部分。

(5) 补充完善。结合专业的知识技能、深厚的理论基础、科学的统计分析方法对资料进行加工完善。

(6) 分析并得出结论。通过资料的搜集、加工与分析，得出调研结论。

(二)观察法

观察法(observation method)是由调研人员利用眼睛、耳朵等感官以直接观察的方式对调研对象进行考察并搜集资料的一种定性调研方法，是社会调查和市场调查研究的最基本方法。乍看起来，观察法的实施似乎不需要计划，但事实上事先制订计划很重要，这样可以避免观察的结果受到环境的影响，使各次观察的结论保持高度一致，从而用于比较和概括。

1. 观察法的方式

1) 直接观察和间接观察

直接观察是指观察被研究者正在发生的行为。比如，如果商店想知道顾客是怎样挑选西瓜的,就可以观察西瓜购买者是怎样选择购买的。许多企业都运用直接观察法。比如美国通用磨坊公司(General Mills)使用此方法了解儿童怎样吃早餐,随后推出了儿童课间食品"吸吸乐"(Go-Gurt)。又如调研人员在商场中秘密观察、记录、跟踪顾客,了解顾客的行为和举止,并将观察记录的结果汇总,总结出顾客的消费行为、偏好、心理特征等。

为了了解一些非明显甚至隐蔽的行为,如过去的行为,需要用到间接观察法。间接观察是指调研人员研究被观察对象的行为所产生的效果和结果,而不是他们的行为本身。间接观察法可通过档案记录和实物追踪来实现。比如,根据销售电话记录可以了解销售人员电话访谈的频率,根据超市的扫描数据可以了解价格变化、促销活动以及产品包装变化对市场的影响。

2) 隐蔽观察和非隐蔽观察

隐蔽观察是一种被调研者并不知道自己被调研的调研方法。例如,调研人员装扮成普通顾客介入活动之中,搜集有关商店、雇员与顾客的信息资料,这样能够客观、真实地反映被调研者的行为。

在有些情况下,想让被调研者毫无知觉是不可能的,这时就需要使用非隐蔽观察。这种观察方法比较常见,在面试中,面试官会通过许多环节如无领导小组、案例分析等观察面试者的神情举止、表达能力等,判断其是否符合岗位的要求。

3) 结构化观察和非结构化观察

结构化观察是指调研人员预先设定了将要观察和记录的行为内容,而对其他行为不予关注的一种观察方法。通常调研人员会准备一个有具体条目的表格,集中观察某些特定的行为。这种方法可以减少调研人员的工作量。

非结构化观察是一种调研人员没有任何限制地去观察所有行为的方法。调研人员必须关注研究的主题。该方法经常应用于探索性调研。

4) 人工观察和机械观察

在人工观察中,调研人员自己或者雇佣别人来担任观察员,这是一种比较实用的方法,比如,观察员扮成神秘顾客进行观察等。机械观察是指使用机器代替人进行观察,在人工观察成本高昂时,选择机械仪器进行观察是明智之举。随着科技的发展,很多先进的智能设备被用于机械观察中。交通流量计数器是最为流行和普遍的机械观察设备之一,它可以用来测量特定路段的人流量和车流量,户外广告设计者也可以根据交通流量计数器来确定每天经过某一特定广告牌的人数,零售商可以使用这些信息进行店面选址的决策。阅读器、收视计数器、条码扫描器可以用于观察顾客的行为。摄像头、录像机及其他一些监听、监视设备可以记录消费者的行为。如尼尔森在美国各地 1250 个家庭的电视机里装上电子监视器,每 90 秒扫描一次,只要观众收看 3 分钟以上的节目就会被记录下来。眼动仪可以将观众观看广告时的眼动轨迹记录下来,通过分析记录的数据了解观众观看广告的先后顺序,对画面某一部分的注视时间、注视次数等,以此分析观众的心理活动。

2. 观察法的适用情况

(1) 消费者偏好调研。观察法适用于观察消费者购物时对商品的品种、规格、款式、包装、价格、服务等方面的偏好。

(2) 商场经营环境调研。观察法适用于对商场的商品陈列、货架摆放、橱窗布置、卖场气氛、客流量等方面进行观察。

(3) 品牌调研。观察法适用于调查消费者对某品牌的喜好、忠诚程度，以及同类产品品牌的替代程度。

(三)访问法

访问法(access method)又称询问法，是指调研人员以访问为主要手段，从被调研者的回答中获取信息资料的方法，是一种最常用的实地调研方法。访问法包括以下几种方法。

1. 面谈访问法

面谈访问法是指调研人员面对面地向被调研者询问有关问题，以获取相关信息资料，包括个人访谈、小组访谈等多种形式，其中，个人访谈包括入户访问、拦截访问及经理访谈等；小组访谈包括焦点小组访谈、深层访谈、德尔菲法访谈及头脑风暴法访谈等。其优点在于简单、灵活，可随机提问；调研人员可边询问边观察，有助于提高调研质量；提问的弹性大(就某问题深入详细地交谈)，被调研者可充分发表意见，有助于调研人员获取有价值的信息；所提问题的回答率高。其缺点是费用高、时间长，只适合小规模的调研；对调研人员的素质要求较高；调研效果在很大程度上取决于被调研者的配合情况，如果被调研者易受调研人员主观意识的影响，就会使信息失真。

2. 邮寄询问法

邮寄询问法又称通信询问法，它是将事先设计好的问卷或调查表通过邮件的形式寄给被调研对象，等他们填好以后在规定的时间内寄回来。其优点在于高效、便捷、费用低、样本量大、调研范围广，减少了对调研人员的监督，被调研者思考的时间比较充裕，尤其适用于较敏感或涉及隐私的问题。其缺点是问卷或调查表的回收率低，信息反馈时间长、时效性差，对被调研者的素质要求较高，对调研内容要求较高(问卷设计清晰无歧义，能够引起被调研者的兴趣)。

3. 电话询问法

电话询问法是指调研人员根据抽样的要求，在样本范围内，通过电话询问的形式向被调研对象询问事先拟定的内容来获得信息资料。其优点在于经济、快速、易于控制，访问对象样本大、范围广，受调研人员影响小，交谈自由、能畅所欲言，便于调研人员管理，尤其适合热点问题或突发问题的快速调研。其缺点是无法进行产品的有形展示，不适合较长时间的访问，不适合深度访谈或开放式问题的访谈，可能遭到拒绝，被调研者易产生抗拒心理。

4. 焦点小组访谈法

焦点小组多由 8～12 人组成，在一名主持人的带领下对某一主题或观念进行深入的讨论，目的在于了解人们的想法及其产生原因，了解他们对一种产品、观念、想法或组织的看法，了解所调研的事物与他们生活的契合程度，以及在感情上的融合程度。

焦点小组访谈法不是一问一答式的面谈。它们之间的区别就是群体互动和群体访谈之间的区别。群体互动所提供的互动作用是焦点小组访谈法成功的关键,正是因为互动作用才组织一个小组而不是个人进行面谈。使用群体访谈的一个关键假设是,个人的反应会对其他人产生刺激,这样可以观察到受试者的相互作用,这种作用会产生比同样数量的人单独陈述时更多的信息。

焦点小组访谈法的优点在于参与者之间的互动可以激发新的思考和想法,这是一对一面谈实现不了的,而且群体的压力可以使激进者更现实一些。参与者之间积极的互动还意味着对委托方而言,通过观察焦点小组来获得一手资料比一对一的面谈更为快捷和有趣。同时,这个方法也便于操作,容易得到所需要的结论。焦点小组访谈法的缺点在于容易受主持人水平或研究者认识的影响,可能会产生误导性的而不是指导性的结论。此外,如果选择的参与者和目标市场有一定的偏差,其结论就可能没有参考价值。

(四)实验法

实验调研法适用于收集因果信息。调研人员首先要选择合适的被调查者,然后在不同条件下控制不相关的因素,检验不同组内被调查者的反应。例如,调研人员可以根据广告费的变化观察销售额的变化情况。但是即便可行,让外部环境中的其他因素保持不变也是一项比较困难且成本较高的任务。如果竞争者的行为、天气和经济条件超出了调研人员的控制范围,调研人员需要想方设法解决环境不断变化的问题。例如,玛氏是一家主营糖果的公司,它的销售市场被其他糖果公司侵占了。传统调查结果表明,某种糖果的销量正在缩减,因为其价值没有被消费者看到。玛氏想要知道如果加大糖果规格,以同样的价格销售,增加的销售额能否抵消原料的成本。于是,该公司设计了一个试验,使不同市场上使用的营销组合保持不变,但糖果的大小发生变化。结果发现,大块糖果销售额的增加足以抵消额外的成本。于是,该公司通过加大糖果规格,使市场份额和利润得以提升。

常用的实验调研法主要有事前事后对比实验、控制组同实验组对比实验、有控制组的事前事后对比实验等。①事前事后对比实验指只选择一组实验单位,确定实验期,先对实验前的结果进行记录,然后控制实验因素,并对实验后的结果进行测试,通过事前事后对比,了解实验因素的影响效果。②控制组同实验组对比实验指选定一组实验对象作为实验组,改变实验条件,再选择另一组实验对象为控制组,使实验条件不变,在同一实验期内,观察、记录两组不同的情况,通过对比了解实验因素的影响效果。③有控制组的事前事后对比实验指将控制组的事前事后实验结果同实验组的事前事后实验结果进行对比,以了解实验因素的影响效果。从总体上看,实验调研法的优点在于调研人员可以有控制地分析和观察某些市场现象之间是否存在因果关系以及它们之间的相互影响程度;同时,通过实验取得的数据相对比较客观,具有较高的可信度。这种方法的缺陷主要在于实验需要较长时间才能得出结果,而且在实际操作过程中,实验很难有效控制。所以,很多营销调研实验是在实验室进行的,但这又会影响其在实际应用中的效果。

(五)问卷法

问卷法(questionnaire survey)是指通过设计调查问卷,让被调研者填写调查表来获得调研对象的信息。在调研中将调研的资料设计成问卷后,让被调研者将自己的意见或答案填入问卷中。在一般的实地调研中，问卷法采用最为广泛；同时，目前问卷法在网络营销调研中也运用得较为普遍，是搜集一手资料最常用的方法之一。

1. 调查问卷的结构

(1) 标题。标题要突出问卷的调查主题及目的，使被调研者对所要回答问题的主要方向一目了然。

(2) 问候语与填表说明。问候语应语气亲切、诚恳、有礼貌，内容交代要清楚，使被调研者消除疑虑，参与调研。填表说明旨在规范并帮助被调研者回答问题，可以集中放在正文前面，也可分散到相关问题中，视具体情况而定。

(3) 正文。正文包括所要调研问题的全部，主要由问题、答案及指导语构成。

(4) 被调研者背景资料。被调研者背景资料包括性别、年龄、民族、文化程度、收入、婚姻状况、家庭类型、职业、职务、单位、联系方式等，目的是进行资料统计与分析时能够对消费者的特征有更好的把握。

(5) 调研人员资料及问卷编号。为便于查询、核实、奖励及明确责任，问卷需包含调研人员的姓名、实施调研的时间和地点、相关信息及问卷编号。

(6) 结束语。结束语亦称致谢语，置于整个问卷的最后，用来表达对被调研者的感谢。

2. 设计调查问卷的程序

设计调查问卷的程序如图4-5所示。

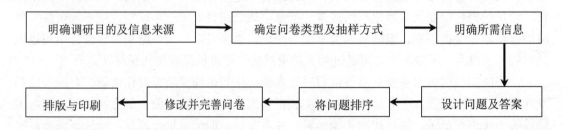

图4-5　设计调查问卷的程序

第一步，明确调研目的及信息来源。首先，进行探索性调研，发现待研究问题；其次，参照调研主题对问题进行筛选，排除不必要的问题；最后，确定调研主体和调研内容。

第二步，确定问卷类型及抽样方式。首先，根据被调研群体的属性及特征确定采用何种问卷类型，即送发式、邮寄式、人员或电话访问式等；然后，确定抽样方式，即随机抽样或非随机抽样。

第三步，明确所需信息。首先，根据调研的目的及主题列出所要调研的信息；其次，集思广益，使问卷尽量包括所有相关问题；最后，考虑信息获得的渠道及可行性。

第四步，设计问题及答案。首先，确定问题的类型(开放式或封闭式)；其次，设计问句，要求用词准确，避免误导性或诱导性词句，切忌一个句子中出现两个问题；最后，问题选项应尽量包含所有可能性，例如，可增添"其他"选项。

第五步，将问题排序。首先，运用过滤性问题将不合格应答者剔除；其次，将易答问题放在前面，将复杂、敏感的问题放在后面；最后，按照正常的逻辑顺序进行排序或将问

第四章 营销信息与营销调研

题分组,以免思维来回跳跃。

第六步,修改并完善问卷。首先,对问卷的措辞反复推敲,从而使调查活动能够获得相关信息;其次,进行小范围的问卷试答,确认每一个问题都能被充分理解与回答;最后,根据各方意见完善问卷。

第七步,排版与印制。二者看似无足轻重,却会较大影响调研效果。切忌为节省成本而压缩版面,使两个问题之间空隙太小;也不要使用低质量的纸张和粗糙的印刷效果。

本 章 小 结

本章立足于营销信息的收集、分析和有效运用,系统地阐述了营销信息系统、营销调研二者之间的关系,并详细地介绍了相关知识点。具体而言,第一节介绍了营销信息系统的概念、构成与作用,论述并比较了内部报告系统、营销情报系统、营销调研系统和营销分析系统(营销决策支持系统)。第二节阐明了营销调研的内涵与类型,在分别介绍顾客调研、市场竞争调研、销售调研和营销组合调研的基础上,按照调研目的把营销调研划分成探索性调研、描述性调研、因果关系调研,并进行比较分析,强调了三者之间的关系。本章还阐述了营销调研的具体实施步骤,分别是确定问题和调研目标、进行情境分析、制订调研计划、实施调研并分析调研效果、处理调研数据和编写调研报告。重点介绍了典型的调研计划包括的五个核心问题:资料来源、调研方法(观察法、访问法、调查法、行为数据法和实验法)、调研工具和抽样计划以及接触方式(电话、邮寄、面谈、网上询问)。

自 测 题

1. 简述营销信息的定义。
2. 简述营销调研的定义。
3. 营销调研的方法有哪些?
4. 营销信息系统的构成要素有哪些?

第五章　目标市场营销战略

【学习要点及目标】通过本章的学习，使学生了解市场细分的产生、程序与步骤，熟悉市场定位的核心要素，并掌握目标市场选择的战略，理解目标市场营销战略的科学性与艺术性。

【关键概念】市场细分(market segmentation)　目标市场选择(target market selection)　市场定位(market position)

【引导案例】

元气森林何以战胜娃哈哈

"饮料行业不过时，永远是朝阳产业。"这句话是几年前娃哈哈集团创始人宗庆后说的，现在依然奏效。这些年，中国饮料行业发生了翻天覆地的变化。从1978年到2018年，行业由10万吨产量发展到1.8亿吨产量；由单一的汽水品类发展到功能饮料、茶饮料、果汁饮料、植物蛋白等数十个细分品类。2019年1—9月中国饮料类零售额达到1548亿元，同比增长9.8%。可以说，在经济趋势性放缓的大形势下，中国饮料市场已成为中国食品行业近年发展最快的市场之一。之所以实现良性增长，主要有两个方面的原因：一方面，随着"90后""00后"的消费思维及消费行为发生颠覆性的改变，中国饮料行业在2019年进入了以消费端不断倒逼产业端创新与升级的消费主权时代。另一方面，饮料行业正从品类间重构向品类内重构转移。2019年，饮料市场没有行业趋势明显的产品，但每个品类却又发生着巨大的变化。品类内的重构，新的产品、新的玩法不断出现。从更多品类的出现，到现在把品类做高做深；从过去的大品类变成潮品类。而正是品类细分，把整个行业推上了快车道。

作为草创型饮料品牌，成立于2016年的元气森林公司表现得尤为抢眼。元气森林主打"无糖专门家"，也就是无糖生活，专注于年轻一代健康好喝的饮料。旗下有6个品类，包括果茶、燃茶、元气水等多款饮料，2019年还推出了胶原蛋白水"宠肌"和玉米须茶"轻美健茶"。其中燃茶和气泡水已成为品牌爆款产品，铺进一、二线城市的各大便利店和超市渠道，2019年天猫618，元气森林共卖出226万瓶饮料，相当于日销的90倍，一跃成为水饮品类TOP1商家，成为近年中国饮料市场的现象级品牌。一份融资文件显示，2018年公司的营业收入约2亿元，预计2019年全年销售收入将达7亿元，公司估值在40亿元。在消费品领域，如此高估值的交易并不多见，元气森林的高速成长，除了渠道和品牌能力，还搭上了健康和年轻化的顺风车，可以说它是年轻人的"健康版"可乐。

与元气森林形成强烈对比的是，娃哈哈的品牌正在老化。娃哈哈代表了"营养饮料"这个品类，这是它过去飙升的原因，现在却成了阻力。营养快线包装和其他饮料迥异，几乎所有的饮料都使用透明塑料瓶，而营养快线使用乳白色塑料瓶，明显给人一种厚重、高端、值钱、有营养的感觉。随着经济的发展，消费者已经迅速从担心营养不足转变成担心营养过剩，这种曾经吸引消费者的感觉变成了让消费者远离的元素，消费者就怕长胖。

娃哈哈的市场能力、市场渗透力仍然是一流,出了任何新品都可以在广泛的渠道铺货,问题出在产品上。娃哈哈为此也作出了不懈的努力,2017年娃哈哈经销商大会推出了7大系列18款新品,角逐饮品市场。此外,用OAO颠覆互联网、晶钻水助力G20峰会、瞄准势头加码自动售货机、把300亿瓶身打上广告……但所有的新品都没能打造一个可靠的"品类",娃哈哈还是代表营养,它没有在营养之外开创一个品类。而现在饮料市场品种非常多样化,开创了品类的产品挤占了有限的货架空间,娃哈哈不可避免地遭遇萎缩。

一个品牌是否稳定主要取决于它占领的细分市场是否稳定。我们发现在同一品类中,国外大品牌老化问题不突出。可口可乐、百事可乐火爆已经数十年,尽管饮料行业风云变化,它们总能守住自己的一片天地。麦当劳、肯德基则定位为快餐和儿童,这是非常稳定的细分市场。

(资料来源:王玉. 饮料市场变奏:"无明显主题",细分品类开花[J]. 销售与市场(管理版),2019(12):76-78;孟庆祥. 诊断娃哈哈的"肠梗阻"[J]. 销售与市场(渠道版),2017(9):17.)

第一节 市场细分

市场细分(market segmentation)是指经过全面、深入的市场调研后,企业依据消费者需要、欲望及购买行为等方面的差异性,将某一产品的整体市场划分为若干子市场的分类过程。市场细分是企业开展战略营销活动的基点,它不是对产品进行分类,而是对消费者进行分类。企业通过市场细分更容易了解消费者的需求,确定自己的服务对象,即目标市场(target market),从而集中人、财、物及资源去争取局部市场上的优势,然后占领自己的目标市场。通过市场细分,企业可以对每一个细分市场的购买潜力、满足程度、竞争情况等进行分析和对比探索出有利于本企业的市场机会,及时作出销售决策或根据本企业的生产技术制定新产品开拓计划。

一、市场细分的依据

(一)消费者市场细分的依据

1. 地理细分

地理细分(geographic segmentation)是指把消费者市场按国家、地区、城市大小、人口密度、气候、地理特征等划分为不同的地理区域。地理细分的主要理论依据是处在不同地理位置的消费者对产品有不同的需求和偏好,他们对企业采取的营销策略,对企业的产品、价格、分销渠道和广告宣传等有不同的反应。目前许多企业在努力加强本土化。快餐店会根据不同的国家进行市场细分,为不同国家的消费者提供符合其喜好的产品。比如,欧洲的许多麦当劳供应啤酒,中国的肯德基早餐供应豆浆、油条。

2. 人口细分

人口细分(demographic segmentation)是指把消费者按年龄、性别、收入、职业、受教育程度、宗教、种族、国籍等划分为不同的群体。人口统计因素是市场细分的重要变量，因为人口变量比其他变量更容易测量，同时与消费者的需要、欲望和使用频率密切相关。即便企业采用其他的细分方式划分市场，也必须先了解市场的人口统计特征，这样才能评价目标市场的大小，从而作出有效的营销策划。

1) 年龄细分

不同年龄的消费者有不同的需求和欲望，同一个消费者在不同的年龄也会有不同的需求和欲望，因此企业应针对不同年龄的消费者提供不同的产品或运用不同的营销手段。例如，狮王牙膏有针对儿童的"小狮王"牙膏，其形象设计可爱，主要功能是防蛀，目的是让孩子爱上刷牙；而针对成年人的酵素洁净牙膏则强调美白牙齿和清新口气的功能，满足了成年人的形象需求。

2) 性别细分

服装、化妆品、杂志等企业经常采用性别这一细分变量对市场进行细分。例如，绫致时装在中国主要经营 ONLY、Vero Moda、Selected 和 Jack Jones 四个品牌。其中，ONLY 和 Vero Moda 定位于女性市场，企业认为女性是充满激情的，应让她们展示独特的个性，大胆地通过服饰表现自我；Selected 和 Jack Jones 则定位于男性市场，坚持"成就最好的男人"的品牌承诺，帮助现代精英男士展现从容睿智、时尚儒雅的风格。

3) 收入细分

旅游、汽车、理财等企业经常采用收入这一细分变量对市场进行细分。通过收入细分，企业可以为高收入消费者提供奢侈的商品和便利的服务，对中低收入的消费者采取低价战略，满足其追求物美价廉的需求。比如，宝马公司在华销售的产品系列分为华晨宝马、宝马进口。华晨宝马系列的定价较低，更适合那些事业刚刚进入上升期、收入不高的年轻一代，而宝马进口系列的目标客户则是高收入的成功人士，该系列是身份和地位的象征。

3. 心理细分

心理细分(psychographic segmentation)是指根据消费者的社会阶层、生活方式、个性特点、价值观念等将市场划分为不同的群体。具有不同心理特征的消费者会有不同的偏好，因此，心理细分变量虽然相较于地理细分变量和人口细分变量更难以测量，却是一种行之有效的市场细分方法。比如，第三方社交化电子商务平台"什么值得买"网站通过使用生活方式和价值观念这两种细分变量对目标市场进行心理细分，找到了那些既熟悉网购流程又想买到高性价比的商品、愿意主动提供优惠信息和购买经验、乐于晒单分享的人，为他们提供了一个分享和交流的平台。

1) 社会阶层细分

人们在社会中的职业、经济和社会地位各不相同，因此形成了不同的社会阶层。人们对消费品的选择会受到所在阶层的约束。因此，企业可以根据社会阶层细分市场，为不同的阶层设计不同的产品，制定有针对性的营销方案。比如，奢侈品市场通常定位于经济、社会地位较高的人群，刻意营造一种遥不可及的感觉。与之相对的"快时尚"则为经济地位相对较低的人群提供更新频率快、款式众多、价格优惠的产品。

2) 生活方式细分

观念、兴趣和生活态度的不同会使每个人有不同的生活方式，不同的生活方式导致消费者有不同的需求。因此企业可以根据生活方式划分消费者市场，针对消费者的生活特征进行营销策划。企业进行生活方式细分时可以采用 AIO 模型，即：活动(activity)，如消费者的工作、业余消遣、休假、购物、体育、交友等活动；兴趣(interest)，如消费者对家庭、服饰、食品、娱乐等的兴趣；意见(opinion)，如消费者对社会、政治、经济、产品、文化、教育、环境保护等问题的意见。

3) 个性细分

不同的人有不同的个性，这些个性特征会潜在地影响人们的购买行为。因此，企业在采用个性来划分细分市场时，会赋予产品与某些消费者个性类似的品牌个性，这必然会吸引有类似个性的消费者购买。比如，宜家为了满足有 DIY 需求的顾客，在 2018 年出售了一款名为"开源沙发"的新产品，鼓励人们在一个沙发坐垫的基础上，通过添加扶手、边桌、儿童摇椅甚至是落地灯的方式，来创造出更适合家里使用的沙发。为此，它向第三方设计师以及英国皇家艺术学院的学生征集有创意的改造方案。但产品在推向市场时，不会包含所有可用来改造的部件，而是以平板包装的坐垫和铝制框架为核心，搭配销售一个可固定的边桌及阅读灯。

4. 行为细分

行为细分(behavioral segmentation)是指根据消费者的购买时机、追求的利益、使用状况和使用频率、品牌忠诚度等将市场划分为不同的群体。许多市场营销者认为行为细分是进行市场细分的最佳起点。

1) 时机细分

企业可以根据消费者产生购买意图、实施购买行动或使用购买产品的时间来细分市场。比如，消费者一般习惯早晨喝豆浆，企业可以开展一些针对购买时机的促销活动，宣传在其他时间也可以饮用豆浆，促进消费者使用时机的多样化，从而增加销量。

2) 利益细分

消费者在购买同一种商品时可能追求不同的利益。企业需要找到消费者在产品消费过程中追求的主要利益，据此划分不同的利益群体，为不同利益群体设计不同的品牌。比如，宝洁公司就采用多品牌战略提供不同消费者所追求的不同利益，其旗下的洗发水品牌有海飞丝、飘柔、潘婷等。其中，海飞丝针对去头屑，飘柔强调头发的顺滑，潘婷则着重于头发的养护，三个品牌的不同定位满足了追求不同利益的消费者需求。

3) 使用者情况细分

企业可以根据使用者情况将消费者划分为不同的群体。比如，企业可以将消费者划分为非使用者、曾经使用者、潜在使用者、首次使用者和经常使用者。企业要努力留住经常使用者，吸引目标市场的非使用者，同时尽量与曾经使用者重建联系。比如，当你路过一家新开业的面包店时，店员邀请你试吃一款面包，这说明你是这家面包店的潜在使用者，店家在努力和你建立联系，希望把你变成经常使用者。此时店员可能会送给你一张优惠券，想吸引你进店购买，把你发展成首次使用者，在这个过程中店员还可能会向你介绍会员卡，目的在于最终把你发展成经常使用者。

4) 使用频率细分

企业还可以根据消费者对产品的使用频率将消费者划分为少量使用者、一般使用者和大量使用者，这种细分战略又叫数量细分。虽然大量使用者消费的商品总量占总产品的比例较大，但是大量使用者的数量通常不多。企业可以根据大量使用者共同的人格、心理等特征为他们量身定制产品，设计营销方案。比如，中国移动就根据客户对通话时长、上网流量的不同需求设计了不同种类的话费套餐业务，以满足顾客对产品的不同需求。

5) 忠诚度细分

企业还可以根据消费者对企业的忠诚度进行市场细分。有些消费者绝对忠诚，他们一直购买一个品牌并热衷于向其他人推荐此品牌。有些消费者忠诚于两三个品牌，或者有自己偏爱的品牌，有时也购买其他品牌，他们就是一般忠诚者。有的消费者只购买特价促销产品，他们不忠诚于任何一个品牌。

表5-1列出了消费者市场细分的主要变量。

表5-1 消费者市场细分的主要变量

变　　量	典型的细分市场
1.地理变量	
地区	华东；华南；西南；西北；东北；华中；华北
城市或标准都市统计区的大小	5 000人以下；5 000~20 000人；20 000~50 000人；50 000~100 000人；100 000~250 000人；250 000~500 000人；500 000~1 000 000人；1 000 000~4 000 000人；4 000 000人及以上
密度	城市；市郊；农村
气候	北部气候；南部气候
2.人口统计变量	
年龄	6岁以下；6~12岁；12~20岁；20~35岁；35~50岁；50~65岁；65岁及以上
性别	男；女
家庭人口	1~2人；3~4人；5人及以上
家庭生命周期	年轻、未婚；年轻、已婚、未生育；年轻、已婚、小孩在6岁以下；年轻、已婚、小孩在6岁以上；年纪大、已婚、有小孩；年纪大、已婚、小孩在18岁以上；孤老；其他
收入(月)	300元以下；300~1 000元；1 000~2 000元；2 000~5 000元；5 000~10 000元；10 000~50 000元；50 000元及以上
职业	专业技术人员；经理；职员；业主；办事员；售货员；工匠；领班；技工；退休人员；学生；家庭主妇；失业者
教育	小学以下；中学肄业；中学毕业；大学肄业；大学毕业；研究生及以上
宗教	佛教；道教；天主教；基督教；犹太教；其他
种族	白人；黑人；黄种人
国籍	中国；美国；英国；法国；德国；意大利；日本；其他
3.心理变量	
社会阶层	下层；中层；上层
生活方式	朴素型；时髦型；高雅型
个性	强势的；爱交际的；独裁的；有权力欲的

第五章 目标市场营销战略

续表

变 量	典型的细分市场
4.行为变量	
使用时机	一般场合；特殊场合
追求利益	质量；服务；经济
使用者情况	非使用者；曾经使用者；潜在使用者；首次使用者；经常使用者
使用率	少量；一般；大量
忠诚程度	无；中等；强烈；绝对
关注程度	不注意；注意；感兴趣；打算购买
对产品的态度	热情；肯定；漠不关心；否定；敌视

(二)组织市场细分的依据

许多用来细分消费者市场的变量同样可以用来细分组织市场，如地理因素、利益追求及使用者状况等，但是，组织市场细分变量与消费者市场细分变量不完全相同。如表 5-2 所示，波诺马和夏皮罗(Bonoma & Shapiro)两位学者比较系统地列举了细分组织市场的主要变量，并提出了企业在选择目标顾客时应该考虑的主要问题。

表 5-2　细分组织市场的主要变量

变量类型	相关问题
宏观特征变量	行业：我们应该将重点放在哪些行业？
	公司规模：我们应该将重点放在多大规模的公司？
	地址：我们应该将重点放在哪些地区？
经营变量	技术：我们应该将重点放在顾客重视的哪些技术？
	使用者或非使用者情况：我们应该将重点放在大量、中量、少量使用者身上，还是非使用者身上？
	顾客能力：我们应该将重点放在需要很多服务的顾客身上，还是需要很少服务的顾客身上？
采购方法变量	采购职能组织：我们应该将重点放在采购组织高度集中的公司，还是采购组织高度分散的公司？
	权力结构：我们应该将重点放在工程技术人员占主导的公司，还是财务人员占主导的公司？
	现有关系的性质：我们应该将重点放在与我们有牢固关系的公司，还是追求最理想状态的公司？
	总采购政策：我们应该将重点放在乐于采用租赁、服务合同、系统采购的公司，还是乐于采用秘密投标等贸易方式的公司？
	购买标准：我们应该将重点放在追求质量、重视服务的公司，还是注重价格的公司？

续表

变量类型	相关问题
情境因素变量	紧急：我们应该将重点放在要求迅速和突然交货的公司，还是提供服务的公司？
	特别用途：我们是否应该将重点放在产品而非用途上？
	订货量：我们应该将重点放在大宗订货上，还是少量订货上？
企业特征变量	购销双方的相似点：我们是否应该将重点放在人员与价值观念与本公司相似的公司？
	对待风险的态度：我们应该将重点放在敢于冒险的顾客身上，还是规避风险的顾客身上？
	忠诚度：我们是否应该将重点放在对供应商非常忠诚的公司？

二、市场细分的程序与步骤

(一)市场细分的程序

市场细分的程序是指企业在进行市场细分时应该遵循的步骤，即首先做什么，然后做什么，最后做什么。一般而言，市场细分的程序包括以下三个阶段。

(1) 调查阶段。在这一阶段，企业的相关人员进行探索性面谈并召开小组座谈会，获得消费者动机、态度及行为方面的信息。之后，企业需要搜集一些资料，如产品的属性和使用方式、品牌的知名度以及消费者的心理和行为等。

(2) 分析阶段。在这一阶段，企业人员采用相关的分析方法进行资料分析，剔除关联性很强的变量，然后采用已经选取的细分变量进行市场细分。

(3) 描绘阶段。在这一阶段，企业根据消费者的态度、行为、人口变量及心理变量等划分相关的消费者群体，然后根据主要的不同特征给每个细分市场命名。例如，有人曾经对游乐场市场进行如下划分：消极的以家庭为中心者市场、积极的体育运动爱好者市场、固执己见的自我满足者市场、文化活动者市场、积极地以家庭为中心者市场及社会活动者市场。

(二)市场细分的步骤

市场细分步骤是与市场细分程序相似的一个概念，主要是指企业进行市场细分时应该遵循的先后顺序，它不仅适用于消费者市场细分，也适用于产业市场细分。一般来说，市场细分的步骤包括以下六个。

(1) 确定要研究的市场或产品范畴，即企业需定义要研究的整个市场或产品范畴——企业已经参与竞争的市场或产品范畴，新的且相关的市场或产品范畴，全新的市场或产品范畴。

(2) 选择市场细分的依据。这需要企业决策者或营销人员具有高度的洞察力、创造力及相关的营销知识。

(3) 选择具体的细分描述变量。这是指企业需选择市场细分变量，如年龄、职业以及收入水平等。

(4) 描述和分析市场。通过该步骤，企业可对细分市场的规模、预期发展、购买频率、当前使用的品牌、品牌忠诚度及盈利潜力等情况有清楚的认识。

(5) 选择目标市场。尽管选择目标市场不是细分过程的组成部分，但它是细分过程的必然结果，是影响甚至决定企业采用何种营销组合的关键因素。

(6) 设计、实施和保持适当的营销组合策略。通过这些营销策略的实际运用，企业可以满足细分目标市场上的顾客需要并创造利润。

近年来，随着移动互联网、大数据、云计算等技术的发展成熟，通过数据挖掘技术对客户进行科学的细分日益成为企业进行市场细分的重要方式，进而实现对目标客户群体的个性化、差异化营销，为市场细分增添了更多活力。一方面，海量数据的产生为企业进行市场细分创造了更多的资源；另一方面，大数据等新兴技术的发展带来了更加多样和高效的数据分析、数据挖掘工具，促使企业市场营销精准化。通过对消费者的行为数据进行收集、加工和处理，企业能够准确定位特定消费群体或个体的兴趣、消费习惯、消费倾向和消费需求，进而对其下一步的消费行为进行准确预测，并据此进行定向营销，大大节省了营销成本，提高了营销效果，从而为企业带来更多的利润。例如，银行业根据顾客贡献度对其进行分类，中信银行通过大数据技术实现了信用卡实时精准营销，根据消费额度将客户划分为高价值客户、VIP 客户、金卡客户、银卡客户等，随后利用大数据技术按照客户等级划分进行客户群偏好分析、交易预测以及奖品和服务推荐等。进一步地，企业可以对多个单维度指标进行整合，如通过对消费额度、年龄、职业等多变量进行整合，以叠加的方式进行更细致的划分。基于此，企业不仅能够紧紧把握存量市场，还能有效扩展增量市场，快速开发新业务，实现个性化营销，在保证顾客满意的同时形成竞争壁垒，显著增加企业利润。

三、市场细分的有效性

不是所有的市场细分都是有效的。一般而言，当提及市场细分的有效性时，它往往包括两个层面的含义：一是市场细分变量选择的有效性；二是市场细分结果的有效性。

(一)市场细分变量选择的有效性

在进行市场细分的过程中，对市场细分变量选择的有效性进行检验十分关键。一般而言，采用某个细分变量对市场进行细分之后，企业往往需要面向不同的细分市场制定不同的营销策略组合。如果不同细分市场中的顾客对营销策略组合的反应没有显著差异，或者在产品的购买态度与购买行为等方面没有显著差别，细分一般就是无效的，反之，就是有效的。具体而言，主要存在三种基本情况。

(1) 使用单个细分变量的有效性。企业首先需要搜集顾客购买态度或购买行为等方面的信息，同时收集顾客人口统计等方面的数据，然后检验不同类别的顾客在购买态度或行为等方面是否存在显著差异。从变量选择的角度来看，衡量消费者购买态度与行为的变量往往是有序变量或类别变量，有关顾客类别的变量通常也是有序变量或类别变量，如地区、性别、受教育程度等。尽管顾客的收入水平是定比变量，但也可以把它当作有序变量来处理。这样，对单个市场细分变量有效性的检验就可以采用列联表(contingency table)的卡方检验。

(2) 同时使用两个细分变量的有效性。对于同时使用两个细分变量的有效性检验，企业通常使用分层卡方检验的方法，其实质是三维列联表的检验。如果用 A 表示顾客的购买态度或行为，用 B 和 C 分别表示两个已经选择的细分变量，则需要检验：A、B 和 C 是否相互独立；A 和(B, C)是否相互独立；在给定 B 之后，A 和 C 是否相互独立(或在给定 C 之后，A 和 B 是否相互独立)。当第一个假设或者第二个假设成立时，B 和 C 这两个细分变量通常是无效的。在第三个假设中，在给定 B 之后，如果 A 和 C 是相互独立的，则细分变量 C 是无效的。

(3) 同时使用两个以上细分变量的有效性。同时使用两个以上细分变量的有效性也可以用分层卡方检验，但随着市场细分变量的增加，分布在每一顾客类别中的样本数会越来越少，这可能会导致不同顾客类别中的样本数达不到既定的要求。为此，可以使用其他方法，如最优尺度回归(optimal scaling regression)或逻辑回归(logistic regression)等。

上述三种方法在检验多个细分变量的有效性时，往往可以结合使用。

(二)市场细分结果的有效性

市场细分结果的有效性是一个十分重要的问题。为提高市场细分结果的有效性，应注意以下几点。

(1) 可测量性。这是指企业可以获取细分市场中的顾客特性及其相关的准确信息。这些信息包括细分市场的顾客特征、潜在的顾客数量、顾客的购买意图和消费行为以及市场环境和竞争者特征等。如果上述信息不能有效测量，市场购买力和盈利潜能等就无法进行准确计算。这时的市场细分结果往往是无效的。

(2) 可进入性。这是指企业可以有效地接近细分市场，并为之提供服务。如果一个细分市场看起来很有前景，但很难接近或企业根本没有能力为之服务，这个细分市场就没有现实意义。

(3) 可区分性。这是指不同细分市场的特征可以明确地加以区分。也就是说，不同细分市场上的顾客对企业的市场营销组合应该产生不同的反应。从理论上讲，细分市场之间的排斥性越强越好。

(4) 可盈利性。这是指细分之后的市场应该可以使企业有利可图。换句话说，所识别的细分市场及其潜力应该足够大，以保障企业可以从中获利。否则，企业进行市场细分就没有任何意义。

上述标准可以衡量通过市场细分得到的细分市场是否有效或是否适合进入。迪布和温斯利(Dibb & Wensley)指出，衡量细分市场是否有效往往需要考虑其他因素，诸如高层管理者的参与和支持、公司对市场变化的充分准备、职能部门之间的沟通协调以及精密的计划等也会对市场细分结果的有效性产生影响。

第二节 目标市场选择

近年来，随着社会经济生活的日益丰富，企业之间的竞争愈演愈烈。如何选择一个与企业宗旨相吻合、增长潜力大、获利丰厚的目标市场成为企业在激烈的竞争中脱颖而出的关键。所谓目标市场,是指企业准备向其传递价值,满足其需要和欲望的细分市场,它不仅是企业营销活动要满足的市场,而且是企业为实现预期目标想努力进入的市场。目标市场选择是指企业在评估不同细分市场之后,决定选择哪些细分市场和选择多少细分市场的过程。

一、评价细分市场

评价细分市场时,公司必须考虑四类因素:细分市场的规模、细分市场的增长潜力、细分市场的结构以及公司的目标和资源。

(一)市场规模

只有具备一定规模的细分市场才能保证企业进入后获得预期利润。因此,企业评价细分市场时首先要考虑细分市场是否具备适度规模。"适度规模"是一个相对概念,对于不同规模的企业含义不同。对于大企业而言,只有销售量足够大的细分市场才算适度;反之,对于小企业而言,只要细分市场能够使企业的既有资源充分发挥效用即为适度。例如,爱奇艺公布了爱奇艺网络大电影年度分账20强榜单。这是网络大电影市场建立以来,第一次公布年度分账票房。数据最直观反映出的是规模和价值的井喷式增长。爱奇艺声称,2015年,网络大电影初具规模,整体市场达到1亿元。与市场规模同样增长的还有网络大电影的赢利能力。根据网络大电影播放平台龙头企业爱奇艺发布的榜单来看,2016年票房最高的20部电影给爱奇艺带来了1.98亿元的分账,约为2015年5627.8万元的3.5倍。爱奇艺在2016年第一次收获了票房分账过千万元的电影,而且多达6部。

(二)市场增长潜力

市场的规模越大,企业的运作空间就越大,企业形成规模经济获得利润的可能性就越大;市场的成长性越好,提供给企业的未来获利和发展的空间就越大。因此,企业更加青睐那些具有恰当规模和增长速度的细分市场。例如,苹果公司是最早发现个人计算机(PC)细分市场的企业。当时,IBM等电脑公司把精力投入到大型计算机市场,甚至认为个人电脑只是年轻人的玩具,成不了大气候。但是,就连发现这一细分市场的苹果公司的CEO乔布斯也没有想到,苹果无意间闯入一片"蓝海",个人电脑市场以爆炸般的速度增长,就连开始对这一事物持否定态度的计算机巨人IBM也加入了这个细分市场的竞争。

(三)市场结构

具有恰当规模和增长速度的细分市场未必是最具有吸引力的市场,还需要考虑该市场是否具有长期赢利潜力。竞争战略专家迈克尔·波特认为,一个市场的长期盈利性是由五个因素决定的,分别是:市场中现有竞争者、潜在进入者、替代品、供方和买方。如果细分市场中存在很多竞争者,企业的产品价格和利润就会受到影响,这个细分市场的吸引力就不大。除了和现有竞争者竞争,企业还需考虑建立壁垒以阻止潜在进入者。低进入壁垒和高退出壁垒会加剧竞争。替代品不仅限制了市场的价格上限,其市场发展还可能会导致现有市场萎缩。供方和买方的议价能力直接决定了企业谈判时的地位,如果供方和买方的议价能力很强,就会挤压企业的利润空间。

(四)公司目标和资源

即使一个细分市场有恰当的规模和增长潜力,并且具有结构优势,公司也必须考虑自身的目标和资源。一些有吸引力的细分市场可能由于与公司的长期目标不相符,或者公司缺乏取得成功所需要的技能和资源而被舍弃。例如,汽车市场的经济型细分市场规模比较大,而且持续增长,但是,根据自己的目标和资源,对以豪华和性能著称的汽车制造商宝马而言,进入这一市场意义不大。公司应该只进驻自己能够创造卓越顾客价值并超越竞争对手的细分市场。

二、选择目标市场

(一)目标市场选择的策略

通常,企业在选择目标市场时,可供选择的市场覆盖策略有市场集中化、产品专业化、市场专业化、选择专业化和市场全面化五种策略,如图5-1所示。

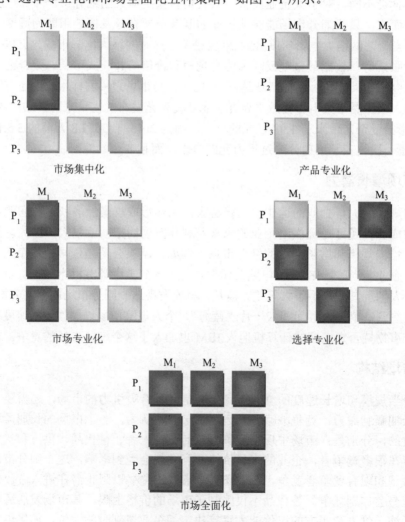

图5-1 目标市场选择的五种策略

第五章 目标市场营销战略

1. 市场集中化策略

市场集中化又叫密集单一市场，是企业在市场细分的基础上，进行目标市场选择的一种市场覆盖策略。具体而言，企业仅仅集中生产一种产品，并向某一市场销售这种产品。市场集中化可以给企业带来好处，例如，大众汽车公司集中精力经营轿车市场，通过市场集中化的营销努力，更加了解细分市场的真实需要，从而在细分市场上赢得了更加稳固的地位。此外，该公司通过生产、销售和促销的专业化分工获得了许多经济收益。但是，市场集中化的营销活动可能比其他营销活动具有更大的风险。首先，单个细分市场可能会出现不景气的情况。其次，当强大竞争者决定进入某细分市场时，在该细分市场上经营的企业就会遇到很大麻烦。

2. 产品专业化策略

产品专业化也是企业进行目标市场选择的一种市场覆盖策略。具体而言，企业仅仅集中生产某种产品，并向各类顾客销售。比如，Kindle 电子书阅读器的价位从 600 元、900 元到 2000 元不等，不同的价位对应不同等级的技术装备，以适应具有不同需求的消费者。产品专业化的优点是企业可以专注于某种或某类产品的生产，有利于形成生产或技术上的优势与核心竞争力，从而在领域内树立良好形象。产品专业化也存在局限性，即当该领域被一种全新的技术或产品替代时，产品的销售量有大幅下降的危险。

3. 市场专业化策略

市场专业化是指企业专门为某个市场上的顾客群生产和提供其所需的各种产品与服务。例如，贝贝集团旗下拥有 1 亿女性用户的贝贝网电商平台出售母婴用品、家用百货、美食、服饰等方面的商品，在母婴电商市场上风生水起；某工程机械公司专门向建筑业用户供应推土机、打桩机、起重机及混凝土搅拌机等建筑工程所需的机械设备。市场专业化的优点有：企业经营的产品类型众多，可以有效分散经营风险；企业为某市场上的顾客群体服务，并成为该顾客群体所需各种产品的销售代理商，可以与顾客建立良好关系，获得良好声誉。市场专业化也存在不足之处，如当顾客突然降低购买预算、顾客的消费需求突然下降及强大竞争对手的低价产品进入时，企业易面临风险和危机。

4. 选择专业化策略

选择专业化是指企业选择若干具有良好赢利潜力和结构吸引力、符合企业目标与资源条件的细分市场作为自己的目标市场，并且这些细分市场之间的联系很少。一般而言，选择专业化可以有效分散企业的经营风险。也就是说，某细分市场上的盈利状况不佳可以由其他市场上的盈利来弥补。但是，选择专业化对企业的资源实力要求较高。例如，艾米斯广播公司(Emmis)拥有多个频道，有的频道主打蓝调和古典乐，主要用来吸引老年听众，有的频道则是专门为年轻人准备的，主要播放城市街头音乐，吸引 25 岁以下的年轻人。再比如我们非常熟悉的腾讯旗下的 QQ 和微信，针对不同的受众群体开发不同的业务模块，吸引不同年龄和不同需求的消费者，并形成消费者黏性。

5. 市场全面化策略

市场全面化是指企业为所有市场上的顾客生产和提供其所需的各种产品与服务。一般来说，只有实力雄厚的大型企业选用这种市场覆盖策略时才会取得好效果。为达到覆盖整体市场的目的，大企业可以采用两种策略：无差别的市场营销和差别性的市场营销。在无差别的市场营销活动中，企业不考虑市场间的区别，仅仅生产一种类型的产品，致力于满足消费者的相似需求，而不考虑它们的差异。可以想象，如果企业通过这种方式来覆盖整体市场，其成本支出较少。一般局限于垄断行业，如信息通信行业为消费者提供的多为无差别的市场营销。然而，如果企业的实力足以提供差别性的市场营销，那么企业将一枝独秀，如风靡一时的宝洁公司，其产品线和产品品类众多，产品覆盖世界范围内的消费者市场。尽管企业通过差别性的市场营销活动也可以覆盖整体市场，但在此过程中，包括产品改进成本、生产成本、管理成本、存货成本及促销成本等在内的企业成本支出会大幅增加。如今，随着数字经济的发展、消费者消费思想的转变，企业需要在差别性的市场营销的基础上进一步思考如何满足消费者的个性化需求。

(二)目标市场选择的战略

1. 无差异营销战略

无差异营销战略是指企业面对整个市场，只提供一种产品，采用统一的营销战略和策略，以吸引所有的消费者。采用此种战略的企业将整个市场看作一个整体，不需要进行市场细分(见图 5-2)。企业实行无差异营销战略主要基于以下两种指导思想。

(1) 从传统的产品观念出发，强调消费者需求的共性，忽视消费者需求的差异性。因此，企业总是为整体市场生产标准化产品，并实行无差异营销战略。在产品导向观念占据主导的时代，大多数企业采用这种营销战略开展经营活动。

(2) 经过市场调查之后，企业认为某些特定产品(如食盐)的消费需求大致相同或存在较小差异，针对这类产品采用无差异营销战略。使用无差异营销战略的优点是可以降低企业成本，这是因为大批量生产与分销必然会降低单位产品成本，同时也会节省大量的市场调研、产品开发、广告宣传及渠道维护等方面的费用，实现较好的经济效益。当然，这种营销战略也存在缺点，即市场的适应性较差。而且，随着消费者收入水平的不断提高，一种产品能够长时间被所有消费者接受的情况越来越少。

图 5-2　无差异营销战略

2. 差异化营销战略

差异化营销战略是指企业选择两个或两个以上的细分市场作为自己的目标市场，并针对这些细分市场制定和采用不同的营销组合(见图 5-3)。差异化营销战略的优点是：可以更好地满足消费者的不同需求；阻止其他竞争对手进入，提高企业竞争力；降低企业经营风险。它也存在缺点：小批量、多品种的生产会使单位产品的生产成本上升；销售渠道的不断扩展及广告活动的扩大与复杂化会使销售费用大幅提高；市场调研费用、管理费用等成本会增加。

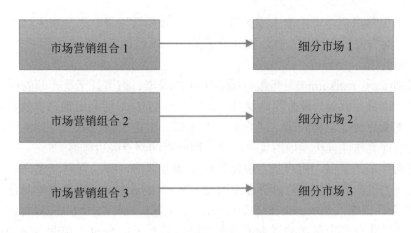

图 5-3　差异化营销战略

3. 集中营销战略

集中营销战略是指企业既不面向整体市场，也不将有限力量分散于多个细分市场，而是集中力量进入某细分市场，或是进入对该细分市场进一步细分后得到的几个更小的子市场，开发理想的产品，开展高度专业化的营销活动，满足市场需求(见图 5-4)。集中营销战略的理论依据是：企业将有限资源集中起来可以在"小"市场上占领"大"份额。这种营销战略的优点是：可以提高产品市场占有率，建立稳固的市场竞争地位；降低企业营销成本，提高投资收益率；提高产品的顾客忠诚度和利润率。这种营销战略的缺点是企业承担的风险较大。例如，一旦目标市场的顾客需求偏好发生变化或强大的竞争对手进入该市场，采用该战略的企业就可能陷入困境。

随着营销环境的日益变化与以顾客为中心的超强竞争时代的到来，一些新兴的营销战略开始出现。例如，利基营销战略和定制营销战略就是其中的典型代表。利基市场是指通常被大企业忽略或力量不够强大的某些细分市场。营销大师科特勒曾说："随着市场的碎片化和消费者意志的强大，未来属于利基品牌。"因此，利基营销是企业针对利基市场开展的营销活动。如此一来，利基营销战略必然可以锁定顾客，并为企业创造更多的利润。定制营销是指将每位顾客视为单独的细分子市场，根据其特定需求开展市场营销活动，以满足他们的需要。通过定制营销活动，企业可以提升可持续竞争优势，提高产品的市场占有率、企业的营销管理水平和社会资源的利用效率。

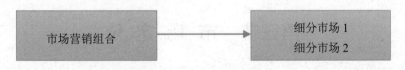

图 5-4　集中营销战略

4. 微观营销战略

采用差异化营销和集中营销的企业分别通过不同的细分市场和补缺市场的方式来调整自己的产品、服务和营销方案，但它们没有为顾客提供定制的产品或服务以满足顾客的个性化需求，微观营销(micro-marketing)战略恰好弥补了这个空缺。微观营销战略是指企业调

整产品和营销策略以适合特定个人或区域的偏好。微观营销战略不是在人群中寻找顾客，而是在每位顾客身上发现他的个性。微观营销战略包括当地营销和个人营销。

1) 当地营销

当地营销(local marketing)是指根据顾客所在的城市、街道甚至是光顾的商店对品牌和促销策略进行调整。例如为配合当地饮食文化，迪拜的 7-11 便利店推出了独具当地特色的菜单，例如鹰嘴豆泥、鸡肉饭等。店内有香烟出售，但由于宗教原因，并不销售酒水。企业可以通过点评类软件推送当地的优惠信息，用就近的网点吸引顾客。

随着移动终端的发展，用户从互联网转向移动互联网，移动互联网成为再一次改变人们生活的科技力量。此时，风险投资之王约翰·杜尔(John Doerr)提出了针对移动互联网的 SOLOMO 理念，该模式是 social(社交)、local(本地位置)、mobile(手机)三项资源的结合，符合这三项资源的企业都有可能被视为下一个谷歌或者是 Facebook，因此 SOLOMO 营销也成为移动互联网领域研究的热点。SOLOMO 由 LBS 发展而来。LBS(location-based service) 是指基于位置的服务，它将通信网络和定位系统结合起来，为用户提供相应的服务。随着我国移动互联网的快速发展和手机网民的增加，基于 LBS 的移动电子商务应用呈现出较快增长态势。但是 LBS 不涉及人与人之间的关系或者仅使人与人之间处于弱互动，这使得信息本身缺少情感，属于信息流通本身的一种缺失，在互联网的发展过程中会被更新。SOLOMO 中的 social 恰好弥补了这个信息缺失。social 被译为社交，既包含现实生活中的交往，也包含网络交往。在 SOLOMO 模式下，信息将有效地服务于用户的现实生活，既可以通过信息流通带动用户行为发生，也可以通过用户行为发生协助用户达到行为目的。最终，信息不再是以平面信息作用于用户，而是能够帮助用户搭建立体三维信息，信息的使用能够和现实生活更好地交融。

但是，当地营销也存在一定的问题。首先是生产成本和制造成本，当地营销会造成规模不经济进而提高制造成本，当企业试图满足不同地区的需求时，会提高企业的营销成本。

2) 个人营销

个人营销(personal marketing)是极端的微观营销战略，即企业根据个体顾客的需求和偏好调整产品和营销策略。个人营销也称为大规模定制营销、一对一营销或者单人市场营销。高效的计算机技术、详尽的数据库、精湛的制造工艺以及诸如互联网等互动媒体的发展使大规模定制成为可能。企业与大量消费者进行单独交流，根据消费者的需要量身定制产品和服务。

第三节　市　场　定　位

企业不仅要决定进入哪个细分市场，还需要确定一种价值主张，即如何为目标市场创造差异化的价值和预期在目标市场中占据什么位置。菲利普·科特勒将定位定义为："对企业的供应品和形象进行设计，使其在目标顾客心目中占据一个独特位置的行动。"产品定位(product position)使企业的形象、产品、品牌区别于竞争者，实际是企业及其产品对消费者思想的占领。

产品和服务的信息量是巨大的，消费者不可能在每次购买时都重新评价产品，所以，消费者会将产品、服务和对企业的认识组合起来进行分类以确定其在自己心中的位置。无论企业营销是否参与，消费者都会给产品定位，为此，企业必须找到能使其产品在目标市场上获得最大优势的定位并且通过适当的营销方案实现这个定位。

一、市场定位的核心要素

在成功的市场定位决策中，对两个核心概念的深入理解至关重要，它们是共同点和差异点。

共同点(points-of-parity，POP)是指产品非独特的、可能与其他产品共享的一些联想属性或利益，具体包括品类共同点和竞争共同点。其中，品类共同点是指在顾客心目中，某一产品属于某一品类所必须具备的联想属性或利益。例如，如果携程旅行网无法为顾客提供多种价位的机票和旅馆预订服务，顾客就不会承认它是一家真正的旅行公司。竞争共同点是指能够抵消竞争对手产品差异点的联想属性或利益。它对企业的要求是其产品必须在这些属性上与竞争对手的产品持平。在顾客的眼里，如果企业的产品在企业试图寻求独特优势的领域中与竞争对手"打成平手"或表现得更为出色，再加上差异点的影响，顾客就会倾向于相信该企业的产品在市场上是强势的、可以信赖的——处于一种无懈可击的优势竞争地位。

差异点(points-of-difference，POD)是指顾客在接触到产品本身或听到产品名称、广告后能够强烈联想到的并给出正面评价的(令人喜欢的)产品属性或利益。这些属性或利益必须是独特的，是竞争对手的产品无法以同样程度存在于消费者心目中的，能够让消费者觉得"我有的优点别的产品没有"，如海飞丝(去头屑)、苹果(设计)和雷克萨斯(品质)等。在成功的市场定位中，差异点的挖掘和提炼是最有挑战性的，也是市场定位中必不可少的因素。通常企业有四种差异化类型可以选择，分别为产品差异化、服务差异化、人员差异化和形象差异化。

(一)产品差异化

产品差异化是指企业采取各种手段使自己生产的产品在质量和性能上明显优于市场上的同类产品。通过技术创新、管理创新和组织创新等，企业可以生产出具有创新性的产品，实现产品差别化。由于产品或服务具有自己的特色，顾客对它们具有很高的忠诚度，从而形成了强有力的进入障碍，导致潜在竞争者难以进入市场。另外，由于产品的差异性很大，与同类企业相比，实施产品差异化的企业可以处于更加有利的位置，因而可以有效防止替代产品带来的威胁。例如，来自浙江嘉兴的名不见经传的羽绒服品牌 Orolay 打败著名羽绒服品牌加拿大鹅，成为亚马逊服装类全美销售冠军。Orolay 取得成功的原因在于其将重心放在研发与设计上，专门针对北美市场推出多口袋、多拉链设计款式，兼具时尚性与独创性，且价格只是加拿大鹅的 1/10。经过社交媒体的发酵与时尚人士的带动，Orolay 得到了"亚马逊外套"之称。产品差异化的主要形式包括以下几种。

1. 产品情感形象差异化

企业将消费者当作有感情的人加以对待，以产品给他们带来的情感体验为重要诉求点，争取以情感打动消费者，从而获得更多市场份额。这就是产品情感形象差异化。企业通过这种差异化，可以直接或间接地冲击消费者的情感体验，从而获得源源不断的忠诚顾客。产品情感形象差异化的不足之处在于顾客真正从情感上接受并持续购买某种产品可能需要很长时间，有时还会弄巧成拙。

2. 产品消费感受差异化

任何产品都有其特殊的使用价值与功能特性，当消费者对产品进行消费时，总是期待从中获得某种心理和生理感受。因此，这种根据产品给消费者带来的消费感受进行的差异化叫作产品消费感受差异化。这种差异化方式可以形成消费者对产品特有的深刻的正面感受与想法，最终增加产品销量。例如，作为一种饮料，可口可乐始终将消费者(尤其是年轻消费者)能够获得的愉快可口的心理和生理感受作为差异化的基点。因此，该公司在中国市场上用"可口可乐"这一直接能表达和诱导消费者心理和生理感受的名称进行产品命名。产品消费感受差异化能够有效唤醒消费者的情绪感知，但美中不足之处在于顾客形成的消费感受如果是消极感受，会给产品销售带来负面影响。

3. 产品等级或属性差异化

有时候，一家企业的差异化可以使自己的产品与某个产品类别和属性联系起来或区别开来。例如，某些企业把自己的产品差异化于人们渴望的等级，如"中国制造"等；某些企业则借助自己产品具有的一些吸引人的属性来进行促销，如"低能耗"或者"环境友好"等。有时候，企业需要强调的是产品有什么，而不是没有什么，如沃尔沃通过在车厢周围设置钢筋构架来强调自己在汽车安全性方面的差异化。

4. 价格和质量差异化

某些生产商和零售商因高质量的产品和昂贵的价格而闻名。例如，在零售行业，萨克斯第五大道(Saks Fifth Avenue)和内曼•马库斯(Neiman Marcus)处于价格-质量谱系的高端，定位于高档百货，而沃尔玛和达乐(Dollar General)等折扣店则处于低端，定位于物美价廉。在这里，并不是说折扣店忽视产品的质量，只是相对而言它们更强调低价。总体来说，公司用于成功定位的价值主张有五种：优质优价、优质同价、同质低价、低质低价、优质低价。比如，苹果手机定位于优质优价，梅赛德斯-奔驰和宝马定位于优质同价等。可以说，没有差异化(特别是价格和质量方面的差异化)，产品注定失败。

5. 产品形式差异化

对于任何产品而言，都可以将其分为内在部分与外在表现形式两个方面。在产品内在部分趋同的今天，从产品外在表现形式对其进行合理差异化是增强产品竞争优势和取得良好销售业绩的关键。通过产品外在形式差异化，企业可以将产品特有的外在形象表现出来，增强顾客对产品表层及深层价值的认可，达到"使顾客只要看到某种形式就会想起某种产品"的目的。例如，"白加黑"就是产品形式差异化的成功典范。具体来说，"白加黑"将感冒药的颜色分为黑色和白色，药的颜色与服药的时间相对应，以外在形式为基础改变了传统感冒药的服用方式。这两种全新的外在表现形式本身就是产品的一种差异化，加之药的名称为"白加黑"，进一步突出了产品的形式特征与诉求点。

(二)服务差异化

服务差异化可以提高顾客的总价值,建立与顾客的良好关系,击败竞争对手。企业竞争优势越体现在对顾客的服务水平上,由服务差异化带来的市场差异化就越容易实现。因此,如果将差异化的服务因素融入产品支撑体系,企业就可以在主要竞争领域建立进入壁垒。进一步来说,服务差异化的适用范围较广,尤其适用于需求饱和的市场。对于技术含量很高的产品,如计算机、复印机和汽车等,服务差异化的应用最为有效。例如,美国的第一银行在超级市场中建立了可以提供周到服务的分支机构,并且在节假日和平时的晚上为消费者提供便利服务,得到了消费者的普遍认可。IBM 以高质量的安装服务闻名世界,它总是将消费者购买的所有零件及时送达,而且当消费者要求将 IBM 设备搬走或安装到别处时,IBM 的工作人员会提供帮助。

(三)人员差异化

由于企业所有的竞争行为都通过人这一载体实现,因而人员差异化运用得当确实可以提升企业的竞争优势。进一步来说,受过良好训练的员工应该具备的基本素质包括知识和能力、礼貌、诚信、可靠、集体感、反应敏锐以及善于交流等。例如,一直以来,在"东京—夏威夷"这条航线上,日本航空公司与美国联合航空公司之间的竞争激烈。美国联合航空公司的规模、实力与硬件等都超一流,具有很强的竞争力。但是,日本航空公司最终以贯穿"入关—空中—出关"全过程的优良服务赢得了顾客的赞美与肯定。选择过这条航线上的日本航空公司服务的旅客,一般不会再选择其他航空公司。可以看出,日本航空公司成功的关键在于高素质员工队伍使其具备了强大的竞争优势。

(四)形象差异化

通常,差别化形象的主要维度有知名度、美誉度、信誉度以及特色度等。对于采取形象差异化的企业来说,其所要做的就是激发创造性思维,进行创造性设计,并采用各种传播手段进行持续不断的传播。例如,麦当劳就是实行形象差异化定位的成功代表。金色"M"标识不仅与其独特的企业文化相融合,而且使得消费者无论在美国的纽约、日本的东京还是中国的北京,只要看到该标识,就会立刻联想到其整洁的就餐环境、热情优质的服务及美味可口的汉堡包和薯条等。不过,无论企业采取何种差异化,目标市场的需求都是需要加以考虑并给予特别关注的。例如,联合利华公司开发了许多洗发水品牌来满足多样化的目标市场需求,力士、夏士莲和清扬等洗发水品牌都属于联合利华。

表 5-3 列出了四种差异化类型的侧重点。

表 5-3 四种差异化类型的侧重点

差异化类型	差异化的侧重点
产品差异化	产品差异化可以采用以下几种方式实现:通过产品价格差异定位中高低档产品、通过技术差异体现不同用途、通过功能差异增加产品的延伸功能、通过文化差异体现不同价值等
服务差异化	服务差异化可以通过将无形服务转化成有形的产品、为顾客提供定制化的服务、定期对服务人员进行培训、提高管理水平等方式实现

续表

差异化类型	差异化的侧重点
人员差异化	人员差异化可以通过聘用或者培养比竞争对手更优秀的人员、定期开展专业的知识培训、满足员工对知识的需求等方式来实现
形象差异化	形象差异化可以通过设计易于记忆和传播的品牌形象或者品牌宣传语等方式来实现

二、市场定位的典型过程

市场定位是一种工具，其目的在于为顾客创造良好的顾客体验。对于任何管理者而言，市场定位都是一个非常艰辛的战略过程，是对其创新能力和市场洞察力的一种严峻考验。例如，安朴酒店将自己定位成为高端商务人士提供住宿服务的高星级精品商务酒店，致力于通过提升顾客体验来创造自己的核心竞争力。相较于一些酒店平台推出的分时预订策略，安朴酒店本着自身高星级精品商务酒店的定位，将注意力集中于提高全日租客人的体验上，故其承诺现在和将来都不会推出分时预订政策。

市场定位过程通常包括以下三个关键步骤。

(一)选择定位概念

为了在既定的目标市场使特定的产品实现有效的市场定位，营销人员首先要确定目标市场最看重的特征是什么。然后，营销人员需要进行定位研究，深入剖析差异点、品类共同点和竞争共同点，以了解目标市场上的顾客在各项重要属性方面是如何对本企业的某种产品和竞争对手的相应产品进行评价的。在实践中，营销人员可以把这一研究结果绘制在一张感知图上，即按照反映各种特征或属性(或利益)的不同维度，把各种品牌或产品的相对位置在坐标系中描绘出来。图 5-5 展示了有关牛仔裤的一个虚拟感知图。例如，顾客认为 CK 比 Gap 昂贵，但舒适度不如 Gap；Wrangler 耐穿，但地位较低。图 5-5 表明了以合理的价格提供舒适和耐穿的牛仔裤将面临来自其他品牌最少的竞争。因此，如果有足够大的细分市场规模，瞄准未被占领的区域是一个有吸引力的选择。

(二)识别和设计能够有效传递独特定位的维度或属性

有效传递定位的方式很多，包括通过品牌名称、口号、外形或产品的其他特征以及产品出售的地点、员工的仪表等传递。企业必须明确，某些特征可能比其他特征更为有效。而且，千万不能忽视细节，这一点十分重要。在具体实践中，有关独特维度或属性的识别与设计最好能够同时满足以下标准。

(1) 相关性，即目标顾客必须意识到企业定位的差异点与自己高度相关且十分重要。

(2) 可行性，即产品设计和最终在市场上提供的一整套解决方案必须足以支持所期望的联想属性或利益。在此过程中，营销人员必须搞清，传递某种期望的联想属性或利益需要产品本身作出真正的改变，还是只需要顾客对该种产品的感知作出改变。如果是前者，需要根据所期望的属性，对产品进行彻底的改造。如果是后者，则必须深入思考如何才能有效地影响并改变目标顾客的感知。

(3) 区别性，即必须让目标顾客意识到该差异点是独特且优越的。

(4) 沟通性，即必须使顾客就为什么产品能够传递所期望的利益这一问题得到一个让人十分信服的答案，并明确如何有效地传递所期望的利益。为此，营销人员必须清楚到底哪些真实的、可证实的依据或者"支撑点"能够保证顾客真正相信产品及其联想利益。

(5) 可信度，即必须使目标顾客实实在在地感知到差异点是可信的、可靠的。

(6) 持久性，即必须充分承诺并愿意投入足够的资源，以建立一个持久定位。换句话说，构成差异点的独特属性或利益必须在相当长的一段时间里对顾客具有强大的吸引力。

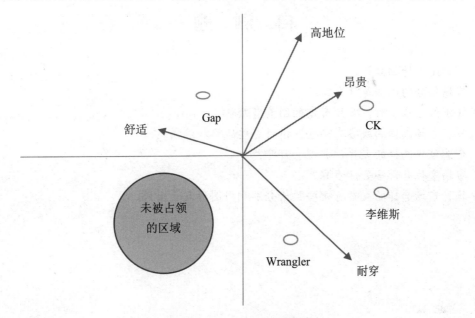

图 5-5　虚拟牛仔裤的感知图

(三)协调营销组合要素以传递一致的定位

即使只有一个或两个维度构成了定位的传递者，营销组合要素——产品、价格、促销和分销也应该与期望的定位相匹配。例如，像兰蔻这样的高端护肤品牌，除去产品本身的高质量以外，其精致的包装、高档的产品展示柜台、著名的产品代言人等都在向消费者传递一致的高端品牌信息。在实践中，许多产品之所以失败就是因为定位不一致给消费者带来了某种程度的混淆。

本 章 小 结

本章全面分析了市场细分的概念、产生、依据、程序和步骤以及市场细分的有效性等，并从大众化营销阶段到产品差异化营销阶段再到目标营销阶段和定制化营销阶段追溯了市场细分的产生以及营销观念上发生的根本性变革。本章还分别介绍了消费者和组织两大市场的市场细分依据，例如：消费者市场可以依据地理、人口、心理、行为等因素进行划分，而地理、人口、心理、行为等细分变量还可以进一步细分。在此基础上，详细地论述了如何评价细分市场，并且从市场规模、市场增长潜力、市场结构以及公司目标和资源四个方面加以论述。不仅如此，本章还介绍了市场集中化、产品专业化、市场专业化、选择专业化、市场全面化五种目标市场选择策略，以及无差异营销战略、差异化营销战略、集中营销战略、微观营销战略等四大目标市场选择战略相关知识。然后，介绍了市场定位的相关知识，并利用产品差异化、服务差异化、人员差异化、形象差异化等战略详细介绍市场定位的核心要素，同时阐述了市场定位的典型过程。

自 测 题

1. 什么是市场细分？
2. 市场细分的依据是什么？
3. 评价细分市场时，必须考虑的因素有哪些？
4. 目标市场选择的战略有哪些？请对这些战略加以描述。
5. 企业可供选择的差异化类型有哪些？
6. 市场定位有哪些关键步骤？
7. 目标市场选择的策略有哪些？请分别利用图形表示出来。

第六章 消费者市场与消费者购买行为

【学习要点及目标】通过对本章内容的学习，使学生掌握影响消费者购买行为的因素；消费者购买类型的营销策略；消费者购买决策过程及相应的营销策略。

【关键概念】消费者市场(consumer market)　消费者购买行为(consumer buyer behavior)

【引导案例】

> 吉列公司通过给顾客赠送刀具而留住顾客，因为这将促使顾客长年累月地购买吉列刀片。19世纪70年代，当Bic公司在欧洲推出一次性剃须刀并很快占领了市场时，吉列却忘记了留住顾客的方法。它抢在Bic公司前面，在美国推出一次性剃须刀，同时利用购物优待券、价格刺激零售打折等手段来推销新产品，开发新顾客。虽保住了市场，却损失了利润。1974—1980年赢利情况令人失望。公司营销人员意识到这是由于在价格上做文章而使顾客流失，利润下降，于是决定回到以留住顾客为出发点制定营销战略。当公司投资几千万美元研制出新式剃须刀时，改变营销策略，将以往用在优惠销售上的营销费用在媒体广告上以树立品牌形象。活动目标是吸引年轻男子花较少的钱试用新产品，同时留住老顾客。实践证明，这次开发的Sensor刀片的营销获得了成功，成为其20世纪90年代留住顾客的营销典范之一。
>
> 相比之下，通用公司著名的品牌——奥兹莫比尔在1980年所针对顾客为50岁上下的人，后来对生产线进行彻底革新，新款的奥兹莫比尔车体豪华，外形醒目，吸引30岁左右的富裕阶层。但新顾客未吸引到，老顾客在困惑不解中也不再买这种牌子的汽车。奥兹莫尔比的市场占有率在5年内从11%降至5%。
>
> (资料来源：作者自己整理.)

第一节　消费者市场和消费者行为模型

消费者市场又称最终消费者市场，是指为满足自身需要而购买的一切个人和家庭构成的市场。

一、消费者市场的特点

(一)人多面广

购买者不仅人数众多，而且地域分布广，从城市到乡村，从国外到国内，几乎覆盖了社会生活中每一个人，不论他在具体购买中扮演的什么角色，是直接决策还是仅仅参与消费，都属于消费者。

(二)需求复杂

不同的年龄、性别和习惯,消费者会有各自的喜好与要求,而且常常发生变化。由于人们的想法各异,需求的差异性很大,导致购买的产品花色多样、品种复杂。

(三)购买频繁

由于购买的目的和家庭条件、消费习惯等因素的影响,消费者每次购买的数量较少,但次数频繁。

(四)产品的专用性不强,需求弹性大

消费者市场产品种类繁多,品种、规格复杂,相互之间有较强的替代性,购买受价格影响明显。价格上涨,超过消费者心理承受能力,需求量可能大大减少;反之,产品降价,购买量一般会有上升,销售量就会增加。

(五)购买易受情绪影响,容易冲动性消费

很多时候消费者缺乏专业的,甚至是必要的商品知识、价格知识和市场知识,购买行为容易受到个人情绪的影响,根据个人的好恶和感觉作出购买决策。当面对打折促销、商场活动时,消费者容易作出冲动性购买行为。

(六)购买的多样化

消费品种繁多,消费者往往在不同品牌甚至不同品种之间不断地比较和选择。多样化的消费者会在很大程度上影响消费者对不同产品、服务、品牌或企业的选择。

二、消费者行为模型

消费者每天都会作出大量的购买决策,这表现为一个投入和产出的过程。他们一方面接受各种外部刺激;另一方面作出相应的购买反应。图 6-1 描述了营销刺激和其他刺激进入消费者"黑箱"后产生某些反应的过程。营销人员可以通过研究消费者的实际购买行为了解他们买什么、为什么买、有谁买、何时买、何地买和买多少,但是要了解购买的原因,即"为什么买"就没有那么容易了。营销人员需要打开购买者的"黑箱"才能了解深藏在消费者内心的购买原因。

(一)刺激

刺激主要是指消费者购买行为中的投入因素,一般包括营销刺激和其他刺激。营销刺激由 4P 构成:产品(product)、价格(price)、渠道(place)和促销(promotion);其他刺激包括消费者所处环境中一些重要的外部力量和事件,包括经济、科学技术、社会和文化因素等。

(二)购买者黑箱

购买者黑箱主要指消费者心理和消费者特征。消费者心理一般包括动机、感知、学习和态度,是指消费者面对刺激所产生的心理过程,从根本上影响消费者对刺激所产生的反

应。消费者的购买决策还会受到其个人特征的影响，如年龄、性别、价值观、生活方式和自我概念等，这些消费者特征因素会影响人们在购买过程中对不同事物的认识和情绪、意志等心理活动，制约他们的反应倾向。

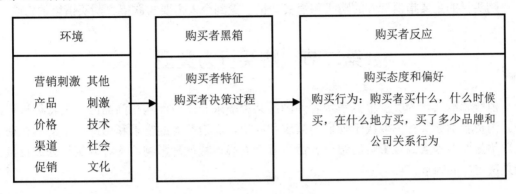

图 6-1　消费者行为模型

(三)购买者反应

接收到环境中存在的各种刺激后，消费者最终会作出一定反应，例如购买态度、产品偏好、品牌参与和品牌关系，以及他们购买了什么、购买时间、地点和多少等。消费者的反应主要体现在以下六个方面。

1. 由谁购买(whom)——购买组织

消费者市场人多面广，人人都可以是"消费者"，但未必都是购买决定者、执行者。无论以家庭还是个人为基本消费单位，购买过程都大抵如此。

2. 购买什么(what)——购买对象

购买对象受制于具体需求，是人们满足欲望的实质内容。通常可区分为便利品、选择品或特殊品、耐用品或非耐用品(快速消费品)、物品(有形产品)或服务(无形产品)等，以便企业考虑不同的营销方式和措施。

3. 何时购买(when)——关于购买时机的选择

消费者可以选择在有需要的时候购买，也可以选择提前购买囤货，以备后续使用。

4. 何地购买(where)——关于购买的地点与场合

过去消费者常常选择实体店铺进行购买，如日常必需的一般生活用品就近购买，选择性较强的物品多在商业街、购物中心等地购买。现如今，随着互联网的普及和电子商务、物流快递行业的发展，网上商品种类日渐繁多，消费者更愿意上网购买日常所需。实体店铺当今只是购物场合的一种选择，常常以为顾客提供体验为主。对于许多的网络使用者，在线购物甚至成了一种生活方式。

5. 如何购买(how)——购买方式

购买方式包括具体的购买类型、付款方式等，如现金支付、信用卡支付、手机银行支

付和支付宝、微信转账等。

6. 为何购买(why)——购买目的

购买目的主要指消费者的购买和消费动机，受到个人需要与欲望、购买情境的影响。

第二节 购买行为类型

消费者购买行为类型根据消费者为满足某种需求和欲望而购买商品的行为特征进行划分。消费者的购买行为取决于他们的需求和欲望，而消费者的需求和由此产生的购买动机或欲望是许多因素综合影响的结果。消费者个人心理特征是影响消费者购买行为最直接、最具决定性的因素。

一、复杂型购买行为

复杂型购买行为主要指购买那些贵重、风险系数高、意义重大又不经常购买的产品，此时消费者的购买介入度很高。如果品牌多且差异大，购买行为就会变得更加复杂。消费者可能对整个产品种类都缺乏了解，甚至依据什么进行选择都不清楚。

针对这一购买的类型，营销者需要掌握人们如何"学习"及其归类，已制定相应的营销策略，采取有效措施帮助消费者了解产品性能及其相对重要性，并介绍产品优势及其带给购买者带来的利益，从而影响购买者的最终选择。

二、协调型购买行为

面对琳琅满目、形形色色的产品，消费者需要在众多商品中选择一个进行购买。消费者在购买后容易察觉到"考虑不周全"，感到后悔，甚至产生不满情绪。在随后的消费和使用中，消费者会努力去了解更多的信息，寻找种种理由以减轻心理上的不平衡，以证明自己的购买行为正确。

针对这种购买行为类型，营销者应注意运用价格策略和人员推销策略，选择最佳销售地点，并向消费者提供有关产品评价的信息，使其在购买后相信自己作出正确的选择。

三、变换型购买行为

变换型购买行为是指消费者不愿花长时间来选择和评估，不断变换品牌的类型。消费者这样做并不是因为对产品的不满意，而是为了寻求多样化。针对这种购买行为类型，市场营销者可采取促销和占据有利货架位置等办法保障供应，鼓励消费者购买。

四、习惯型购买行为

习惯型购买是指消费者往往喜欢购买价格低廉、频繁使用、品牌差异性小、不需要花太多时间考虑的产品。这类产品主要是一些生活中经常用到的商品，如卫生纸、牙膏、矿泉水等。针对这种购买行为类型,市场营销者可以采取以下措施刺激消费:利用价格与销售促进吸引消费者使用;投放大量重复性广告,加深消费者印象;增加购买参与程度和品牌差异。

第三节　影响消费者行为的因素

作为个体以及社会成员,消费者的生活方式、购买行为和消费方式会受到多种因素的影响,这些因素主要包括文化因素、社会因素、个人因素、心理因素和政治因素,研究影响消费者购买决策的因素有助于解释消费者群体的行为,帮助市场营销人员根据不同的情境采取不同的对策。

如图6-2所示消费者的购买行为主要受到文化、社会、个人和心理因素,以及政治因素的影响。

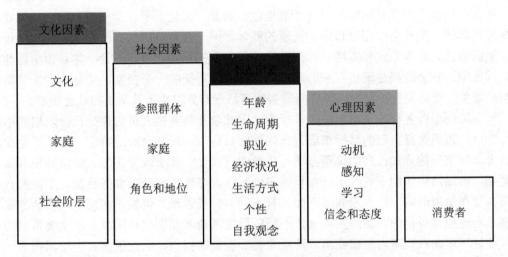

图6-2　影响消费者行为的主要因素

一、文化因素

(一)文化与亚文化

文化是指有助于社会成员之间进行交流、解释和评价的一系列价值观、理念、人工制品及其他有意义的符号。文化会对个体为何购物、如何购物、如何消费产品和服务产生影响,不仅影响人们购买的商品种类,还影响消费结构、个体的消费决策以及与社会的交流沟通。文化一般由两部分组成,一是全体社会成员共同的核心文化,二是具有不同价值观、生活方式以及风俗习惯的亚文化。

把握核心文化是理解消费者行为学的基础。文化相关的品牌是指那些与目标市场的核心文化产生共鸣的品牌,这些品牌不仅深深地印在消费者的脑海中,还能触动其内心深处。因此,建立在核心文化基础上的品牌能把消费者和品牌的关系从理性的"喜欢"上升到感性的"热爱"的高度。

亚文化群是指存在于一个较大社会群体中的一些较小群体所特有的语言、价值观念信念，以及风俗习惯方面的不同，例如民族、宗教、种族、地域等。在同一个亚文化群中的人们必然有某些相似的特点，以区别其他的亚文化群。熟悉目标市场的亚文化特点，有助于企业制定相应的营销策略。

企业和市场营销人员必须加强对文化的研究，文化渗透于产品的设计、定价、质量、款式、种类、包装等整个营销活动中，企业必须不断调整自己的营销活动，使之适应国际市场的文化需求，并对消费行为进行跨文化分析，从而真正把握不同文化背景下消费者的需求以及行为发展趋势。例如，美妆品牌花西子在成立之初，经历了一年多的文化挖掘，深度地挖掘中国人所熟知的文化符号，将民族文化元素和产品研发融合，将眉笔与古代爱情故事"张敞画眉"联系起来，同心锁口红制作成为中国锁的模样，成功地确立了自己充满中国文化韵味的品牌定位。

(二)社会阶层

社会阶层是指由具有相似的社会经济地位、利益、文化水平、价值倾向和兴趣爱好的人组成的集团，是社会中相对稳定和同质的群体。同一社会阶层的人往往有着共同的价值观、生活方式、思维方式和生活目标，并影响着他们的购买决策。不管个体是否清楚他们的共同处境，社会阶层是确实存在的，可以作为统计特征的一个类别，实际上市场营销研究也经常关注阶层变量，因为消费者能购买的商品一部分取决于其所属的社会阶层。

社会阶层会以各种方式影响消费者行为，因此企业和营销人员应根据社会阶层对市场进行细分，进而选择自己的目标市场。正确理解目标市场的社会阶层特征，有助于企业制定适合目标市场偏好和行为的营销方案。当前中国社会正处于政治转型、经济转型和文化转型期，市场经济体制下的阶层分布呈现出同质性、多维性和动态性等特征，不同的社会阶层内部在价值取向，行为取向等方面又有不同的特征表现。例如，在住宅、服装和家具等能显示地位与身份的产品的购买上，不同阶层的消费者差别比较明显。上层消费者的住宅区往往环境幽雅，室内装修豪华，购买家具和服装的档次、品位很高；中层消费者一般有很多存款，住宅也相当好，但相当数量的人对装修可能不是很讲究，服装、家具数量不少，高档的可能不多；底层消费者住宅环境一般较差，衣服和家具的投资较少。然而，底层消费者中的部分人员对生产食品、日常用品和某些耐用品的企业仍是颇有吸引力的。

二、社会因素

(一)参考群体

每个人几乎有意或者无意地属于某一个群体。根据西方学者的观点，群体至少包含两个人，群体具有共同的需要或者目标。参考群体是指任何对其他个体行为能够产生重要影响的个人和群体，这一群体的价值观、态度、行为和准则会影响其他个体的评价、行为和欲望。参考群体并不一定与消费者个人有直接接触，凡是有直接或间接影响力的个人或团体都是参考群体。参考群体包括由家庭、朋友、邻居、同事等构成的主要群体和由宗教组织、专业组织和同业公会等构成的次要群体，以及由名人、明星等构成的期待群体。由于消费者经常会参考其他人的意见来支持其决策并提高其行动的可靠性，所以在其作出任何一个购买决策之前,经常会征求参考群体的意见,而不同的参考群体影响个体消费者的方式和程度会有所不同。

参考群体为消费者展示各种可供参考、选择的生活方式和消费风格。它引发群体成员的仿效心理,甚至直接影响他们的态度,尤其是形成一种内部的压力,迫使成员之间行为逐渐一致。一个参考群体的凝聚力越强,内部信息流动就越通畅,对成员的影响也越大。传统的口碑传播局限于家庭、朋友、熟人和同事等生活圈子和工作圈子,传播的范围和效率非常有限,传播的方式是一种点对点的同步线性传播方式。随着互联网和社交媒体的发展,与企业广告、企业网站相比,虚拟社区作为一种虚拟群体,是对消费者具有明显影响力的参考群体。虚拟社区通过成员间的互动产生口碑传播,对消费者的消费行为可以产生直接影响。

消费者认同和欣赏的参考群体所传递的信息会加强其对所选择的产品和零售商的信任度,同时也会激励其对新产品的尝试和采用。因此企业可以通过开展意见领袖营销来施加对个体的影响,即把受人信赖的参考群体作为消费者购买和使用产品的信息来源,在这个过程中,参考群体的可信度越高,对他人产生的影响就越大。

(二)家庭

家庭是消费者个人所归属的最基本团体,家庭的类型可以分为核心家庭和扩展家庭,其中核心家庭是指由住在一起的父亲、母亲和孩子所组成的近亲群体,扩展家庭是由核心家庭再加上诸如爷爷奶奶、叔叔阿姨之类的其他亲属,而不同的家庭成员在产品购买、消费等方面所产生的影响不同。一个家庭不是固定不变的,家庭会经历一系列随着时间推移而发生变化的阶段,历史上把这一过程称为家庭生命周期,传统的家庭生命周期将家庭模式描述为个体离家独立生活、结婚、生育、失去配偶以及退休等阶段。消费者的行为深受家庭生命周期的影响,每一个生命周期阶段都有不同的购买或行为形态。因此,商家在制定产品的营销战略时可以使用关于家庭生命周期的描述特征来分析消费者的需求,找出目标市场,从而制定针对特定消费者的有效营销战略。

中国居民的家庭消费结构也在逐年发生变化。十年前,家电还是普通中国家庭消费的顶流产品。2019年开始,国产智能手机市场份额不断扩大,电脑、手机等数码产品蓄力爆发,以大比例优势取代曾经独霸天下的家电,一举拿下中国家庭消费榜霸主的位置。时间丈量着中国经济的发展速度,也见证了城乡居民收入的增长和消费结构的变化。

(三)社会角色与地位

社会角色和地位的不同会导致人们产生不同的行为,例如公司总裁会开豪车、穿着昂贵,而公司中层领导则会体现自己精干的一面,穿高跟鞋、职业套装等,个体在不同的场合、扮演不同的角色,所对应的形象也略有不同。作为企业,也需要找到自身的产品在对应人群中扮演的角色,明确产品要给对方带来怎样的感受,对方使用产品的最终目的是什么。

商家应对目标市场的消费群体进行分析,明确产品对于消费者的意义和价值,从而有针对性地制定营销策略。

三、个人因素

(一)年龄与生命周期阶段

人在一生中会购买各种各样的商品、服务，并且不同年龄阶段的人的需求各有不同。随着年龄的增长，也会依次度过生命中几个重要的节点，如升学、入职上班、结婚、生子，相应的节点对相关商品及服务的需求也不一样。因此，了解不同地区人口年龄分布的变化情况及其对消费者行为的影响，有助于企业深刻理解消费者今后将购买和消费何种类型的产品和服务及其相关行为、态度和意见。

(二)职业

职业同样会影响个体的消费行为。不同的职业主要的购买需求不同，例如，工人会购买工作服、工作鞋，公司高层领导会购买礼服套装、商务机票等。此外，不同的职业的消费能力受经济环境的影响不同。以金融行业为例，金融行业与其他行业相比较容易受到经济环境的影响，当经济环境较差时，金融从业者的收入会明显下降，进而导致消费能力降低，但与此同时，具有稳定收入的国企员工的消费水平不会有太大变化。

(三)经济状况

经济状况包括个人可支配的收入、存款和资产、负债等。个人的经济状况对消费行为有很大的影响，例如经济状况较好的消费者在服务、旅游和投资上的支出要高于经济状况较差的消费者。在进行消费者行为学的研究时，研究者经常会关注个体的经济变量，使用经济状况来细分消费者，因为经济状况直接决定了个体的消费能力和消费水平，还会影响消费者的消费信心，即消费者对未来的预期。

(四)生活方式

生活方式是一个概括性的概念，可定义为人们生活、消费时间和花钱的模式，反映了一个人的活动、兴趣和观念。生活方式不同，消费偏好和追求也会不同。个人的价值观比较持久稳定，但生活方式会随着环境的变化而随时调整，因此企业需要追踪目标市场生活方式的发展趋势，从而使自身的营销策略与时俱进。同时，企业可以通过消费心理分析法来更好地理解其核心客户的生活方式，并设计适合各种生活方式特征的营销方案。

(五)个性及自我观念

个性是指对环境刺激的一致反映，是个体对环境作出一致反映的心理特征。个性同样会影响个体的消费行为，例如，在空闲时有的人选择看电影，有的人会选择去购物，传统研究将这些差异归因于个性不同。品牌也同样具有人格化的个性特征，有些广告会激发消费者购买和拥有产品的意愿，消费者倾向于购买与自己个性相符的品牌，或者自己理想形象中的自我个性品牌。

自我概念是一个人定义自我的方式，是指人们对自己所拥有的特点的信念。是内心中关于自己是一个怎样的人，应该成为怎样的人的指针。总之，自我概念回到了"我是谁"

这一经典问题。人们对"我是谁"的看法会影响他们的消费行为,反过来人们的行为也会被看作反映自身特质的"自我信号"。例如,依据自我信号理论(signal theory),消费者会通过观察"我购买了什么商品"或者"我使用了什么服务"来推论"我是怎样的一个人"。喜欢穿着红色运动服的运动员往往会表现得更加激进,喜欢穿着正装的人认为自己更有教养、更谨慎,而不喜欢穿正装的人则认为自己更宽容、更随和。

四、心理因素

(一)动机和需要

1. 需要

心理学研究表明,人的需要是由于人们自身缺乏某种生理或心理因素而产生的与周围环境的某种不平衡的状态,人们的需要确定了行为的目标。因此,需要(needs)是推动人们活动的内在驱动力。人们的需要在生理上和精神上具有广泛性和多样性。著名心理学家马斯洛提出了"需要层次理论",他依据需要的重要性及其发生的一般顺序,将需要分为五个层次,如图6-3所示。

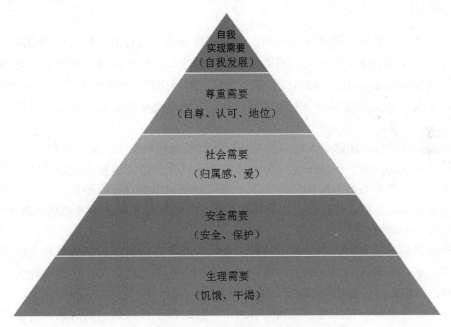

图6-3 马斯洛需要层次理论

(1) 生理需要。人们对必不可少的基本生存条件的需要,如食以充饥、衣以御寒。必须具备最低限度的保障,人作为生物体才能存活。

(2) 安全需要。在生理需要获得满足之后,人们会产生并追求生理和心理上免受伤害、获得保护、照顾等的需要,即人身、心理安全等的要求。例如身体的健康、财物的安全、生活的安定、职业的保障等。

(3) 社会需要。在安全需要获得满足之后,人们追求情感和归属方面的需要,即能被社会、群体接受和重视。这种需要一旦强烈,一个人会积极与他人联络感情,努力建立各

种的社会关系。

(4) 尊重需要。获得情感需要之后，人们会希望其个人的能力、成就等得到社会的认可，获得相应的荣誉和地位。马斯洛认为，满足尊重需要能使人对自己更有信心，对社会充满热情，体验到活着的意义和价值。

(5) 自我实现需要。自我实现学院被看作是最高层次的需要，此时，人们追求实现理想和抱负的需要更加强烈，渴望充分发挥潜能，成就一番事业。

在马斯洛需要层次理论中，人的需要是由低级向高级发展的，只有满足了低层次的需要，才能产生更高层次的需要。每个人的行为动机会受到不同需要支配，已经满足的需要不再具有激励作用，只有未满足的需要才具有激励作用。

2. 动机

动机(motive)也是一种需要，它促使人们去寻求满足。动机和行为有直接的因果关系，动机导致行为，消费者行为的直接原因是消费动机。许多企业聘请大量的心理学家、人类学家和其他社会科学家进行动机研究。通过访问、催眠、梦疗法，或者用柔和的灯光和情调化的音乐，来探究消费者购买某些产品的深层次心理原因。

(二)感知

个人的行为受其对情景感知的影响。我们依靠自己的感官来了解身边的信息，分别是视觉、听觉、嗅觉、味觉和触觉。然而，每个人接收、组织和解释这些感官信息的方式各不相同。感知(perception)是人们通过收集、整理并解释信息，形成有意义的世界观的过程。但是，由于人们感觉到的事物并不都会形成知觉，所以现实中知觉是有选择性的，具体表现在以下三个方面。

(1) 选择性注意。注意是人的心理对一定事物的指向和集中。通常人们感觉到的事物，只有少数可能引起注意并形成知觉，多数会被有选择地忽略，这种心理现象便是选择性注意。例如，一个在专心致志思考问题的人，就可能对周围事物视而不见，听而不闻；一个消费者正准备购买手机，就会特别容易注意手机广告或其他来源的相关信息，对平板电脑、数码相机等广告却没有深刻的印象。

企业和营销人员必须善于突破选择性注意的屏障，以有效地对消费者行为施加影响。一般来说，那些与最近的需要相关的事物或者人们正在等待的信息，以及变动大于正常、出乎意料的情况，容易引起注意并形成知觉。

(2) 选择性曲解。人们对注意到的事物，往往习惯于按照自己的意愿、逻辑解释。具体来说，如何"曲解"取决于个人经历、偏好、当时的情绪和情境等。

(3) 选择性记忆。记忆是心理活动中又一重要的现象，是人们感知过程中形成的对事物的反映在其神经组织中留下的某种痕迹。在生活中，人们的确容易忘掉大多数的信息，但却能记住与自己态度、信念一致的内容，这就是选择性记忆的结果。

由于选择性注意、选择性曲解和选择性记忆这三种认知过程的存在，人们对同样的刺激因素可能会产生不同的感知。总而言之，感知是指人们通过对感觉器官对商品个别属性或整体的认知。消费者对商品的感觉与知觉、记忆与思维构成了对商品的认知。感知受到各种主客观因素的影响。其中，消费者自身的兴趣爱好、个性、对品牌的偏爱以及自我形象是感知的先决条件；产品形象、企业形象及其吸引力是感知的基本条件；广告宣传、营销人员的行为，则是促成消费者对商品感知的关键因素。市场营销人员应该随时洞察消费者心理活动，利用广告宣传、人员推销等手段，引起消费者对产品的关心和注意，诱发欲望和需求，促成消费者的购买行为。

(三)学习

学习(learning)是指由经验而引起的个人行为上的改变。学习理论学家认为人类的大多数行为都是通过学习得来的。人类除了饥、渴、性等本能驱动力支配的行为外，其他行为都是通过学习而产生的。驱动(drive)是一种激发行动的强烈的内部刺激。当驱动直接指向某种具体的刺激目标时，它就变成一种动机。例如，消费者自我实现的驱动可能促使他们购买可以提升自我的产品，如参加培训、夏令营等。

消费者的学习是消费者在购买和使用商品活动中不断获得知识、经验和技能，不断完善其购买行为的过程。学习对于更好地指导、促进、提高消费者的购买行为，具有十分重要的作用，主要体现在：增加消费者的产品知识，丰富购买经验；进一步提高消费者的购买能力，促进购买行为的完成；帮助激发消费者的重复购买行为。

(四)信念和态度

通过实践和学习，人们获得信念和态度。信念(belief)是个人对事物持有的具体看法。信念可能建立在现实的知识、观念或信仰之上，可能夹带着情感因素。营销人员对人们形成的关于特定商品和服务的信念感兴趣，因为这些信念构成了产品和品牌的形象，进而影响人们的购买行为。如果存在某些阻碍购买行为的错误信念，营销人员就需要开展宣传活动来予以纠正。

消费者的态度(attitude)是指消费者在购买或使用商品的过程中对商品或服务及其有关事务形成的反应倾向，即对商品的好坏、肯定与否定的情感倾向。消费者若持肯定态度，则会推动其完成购买行为；若持否定态度，则会阻碍甚至中断其购买行为。消费者对商品持不信任态度，就会很难导致购买行为，只有通过各种方式消除消费者的怀疑、不信任，改变消费者态度，才会引起消费者的购买欲望，导致购买行为。影响消费者态度转变的主要因素有价值观念、经验、个性等内在因素，以及信息、广告宣传、消费者之间的相互影响、群体压力等外界因素。消费者的态度是很难改变的，要改变一种态度可能需要对其他态度做出改变。因此，一家公司应该将自己的产品同现存的态度相结合，而不是试图改变态度。

五、政治因素

(一)政治制度

政治制度是指一个国家或地区的政权组织形式和所奉行的根本性的社会政治制度，它对消费者的消费方式、内容、行为具有很大的影响。一个国家和地区所奉行的社会政治制度，对消费者的消费方式、内容、行为有很大影响。我国是社会主义制度的国家，商品的生产和交换要符合社会主义的政治、文化和道德准则。某些资本主义制度的国家允许生产

或销售的商品,在我国就不允许生产和销售。例如,在美国,公民可以到商店购买枪支,而在我国就不允许私人购买枪支。政治制度必然对消费者的购买行为产生重要的影响。世界各国的政治制度纷繁复杂,所以,对其消费者的购买行为也有各种不同的规范与约束。所以,政治制度对市场购买活动的影响是客观存在的,对消费者的购买行为有不可忽视的影响。

(二)国家政策

国家政策也是影响人们消费行为的重要政治因素。国家政策具体表现为当下国家提倡什么、反对什么,国家以政策形式对消费者行为进行规范。国家的消费政策一方面反映了政府的偏好;另一方面也是调节宏观经济发展的需要,无论是在调节消费总量还是在引导消费方向、调节消费结构方面都起着非常重要的作用。例如,政府为了刺激消费,可以通过降低利率甚至对利息收入征收利息税的方法,鼓励人们减少储蓄,扩大消费。再如,政府为了促进住房商品化改革,对购买住宅采取低息贷款、购房款可抵扣所得税等一系列优惠政策,这对于调节人们的消费水平、消费结构都起到非常重要的作用。

2016年1月1日开始我国全面开放二孩政策,中国的生育政策进入了2.0时代。随着生育政策的变化,家庭消费也随之发生改变。中国家庭历来具有重视教育的传统,生育二孩后,父母可能会增加孩子的人力资本投入,使得家庭文化教育支出上升。此外,随着家庭中孩子数量的增多,家庭的住房需求上升,家庭可能增加居住消费,也可能会为买房而储蓄。

第四节 购买决策过程

消费者购买决策就是购买者基于满足自己需求的前提下,进行产品的搜索、抉择、消费、使用、评价和处理的活动流程。这是一个连续的过程,它受到消费者心理的支配,是消费者心理活动的外化表现,也受到消费者自身及其所处环境的影响。消费者购买决策过程由问题认知、信息搜集、评价选择、购买决策和购后行为五个阶段构成。

一、问题认知

购买过程从购买者确认某一个需要开始,也就是问题认知。这一问题认知的过程是需要唤醒的过程。消费者认识到自己有某种需要时,是其决策过程的开始,这种需要可能是由内在的生理活动引起的,例如,饥饿也可能是受到外界的某种刺激引起的,例如看到别人发布的美食图片。在内、外因的刺激下消费者意识到自己未被满足的需要,进而实施后续一系列的购买决策行为。

消费者问题认知的类型有以下两种。

(1) 主动型问题认知。消费者自己能意识到的问题。

(2) 被动型问题认知。消费者尚未意识到或需要在别人提醒之后才可能意识到的问题。

针对两种问题认知类型,营销人员需要采取不同的营销策略。针对主动型问题认知,由于消费者了解自己的需要和需求,只需要营销者向其说明产品的优越性即可。对于被动型问题认知，营销人员不仅要让消费者意识到问题的存在，而且还要让其相信商家所提供的产品或服务是解决该问题的有效方法。例如，消费者看到别人穿新潮服装，自己也想购买，这是主动型问题认知；而营销人员或别人对消费者的提醒，使其产生购买意识，则是被动型问题认知；因此，营销者应注意不失时机地采取适当措施，唤起和强化消费者的需要。

二、信息搜集

当消费者对某种产品感兴趣时，可能会搜集更多的信息。如果消费者的需要强烈，并已发现合乎要求的购买对象，购买能力又允许，他可能会立即购买。反之，消费者将暂时将这个需要记在心里，然后进行与之相关的信息搜集。消费者一般通过以下途径获得购买决策所需的信息。

(1) 个人来源，如家庭、亲友、邻居、同事等。这是信息来源中最有效的方式，实际上是消费者对产品的评估。

(2) 商业来源，如广告、推销员、分销商、包装、展览的方式等。该信息来源有自身的局限性，只能告知消费者产品信息。

(3) 公共来源，如大众传播媒体、消费者评审组织等。

(4) 经验来源，如操作、实验和使用产品的经验等。

三、评价选择

消费者得到的各种有关信息可能是重复的，甚至是互相矛盾的，因此还要依据自身偏好和目标对搜寻到的信息进行分析、评估和选择，这是决策过程中的决定性环节。

在消费者的评估选择过程中，消费者会呈现出以下特点。

(1) 消费者所考虑的首要问题是产品的性能。

(2) 不同消费者对产品的各种性能给予的重视程度不同，或评估标准不同。

(3) 多数消费者的评价选择过程是将实际产品与理想中的产品相比较。

四、购买决策

消费者根据评估结果产生购买意愿并进一步作出购买行为。在通常情况下，消费者会购买他们最喜欢的品牌，但有时也会受到以下两个因素的影响而改变购买决定。

(1) 他人的态度。反对态度愈强烈，或持反对态度者与购买者关系愈密切，修改购买意图的可能性就愈大。

(2) 意外的情况。如果发生了意外的情况，如失业、意外急需、涨价等，则很可能改变购买意图。消费者修改、推迟或取消某个购买决定，往往是受到已察觉风险的影响，察觉风险的大小由购买金额的大小、产品性能优劣程度以及购买者自信心强弱决定。

五、购后行为

消费者在完成购买行为后，根据产品和服务的实际体验及对预期的满足情况对整个购买行为作出评价。消费者将对商品的评价等信息，一方面进行记忆保存，产生购物心得，另一方面反馈给商家，优化商品质量。购后评价影响着消费者之后的购买态度和购买决策，主要包括以下两个方面。

（1）购后的满意程度。完成产品购买后，消费者会产生满意或者不满意的消费体验，并开始采取购后行为。当产品感知与消费者预期实现统一的时候，顾客就会感到满意，反之就会失望，如果能够超出预期，那么将会带给消费者十分愉悦的购物体验。

（2）购后的活动。购买后的满意程度决定了消费者的购后活动，决定了消费者是否重复购买该产品，决定了消费者对该品牌的态度，并且还会影响到其他消费者，从而产生连锁效应。

第五节　新产品购买决策过程

一、采用过程的各个阶段

新产品是指潜在消费者眼中新的产品、服务或观念、尽管有些产品可能已经在市场上存在一段时间了，但作为营销人员我们需要了解的是消费者怎样第一次了解新产品，并作出接受或拒绝的决策。

新产品购买决策过程也称作采用过程，是指个人初次知晓一项创新到最终采用的心理过程。消费者的新产品采用过程一般经历以下五个阶段。

（1）认知阶段。消费者知道了新产品，但缺乏相关信息。
（2）兴趣阶段。消费者开始寻找新产品的相关信息。
（3）评价阶段。消费者考虑是否试用该新产品。
（4）试用阶段。消费者少量试用新产品，以改善对该新产品价值的评价。
（5）采用阶段。消费者决定全面地或经常性地使用该新产品。

二、新产品采用者的分类

消费者尝试新产品的意愿有很大差异。根据新产品采用时间差异可以将新产品采用者分为五类，如图6-4所示。

（1）创新者。这类采用者约占全部潜在采用者的2.5%。创新者通常极富冒险精神，收入水平、社会地位和受教育程度较高，一般是年轻人。

（2）早期采用者。这类采用者约占全部潜在采用者的13.5%。他们大多是某个群体中具有很高威信的人，受到周围朋友的拥护和爱戴。这类采用者多在产品的介绍期和成长期采用新产品，并对后面的采用者影响较大。

（3）早期大众。这类采用者的采用时间较平均采用时间要早，约占全部潜在采用者的34%。这类采用者对舆论领袖的消费行为有较强的模仿心理，他们在购买时往往深思熟虑，态度谨慎。

（4）晚期大众。这类采用者的采用时间较平均采用时间稍晚，约占全部潜在采用者的34%。他们的信息多来自周围的同事或朋友，很少借助宣传媒体搜集所需要的信息，其受教育程度和收入状况相对较差。他们从不主动采用或接受新产品,直到多数人都采用且反映良好时才行动。

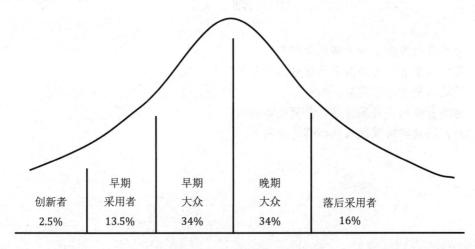

图 6-4　新产品采用者的分类

(5) 落后采用者。这类采用者是采用产品的落伍者,约占全部潜在采用者的16%。他们思想保守,拘泥于传统的消费行为模式。他们与其他的落后采用者关系密切,极少借助于宣传媒体,其社会地位和收入水平最低。他们在产品进入成熟期后期乃至进入衰退期时才会采用。

本 章 小 结

本章分五节详细阐述了消费者市场与消费者购买行为。第一节介绍了消费者市场的特点和消费者行为模型。一般来说,消费者市场具有人多面广,需求复杂,购买频繁,产品的专用性不强、需求弹性大,购买易受情绪影响、容易冲动性消费,购买的多样化六大特点。消费者行为模型主要包括三部分:刺激、购买者黑箱和购买者反应,其中刺激是消费者购买行为中的投入因素,购买者黑箱是指消费者面对刺激所产生的心理过程和个人特征,购买者反应是指消费者面对各种刺激所作出的一系列反应过程。第二节介绍了购买行为类型,主要包括复杂型购买行为、协调型购买行为、变换型购买行为和习惯型购买行为。第三节介绍了影响消费者行为的因素,主要有文化因素、社会因素、个人因素、心理因素和政治因素。第四节介绍了消费者购买决策过程,由问题识别、信息搜集、方案评价、购买决策和购后行为等阶段构成。在第五节中介绍了新产品购买决策过程也称采用过程,指个人初次知晓一项创新产品到最终采用产品的心理过程,该过程具体表现为:认知→兴趣→评价→试用→采用。消费者尝试新产品的意愿有很大差异。根据新产品采用时间差异可以将新产品采用者分为创新者、早期采用者、早期大众、晚期大众、落后采用者。

自 测 题

1. 消费者行为模型分为哪几个部分？
2. 影响消费者行为的因素具体分为哪几种？
3. 简述消费者购买类型。
4. 为消费者购买决策排序，并简述各阶段。
5. 新产品购买决策过程包括哪些阶段？

第七章 组织市场与购买者行为

【学习要点及目标】 通过对本章内容的学习，使学生掌握组织市场是由各种组织机构形成的对企业产品和劳务需求的总和；组织市场购买行为是指各类组织机构确定其对产品和服务的需要，并在可供选择的品牌与供应商之间进行识别、评价和挑选的决策过程。

【关键概念】 组织市场(organization market) 组织购买者行为(organizational buyer behavior)

【引导案例】

戴尔集团的购买者行为

戴尔采购员最主要的任务是寻找合适的供应商，并保证产品的产量、品质及价格方面在满足订单时，有利于戴尔公司。采购经理的位置很重要。戴尔的采购部门有很多职位设计是制订采购计划、预测采购需求，联络潜在的符合戴尔需要的供应商。因此，采购部门安排了较多的人。采购计划职位的作用是什么呢？就是尽量把问题在前端就解决。戴尔采购部门的主要工作是管理和整合零配件供应商，而不是把自己变成零配件的专家。戴尔有一些采购人员在做预测，确保需求与供应的平衡，在所有的问题从前端完成之后，戴尔在工厂这一阶段很少发生供应问题，只是按照订单计划生产高质量的产品就可以了。所以，戴尔通过完整的结构设置，来实现高效率的采购，通过完成用低库存来满足供应的连续性。戴尔认为，低库存并不等于供应会有问题，但它确实意味着运作的效率必须提高。

精确预测是保持较低库存水平的关键，既要保证充分的供应，又不能使库存太多，这在戴尔内部被称为没有剩余的货底。在 IT 行业，技术日新月异，产品更新换代非常快，厂商最基本的要求是要保证精确的产品过渡，不能有剩余的货底留下来。

戴尔要求采购部门做好精确预测，并把采购预测上升为购买层次进行考核，这是一个比较困难的事情，但必须精细化，必须落实。

"戴尔公司可以给你提供精确的订货信息、正确的订货信息及稳定的订单，"一位戴尔客户经理说，"条件是，你必须改变观念，要按戴尔的需求送货；要按订货量决定你的库存量；要用批量小，但频率高的方式送货；要能够做到随要随送，这样你和戴尔才有合作的基础。"事实上，在部件供应方面，戴尔利用自己的强势地位，通过互联网与全球各地优秀供应商保持着紧密的联系。这种"虚拟整合"的关系使供应商们可以从网上获取戴尔对零部件的需求信息，戴尔也能实时了解合作伙伴的供货和报价信息，并对生产进行调整，从而最大限度地实现供需平衡。给戴尔做配套，或者作为戴尔零部件的供应商，都要经过戴尔的严格考核。

(资料来源：作者自己整理)

第一节 组织市场

一、组织市场的含义与分类

组织市场一般是指购买商品或服务以用于生产性消费,以及转卖、出租,或用于其他非生活性消费的企业或社会团体。组织市场可以分为产业市场、转卖者市场和政府市场。

(一)产业市场

产业市场又叫生产者市场或企业市场,是指一切购买产品和服务并将之用于生产其他产品或劳务,以供销售、出租或供应给他人的个人和组织。通常由以下产业所组成:农业、林业、水产业、制造业、建筑业、通信服务业、公用事业、银行业、金融业和保险业、服务业等。

(二)转卖者市场

转卖者市场是指那些通过购买商品和劳务以转售或出租给他人获取利润为目的的个人和组织。一般来说,转卖者市场由各种批发商和零售商组成。批发商是指购买商品和劳务并将之转卖给零售商和其他商人以及产业用户、公共机关用户和商业用户的组织。零售商的主要业务则是把商品或劳务直接卖给消费者。

(三)政府市场

政府市场是指那些为执行政府的主要职能采购或租用商品的各级政府单位。大多数国家政府是产品和服务的主要购买者。由于各国政府通过税收、财政预算等手段,掌握了相当大一部分国民收入,所以形成了一个很大的政府市场。

二、组织市场的特点

(一)组织市场规模的特点

1. 规模大

通常组织市场的顾客数量较少,每个顾客每次交易的规模和价值相对比较大。由于购买金额较大,参与者较多,而且产品技术性能较为复杂,所以,组织购买行为过程将持续较长一段时间。同时组织市场的购买者往往集中在某些区域,以至于这些区域的业务用品购买量在全国市场中占据相当大的比重。显然每个顾客对于供应商都是十分重要的,如果失去任何一个顾客,这将严重地影响供应企业的销售额。在组织市场中,大客户一般都是很重要的,要设法与他们建立长期密切的关系,有时要有专门为大客户服务的营销队伍,进行多次长期的访问,从而赢取并维持客户的订单。

2. 复杂性

组织市场在总交易量、每笔交易的当事人数、客户经营活动的规模和多样性、生产阶段的数量和持续时间等方面具有复杂性。此外,组织市场的数量并不受其下游消费者市场数量的限制,因为有些组织不参加任何消费者市场。一些组织对消费者提供服务而不直接收取费用,如慈善机构、教堂、学会等,另外有些组织中则根本看不到消费者这一角色的作用,如军队。

(二)组织市场需求的特点

1. 派生性

组织市场通过一系列的增值阶段为消费者市场提供产品,所以对最终消费的需求是引发组织市场供给的最终力量。组织市场的需求是从组织市场到消费者市场间各增值阶段一系列需求的派生。例如,出版社用纸市场的需求取决于群众对书籍和杂志的需求。如果对于最终消费品需求疲软,那么对所有用以生产这些消费品的企业产品的需求也将下降。组织市场的供应商必须密切关注最终消费者的购买类型和影响他们的各种环境因素。

2. 缺乏弹性

组织市场对产品或服务的总需求量受价格波动影响较小。一般来说,原材料的价值越低或原材料成本在制成品成本中所占的比重越小,其需求弹性就越小。在短期内组织市场的需求弹性很小,因为任何组织很难随时对其生产方式或运营模式做许多变动。

(三)组织市场购买的特点

1. 采购人员专业性强

由于组织市场具有购买者数量少,购买规模大的特性,与消费者市场相比,通常影响组织购买决策的人较多。大多数组织市场有专门的采购委员会,其由技术专家、高层管理人员和一些相关人员组成。特别是在购买重要商品时,决策往往是由采购委员会中的成员共同做出。供应企业的营销人员不得不雇用一些受过精良训练、有专业知识和人际交往能力的销售代表和销售队伍,与经过专业训练、具有丰富专业知识的采购人员打交道。

2. 组织购买者权力大

由于专业性采购,且交易涉及的金额较大,组织购买者通常直接从生产厂商那里购买产品,而不经过中间商,那些技术复杂和价格昂贵的项目更是如此。同时,由于组织市场购买者处于谈判强有力的地位,可以让卖方作出让步,反过来购买自己的产品。有些情况下,购买者要求卖方反过来购买自己产品以确保订单的安全。许多组织购买者日益转向大设备租赁,以取代直接购买。

3. 实行租赁方式

在组织市场实行出租,承租人能得到一系列好处,如获得更多的可用资本,得到出租人最新的产品和优质的服务以及一些税收利益。出租人则最终将得到较多的净收益,并有机会将产品出售给那些无力支付全部货款的顾客。

第二节 组织购买者行为

一、组织购买者行为的含义

组织购买者行为是指各类组织机构确定其对产品和服务的需要,并在可供选择的品牌与供应商之间进行识别、评价和挑选的决策过程。

一般来说,组织购买者对不同的市场营销刺激会作出不同的反应。图7-1展示了一个组织购买者行为模型。在这个模型中,营销和其他刺激影响组织购买者的购买决策过程并引起购买者反应。为使组织购买者接触到这些刺激并产生对企业有利的购买反应,组织市场营销者必须理解在特定的营销刺激下,购买者组织中会发生什么,进而设计优秀的市场营销战略。

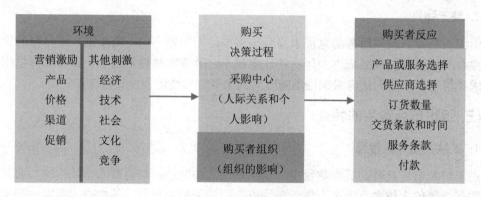

图7-1 组织购买者行为模型

在购买者组织内部,购买行为由两个主要部分构成:一是采购中心,由采购决策所涉及的所有人组成;二是采购决策过程。由图7-1可知,采购中心和采购决策过程既受到内部组织、人际关系和个人因素的影响,也受到外部因素的影响。

二、组织购买者行为的特征

(一)批量少、规模大

组织市场上的购买者比消费者市场上的购买者要少得多。例如,美国固特异轮胎公司的订单主要来自通用、福特、克莱斯勒三大汽车制造商,但当固特异公司出售更新的轮胎给消费者时,它就要面对全美国1.17亿汽车用户组成的巨大市场了。组织市场不仅购买者少而且购买次数也少,一家生产企业的主要设备要若干年购买一次,原材料与零配件大都签订长期合同,购买次数少就决定了每次采购量巨大,特别在生产比较集中的行业里更为明显。

(二)市场区域集中

由于资源和区位条件等原因,各种产业在地理位置的分布上具有相对的集聚性,所以组织市场的购买者往往在地域上也是相对集中的，例如，中国的重工产业大多集中在东北地区，石油化工企业云集在东北、华北以及西北的一些油田附近，金融保险业在上海相对集中，而广东、江苏、浙江等沿海地区集聚着大量轻纺和电子产品的加工企业，这种地理区域的集中性有助于降低产品的销售成本，也使得组织市场在地域上形成了相对的集中。

(三)人员销售为主

由于仅存在少数大批量购买的客户，企业营销部门往往倾向于通过人员销售而不是通过广告宣传其优惠政策，一个好的销售代理可以演示并说明不同产品的特性、用途以吸引买方的注意力。根据及时得到的反馈，立即调整原有的政策。当然这种快速反馈是不可能通过广告获得的。

(四)直接销售为主

组织市场中购买者大多直接向生产者购买原材料。这是因为购买者数量有限，而且大多属于大规模购买，直接购买的成本显然低得多。而且组织市场的购买活动在售前售后都需要由生产者提供技术服务。因此，直接销售是组织市场常见的销售方式。

(五)实行专业购买

组织机构会系统地选择购买所需的商品，其采购过程往往是由具有专门知识的专业人员负责，例如采购代理商，他们的专业方法和对技术信息评估能力导致他们的购买是建立在对商品价格质量比、售后服务及交货期的逻辑分析基础之上的。这意味着组织营销者必须掌握完美的技术知识，并能提供大量自身及竞争者的数据。

(六)属于衍生需求

对组织市场上的购买需求最终来源于对消费品的需求，企业之所以需要购买生产资料，是为了用来作为劳动对象和劳动资料以生产出消费资料。例如，由于消费者购买皮包、皮鞋，才使得生产企业需要购买皮革、钉子、切割刀具、缝纫机等生产资料。因此消费者市场需求的变化将直接影响组织市场的需求。有时消费品需求仅上升10%，就可能引起生产这些消费品的企业对有关生产资料的需求增长200%，而若需求下降10%，则可导致有关生产资料需求的全面暴跌。

(七)需求弹性较小

组织市场的需求受价格变化的影响不大。皮鞋制造商在皮革价格下降时，不会打算采购大量皮革，同样，皮革价格上升时，他们也不会因此而减少对皮革的采购，除非他们发现了某些稳定的皮革替代品。其次，对占项目总成本比例很小的业务用品来说，其需求也是无弹性的。例如，皮鞋上的金属鞋孔价格上涨，几乎不会影响皮鞋的需求水平。

(八)互惠购买原则

由于生产资料的购买者本身总是某种产品的出售者，因此，当企业在采购时就会考虑为其自身产品的销售创造条件。但这种互惠购买的适用范围是比较狭窄的，一旦出现甲企业需要乙企业的产品，而乙企业并不想购买甲企业的产品时，就无法实现互惠购买了。这样互惠购买会演进为三角互惠。例如，甲企业向乙企业提出，如果乙企业购买丙企业的产品，则甲企业就购买乙企业的产品，因为丙企业以甲企业推销其产品作为购买甲企业的产品的条件，这就是三角互惠。虽然这类现象极为常见，但大多数经营者和代理商却反对互惠原则，并视其为不良习俗。

(九)实行租赁方式

一些组织购买者乐于租借大型设备，并不愿意全盘购买。租借对于承租方和出租方来说有诸多好处。对于出租方，当客户不能支付购买其产品的费用时，他们的优惠出租制度为其产品找到了用武之地。对承租方，租借省下了大量资金，又获得了最新型的产品，租期满后可以购买折价的设备，这种方式目前在工业发达的国家有日益扩大的趋势，特别适用于电子计算机、包装设备、重型工程机械、运货卡车、机械工具等价格昂贵、磨损迅速或并不经常使用的设备。

(十)需要谈判投标

组织机构在购买或出售商品时，往往会在价格和技术性能指标上斤斤计较。如果营销人员能预先获知客户正在研发中的新产品的有关信息，他们就可以在谈判开始之前修改某些技术参数，卖方得知买方愿意接受耐用性较差和服务一般的产品时，就会提出一个较低的价格。当双方在价格上都有较大的回旋余地时，而且此次交易对双方都是至关重要，谈判就成为双方交涉中最重要的部分，谈判的风格或对抗或合作，但绝大多数买方倾向于后者。有远见的买方通常在诸多投标卖方间进行精挑细选。

三、组织购买者行为

(一)组织购买行为的主要类型

购买业务的类型决定组织市场购买行为的复杂程度和购买决策项目的多少，由此可以对组织市场的购买行为进行划分，具体可以分为新购、修正重购和直接重购。

1. 新购

新购是指组织购买者第一次购买货品的购买行为。新购的成本费用越高，风险越大，参加决策的人数就越多，所需信息量也越多，制定决策的时间也越长。新购没有老供应商，所以对一切供应商来说都是很好的机会。供应商应设法接触主要的组织购买者，并向他们提供有用的信息和协助。许多公司设立专门的机构负责对新客户的营销，被称为"访问使用推销队伍"，通常由最好的推销人员组成。

2. 修正重购

修正重购是指组织购买者对以前购买过的产品通过修订其规格、价格、交货条件或其他事项之后的购买。这类购买较直接重购要复杂，购销双方需要重新谈判，因而双方会有更多的人参与决策。已入选的供应商压力会很大，他们会为了维持已占有的份额将加倍努

第七章　组织市场与购买者行为

力。而对落选的供应商来说,购买组织对购买进行修正调整是一次销售自身产品的机会,这些供应商将会提供更好的条件以争取新的业务。

3. 直接重购

直接重购是指购买方按既定方案不作任何修订直接进行的购买业务,这是一种重复性的购买活动,基本上不用进行新的决策,按一定程序办理即可。在这种情况下,组织购买者的工作只是从以前有过购销关系的供应商中,选取那些供货能满足本企业的需要和能使本企业满意的供应商,向他们继续订货。入选的供应商应该尽最大的努力,保持产品和服务的质量,以巩固和老客户的关系,落选的供应商则应努力做一些新的工作,消除买方的不满,设法争取新的订单。

在直接重购的情况下,组织购买者所作的决策数量最少。而在新的条件下,他们所作的决策数量最多。购买者必须决定产品规格、价格限度、交货条件与时间、服务条件、支付条件、订购数量、可接受的供应商以及可供选择的供应商。不同的决策参与者会影响每一项决策,并将改变进行决策的顺序。

(二)中间商市场的购买行为

中间商市场是指从生产企业或其他中间商购买产品,再将其转售给消费者、社会集团、中间商或生产者的企业和个人。由于中间商采购的目的是通过将商品再销售给顾客而赢利,所以中间商的购买计划是根据顾客的需要来做的,这使得中间商的决策既不同于最终消费者市场,也不同于生产者市场。在中间商的计划中,经营定位和商品购买是联系在一起的。例如,经销独家产品的专卖店、经销同类产品的专业店、混业经营的百货店以及独家经销的总代理,这些不同的定位就使得不同中间商企业的购买行为和决策有很大的不同。

作为中间商的购买行为,一般来说有以下四种类型。

1. 新产品采购

根据该产品销路的好坏决定是否购进某一新产品。

2. 选择最佳供应商

在供应同类商品的供应者中根据其产品质量的好坏、价格的高低、品牌的知晓以及其他服务条件的优劣等来决定供应商。

3. 改善供应条件

与原有供应商经过磋商,得到更为优惠的交易条件。

4. 直接重购

中间商直接从原销售者处购买某一产品。

(三)政府市场的购买行为

政府市场是组织市场中非常重要的组成部分,购买行为具有非常鲜明的特点,通常将政府市场的购买行为分为以下三种类型。

1. 公开招标选购

政府的采购部门通过传播媒体发布广告或发出信函，说明拟采购商品的名称、规格、数量等要求，邀请供应商在规定的期限内投标。投标者进行密封投标。当采购的方式以招标的方式来进行时，想要成为政府(或其代理人)的供应商就必须首先获得供应商资格，有了资格才能参加竞标。在正常运作中，能够中标者往往是那些能够满足政府(或其代理人)要求且出价最低者。在竞标过程中，供应商一定要十分重视政府(或其代理人)开出的精确采购说明书。对标准件产品，一般不存在什么大问题，但对非标准件产品，参与竞标的供应商就必须确定自己的资源和能力是否能够满足政府(或其代理人)的要求。

2. 议价合约选购

议价合约选购是指政府的采购部门同时与若干供应商就某一采购项目展开商务谈判，最后与最符合要求的供应商签约。在协议合同的采购方式中，产品的设计、包装甚至供应商的销售策略则有更多的展示机会。

3. 日常性采购

日常性采购是指为了维持日常办公和组织运行的需要而进行的采购。这类采购金额少，一般是即期付款，即期交货。

对于企业而言，除了正常的购买程序和过程外，还需要做一些额外的报批和公告。许多有实力和有远见的企业针对政府市场，建立起了专门的营销部门，通过预测政府的需求，力争事先获得竞争性的情报，以便能够仔细地拟定投标方案并加强与政府部门的联系。这样不仅可以获得较大宗的订单，而且能够提高企业的声誉。

四、组织购买过程的参与者

购买组织的决策单位称为购买中心，包括所有参与购买过程的个人和集体，这些参与者在购买决策过程中可能会形成五种不同的角色。

1. 使用者

使用者(user)是指组织中使用产品或服务的成员。在许多场合中，使用者首先提出购买建议，并协助确定产品规格。

2. 影响者

影响者(influencers)是指影响购买决策的人，通常协助组织确定产品规格，并提供方案评价的情报信息。在决策过程中，作为影响者的技术人员尤为重要。

3. 决策者

决策者(deciders)是指一些有权决定产品需求和供应商的人，在重要的购买活动中，有时还涉及主管部门或上级部门的批准，形成多层决策的状况。

4. 购买者

购买者(buyers)是指正式有权选择供应商并安排购买条件的人，购买者可以帮助组织市场制定产品规格,但主要任务是选择卖主和交易谈判。在较复杂的购买过程中,购买者中或许也包括高层管理人员一起参加交易谈判。

5. 守门者

守门者(gatekeepers)是有权阻止销售员或信息员与购买组织中心成员接触的人。主要是为了控制购买组织的一些信息不外露。例如,购买代理人、接待员和电话接线员都可以阻止推销员与用户或决策者接触。

在任何组织内,购买中心会随各不同类别产品的大小及构成发生变化。显然,参与购买一台重要机器设备的决策人数肯定会比参与购买办公文具的决策人数要多。作为营销人员需要了解谁是主要决策的参与者,其影响决策的程度如何,对哪些决策他们具有影响力等。摸清客户的这些情况,才能有针对性地采取促销措施。

五、组织购买行为的影响因素

组织购买者在作出购买决策时会受到许多因素影响。影响组织购买者的因素分为四类:环境因素、组织因素、人际因素和个人因素。供应商应了解和运用这些因素,引导组织购买者的购买行为,从而促成交易。

1. 环境因素

环境因素包括经济发展状况、政治、法律制度、市场需求水平、技术发展和竞争态势等。组织购买者必须密切关注经济环境因素,同时预测经济环境变化,包括经济状况、生产水平、投资、消费开支和利率等,保证组织在不同的经济发展状况下,能合理地安排投资结构,以及进行有效的存货管理。例如,在经济衰退时期,生产企业会减少厂方或设备的投资,并减少存货。

此外,原材料的供给状况也是影响组织购买者的一个重要环境因素。一般企业都愿意购买并储存较多的紧缺物资,因为保证供应不中断是采购部门的主要职责。同样,组织购买者也会受到技术因素、政治和法律因素,以及竞争发展状况的影响。在竞争激烈的行业中,组织购买者必须密切关注这些环境作用力,同时不断地保持、改善与供应商的合作关系,使其与供应商讨价还价的能力更优于竞争对手。

2. 组织因素

组织因素是指与组织购买者自身有关的因素,包括购买组织的经营目标、战略、政策、程序、组织结构和制度等。供应商的营销人员必须尽量了解以下几个问题:①购买组织的经营目标和战略是什么;②购买组织需要购买什么;③购买组织的购买方式和程序是什么;④有哪些人参与购买或对购买产生影响;⑤购买组织评价购买的标准是什么;⑥该组织对购买人员有哪些政策和限制等。

各组织的经营目标和战略的差异,会使其对购买产品的款式、功效、质量和价格等因素的重视程度、衡量标准不同,从而导致各组织的购买方案呈现差异化。组织的购买方案包括:集中购买、分散购买以及是否利用互联网购买等方式。同时供应商销售的模式应随之而变,销售人员队伍的组成结构也必须与之相对应。例如,购买组织若集中购买,供应

商则必然会与人数较少但素质较高的购买人员打交道，这就意味着其可能要用大客户销售队伍的销售模式。如果购买组织升格其购买部门，这意味着供应商必须相对应地升格其销售人员，以便与买方的购买人员相称。若购买组织建立了有效的购买激励制度，奖励那些工作突出的购买人员，将导致购买人员为争取最佳交易条件而给供应商施加压力。

3. 人际因素

购买组织通常包括一些具有不同地位、职权和说服诱导力的参与者，人际因素是指这些参与者之间的不同利益、职权、地位、态度和相互关系。例如，参与者之间的关系是否融洽，意见是否容易取得一致，是否会在某些决策中形成对抗等人际因素都会对组织的购买决策产生影响。供应商的营销人员应尽量地了解购买中心的每个人在购买决策过程中所扮演的角色，以及他们的相互关系，充分地利用这些因素促成与购买组织的合作。

4. 个人因素

受年龄、收入、教育、专业、个性、偏好、风险意识等因素的影响，购买中心的相关人员明显表现出其不同的购买类型。例如，有些是"简练"型购买者；有些是"外向"型购买者；有些是"完美"型购买者；有些是"理智"型购买者；有些是"强硬"型购买者。因此，供应商应了解组织购买者的个人特点，并处理好个人之间的关系，从而有针对性地开展营销活动。

一般来说，在所购买的商品效用和价格差异较大时，组织购买者对其选择就会负有更多的责任，经济因素会成为组织购买者所考虑的主要因素；如果所购买的商品效用和价格差异很小，由于组织购买者能与任何供应商一起来满足本组织的各项购买需求，因此购买者的理性选择几乎就没有基础，个人因素的影响就会增大。

六、组织购买决策过程

组织市场的购买决策过程可以划分为以下八个阶段。

1. 提出需要

当组织中有人认识到了某个问题或某种需要可以通过得到某一产品或服务得到解决时，便开始了购买过程。提出需要由两种刺激引起，即内部刺激和外部刺激。其中，内部刺激主要包括以下情形：企业决定推出一种新产品，于是需要购置新设备或原材料来生产这种新产品；企业原有的设备发生故障，需要更新或需要购买新的零部件；已购买的原材料不能令人满意，企业正在物色新的供应商关系。外部刺激主要指购买人员在某个商品展销会上提出了新的购买想法，接受了广告宣传中的推荐，或者接受了某些推销员提出的可以供应质量更好、价格更低的产品的建议。可见，组织市场的供应商应主动推销，经常开展广告宣传，派人访问用户，以发掘客户的潜在需求。

2. 决定需求事项

提出了某种需要之后，购买者便着手确定所需项目的总特征和需要的数量。如果是简单的购买任务，通常由购买者直接决定。而对复杂的任务而言，购买者会同其他部门人员，如工程师、使用者等共同来决定所需项目的总特征，并按照产品的可靠性、耐用性、价格及其他属性的重要程度来加以排列,在此阶段,供应商推销员可通过向购买者描述产品特征的方式向他们提供某种帮助,协助购买者确定其所属公司的需求。

3. 决定产品规格

购买组织按照自身需求确定产品的技术规格,有时要专门组建一个产品价值分析技术组来完成这一工作,由技术小组确定最佳产品的特征,并把这一特征写进商品说明书中,这就成为购买者拒绝那些不符合标准的商品的根据。同样,供应商也可以通过尽早地参与产品价值分析,影响购买者所确定的产品规格以获得中选的机会,从而进入组织市场。

4. 寻找供应商

在决定了产品规格之后,购买者开始利用各种媒体和信息渠道寻找最佳供应商。为此,购买者会从多处着手,例如咨询商业指导机构,观看商业广告,参加展览会等。供应商在这一阶段应大做广告,并到各种商业指导或宣传机构中登记自己的公司名字,争取在市场上建立起良好的信誉。组织购买者通常会拒绝那些生产能力不足、声誉不好的供应商,而对合格的供应商,则会登门拜访,查看生产设备,了解人员配置。经过一系列的调查了解之后,购买者会归纳出一份合格供应商的名单。

5. 征求报价

购买组织会以电话、传真和信函等方式通知合格的供应商提供详尽的产品目录资料和报价,对重大设备和工程报价,购买组织也可能采用招标的方式征寻报价。购买组织会对供应商再进行一轮筛选比较,选出其中最佳的供应商,要求其提交正式的协议书。对于供应商来讲,一定要非常慎重地制定报价书,突出公司的生产能力和资源优势。

6. 选择供应商

购买者对供应商的报价书进行分析评价,确定供应商。评价的内容包括供应商的产品质量、性能、产量、技术、价格、信誉、服务、交货能力等。此外,购买中心还必须确定供应商的数目。许多购买者喜欢多种渠道进货,这样一方面可以避免自己过分地依赖于一个供应商,另一方面也可以对各供应商的价格和业绩进行比较。在一般情况下,购买者会把大部分订单集中在一家供应商身上,而把少量订单安排给其他供应商。这样,主供应商会全力以赴保证自己的地位,而次要供应商会通过多种途径来争得立足之地,再以图自身的发展。

7. 正式订购

购买者选定供应商之后,就会发出正式订货单,写明所需产品的规格、数目、预期交货时间、退货政策、保修条件等项目。通常情况下,如果双方都有着良好信誉的话,就会签一份长期有效合同来保证一种长期的关系,而避免重复签约的麻烦。在这种合同关系下,供应商答应在一段特定的时间之内,根据需要按协议的价格条件继续供应产品给买方,存货由卖方保存。因此,也被称作"无存货采购计划"。这种长期有效合同是导致买方更多地向一个来源采购,并从该来源购买更多的项目。这就使得供应商和购买者的关系十分紧密,外界的供应商就很难插足其中。

8. 绩效评估

在此阶段，购买者需要对各供应商的合约履行情况进行评估，以决定是修正重购，还是直接重购，或是放弃原供应商寻找新的供应商。购买者评估供应商主要有三种途径：①直接接触最终用户，征求他们意见；②应用不同的标准加权计算来评价供应商；③把绩效不理想的开支加总，以修正包括价格在内的采购成本。供应商则应该密切关注购买者使用的相同变量，以确保满足了买主的预期的效果。

本 章 小 结

本章主要介绍了两节内容。在第一节中介绍了组织市场的含义，组织市场是由各种组织机构形成的对企业产品和劳务需求的总和；明确了组织市场的分类(产业市场、转卖者市场和政府市场)和组织市场的特点。第二节主要介绍了组织购买者行为的含义及特征，组织购买者行为是指各类组织机构确定其对产品和服务的需要，并在可供选择的品牌与供应商之间进行识别、评价和挑选的决策过程；组织购买者具有批量少、规模大、市场区域集中、人员销售为主、直接销售为主、实行专业购买、属于衍生需求、需求弹性较小、互惠购买原则、实行租赁方式和需要谈判投标的特点；重点关注了组织市场购买行为的三种类型：新购、修正重购和直接重购；组织购买过程的参与者、组织购买决策过程和组织购买行为的影响因素。

自 测 题

1. 简述组织市场的分类及其特点。
2. 组织市场与消费者市场的区别有哪些？
3. 简述组织市场购买行为的类型。
4. 简述组织市场购买决策过程的阶段。
5. 简述影响组织购买决策的因素。

第八章 产品与品牌营销策略

【学习要点及目标】 通过本章的学习，使学生理解产品的含义，明确整体产品的层次；了解服务产品的特点及营销策略；理解产品生命周期的概念及意义，明确生命周期各阶段的市场特征及营销策略；明确市场营销学中的新产品含义，了解新产品开发的组织、程序及市场扩散；理解品牌的含义，掌握品牌决策的内容；了解产品的包装的作用及相应决策的内容；理解产品组合的相关概念，掌握企业的产品组合决策的思路和方法。

【关键概念】 产品(product)　品牌营销策略(brand marketing strategy)

【引导案例】

老干妈品牌营销策略的实践

说到"老干妈"，人们都会想起陶华碧，这位"老干妈"辣椒酱的创始人。在感叹老干妈品牌创立的神奇之时，大家同时也应该思考一下"老干妈"这个品牌营销策略，不要说国内的人们有多喜欢和依赖这个辣椒酱，许多身在异乡的人，都会将"老干妈"视为心中至宝。

那么，"老干妈"这个品牌到底有什么魔力呢？吸引了这么多的消费者"前赴后继"？

首先要看"老干妈"的品牌基础。老干妈品牌有非常好的群众基础和企业文化，这是企业的法宝。陶华碧开创"老干妈"品牌的创业故事在全国都广为流传，再加上老干妈油制辣椒酱独特的口味培养了一批忠实的"老干妈"粉丝。

其次，无广告营销。在其发展过程中，我们没有看到较为突出或者说有特色的品牌营销战略，取而代之的是非常朴素的营销战略，时时以诚实守信为本，处处以诚实守信为先。老干妈基本不做广告，但是"老干妈"这个牌子就是它的广告，老干妈以优质的产品以及独特的口味，有效地实现了无广告传播和营销。

最后，品牌延伸。在保持老干妈油制辣酱产品优势的同时，老干妈推出了老干妈香辣酱、老干妈牛肉酱、老干妈火锅底料等老干妈系列辣酱。在包装重量上也运用了差异化战略，使老干妈辣酱系列在超市的同产品陈列柜中占据了半壁江山。

品牌营销，营销的不仅仅是这个品牌，更多的是这个品牌背后的产品，所以，品牌背后的产品更新和发展是其中顶重要的一环。如果产品长时间不更新，消费者时间长了也是会感到枯燥，通过品牌的延伸抓住消费者的"心"就显得尤为重要。

从这个案例中我们可以学习到的老干妈的成功经验如下。

(1) 产品是一切营销的源头。很多十分成功的企业真正依靠的都是过硬的产品实力，老干妈品牌所具备的产品实力很大程度上决定了品牌在未来的发展，同时只有具备了过硬的产品实力，营销才能开出花来。

(2) 不能把营销等同于推广和广告。很多企业会将营销等同于推广和广告，花了大力气做的推广和广告不一定就能达到品牌营销的目的，企业的营销应该是要让销售成为多余，是"在销售之外做点什么"的事，深层次的营销应该是用企业的整合力量去完成自己的市场目标。

(3) 即使定位于中低端市场，也能够提供极致的客户体验。这里所谓的"极致的客户体验"说白了就是顾客买了之后觉得值，用了还想再买，还会自发地极力推荐给身边的人。中低端与"做品牌"并不矛盾，企业存在的唯一目的就是创造顾客，当顾客无法认同和接受你的"高端"，那企业一直坚持的"高端"也就不具备任何意义。

(4) 做企业还是贵在坚持。任何企业都要敬畏和尊重市场成长规律，"冰冻三尺非一日之寒"，坚持有多大能力做多大事，就像老干妈，坚持不上市，不被资本绑架，反而赢得了市场的尊重。

(5) 企业取得市场优势之后，"产品力+价格空间"成为定位的关键因素，提高价格的确能够提高企业利润，但同时也会为对手让出价格空间。看似刺激辛辣的老干妈实际上却是绿色食品，在这背后离不开始终如一的产品质量，而这始终如一的产品质量背后蕴含着"尊重客户，保障客户价值"的品牌坚持，这样的坚持也与老干妈"不做推销，不打广告"的外在形成了对比。

(资料来源：鸟哥笔记网站. www.niaogebiji.com.)

第一节 产品整体概念

一、产品整体概念的含义和特点

产品是能够提供给市场以满足需要和欲望的任何东西。它包括实物、服务、场所、组织、思想等。

产品是指一切能够满足顾客某种需求和利益的物质产品和非物质形态的服务的总称。

产品是包括有形产品和无形服务的整体。

(一)产品整体概念的三个层次

整体产品包括三个层次，如图 8-1 所示。

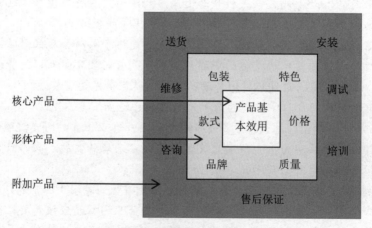

图 8-1 产品整体的三个层次

(1) 核心产品是指消费者购买某种产品时所追求的利益,是顾客真正要购买的东西,是产品整体概念中最基本、最主要的部分。

(2) 形体产品是核心产品借以实现的形式,即向市场提供的实体和服务的形象。如果有形产品是实体,则它在市场上通常表现为产品质量水平、外观特色、式样、品牌名称和包装等。产品的基本效用必须通过某些具体的形式才得以实现。市场营销者应首先着眼于顾客购买产品时所追求的利益,以求更完美地满足顾客需要,从这一点出发再去寻求利益得以实现的形式,进行产品设计。

(3) 附加产品是顾客购买有形产品时所获得的全部附加服务和利益,包括提供信贷、免费送货、保证、安装、售后服务等。

美国学者西奥多·莱维特指出:"新的竞争不是发生在各个公司的工厂生产什么产品,而是发生在其产品能提供何种附加利益(如包装、服务、广告、顾客咨询、送货、仓储及具有其他价值的形式)。"

(二)理解整体产品概念

产品基本利益是顾客购买产品的本质所在。

顾客在购买产品时对每一部分的要求不同。

消费品注重形体层。

企业用品注重附加层,改变产品整体中的任一部分都可能形成不同的产品概念。

市场竞争的焦点越来越注重外围层次。

在国际营销活动中还存在着产品设计的标准化和差异化决策。

(三)产品的分类

1. 一般产品

一般产品分类如下。

(1) 纯粹有形产品。如手表。
(2) 附带服务的有形产品。如汽车。
(3) 主要是服务,配合少量的产品和附加服务。如航空。
(4) 单纯的服务。如推拿。

2. 消费品

消费品的分类如下。

(1) 便利品。顾客经常购买或立即购买的产品,不作购买比较和努力。
(2) 选购品。对产品特征往往需要反复比较选择的产品。
(3) 特殊品。具有独有特征的产品,购买者愿意付出购买努力。
(4) 冷门品。非渴求商品,顾客不知道或虽然知道却无兴趣购买。

二、产品整体概念的意义

(一)指明了产品是有形特征和无形特征构成的综合体

产品整体概念的意义在于,一方面企业在产品设计、开发过程中,应有针对性地提供不同功能，以满足消费者的不同需要，同时还要保证产品的可靠性和经济性。另一方面，对于产品的无形特征也应充分重视，因为，它也是产品竞争能力的重要因素。

产品的无形特征和有形特征的关系是相辅相成的，无形特征包含在有形特征之中，并以有形特征为后盾；而有形特征又需要通过无形特征来强化。

(二)产品整体概念是一个动态的概念

随着市场消费需求水平和层次的提高，市场竞争焦点不断转移，对企业产品提出更高要求。为适应这样的市场态势，产品整体概念的外延处在不断再外延的趋势之中。当产品整体概念的外延再外延一个层次时，市场竞争又将在一个新领域展开。

(三)对产品整体概念的理解必须以市场需求为中心

产品整体概念的三个层次，清晰地体现了一切以市场要求为中心的现代营销观念。衡量一个产品的价值，是由顾客决定的，而不是由生产者决定的。

(四)产品的差异性和特色是市场竞争的重要内容

产品整体概念三个层次中的任何一个要素都可能形成与众不同的特点。企业在产品的效用、包装、款式、安装、指导、维修、品牌、形象等每一个方面都应该按照市场需要进行创新设计。

(五)把握产品的核心产品层次可以衍生出一系列有形产品

一般地说，有形产品是核心产品的载体，是核心产品的转化形式。这两者的关系给我们这样的启示：把握产品的核心产品层次，产品的款式、包装、特色等完全可以突破原有的框架，由此开发出一系列新产品。

第二节　服务产品决策

一、服务的含义和特点

(一)服务的定义

"用于出售或者是同产品连在一起进行出售的活动、利益和满足感"。

——美国市场营销协会

"服务是一方能够向另一方提供的基本上是无形的任何行为或利益，并且不导致任何所有权的产生。它的生产可能与某种物质产品相联系，也可能毫无联系。"

——菲利普·科特勒

"服务是一种涉及某些无形性因素的活动，它包括与顾客或他们拥有财产的相互活动，它不会造成所有权的变更。条件可能发生变化，服务产出可能或不可能与物质产品紧密相连。"

——A.佩恩

(二)服务产品的特点

服务产品的特点如图 8-2 所示。

(1) 无形性。服务的特质及组成服务的元素是无形无质的,让人不能触摸或凭肉眼看见其存在。

(2) 不可分性,同步性。服务具有直接性,服务的过程是顾客同服务人员广泛接触的过程。

(3) 异质性。主要指服务的构成成分及其质量水平经常变化,很难统一界定。

(4) 易逝性。服务不能在生产后贮存备用,消费者也无法购后贮存。

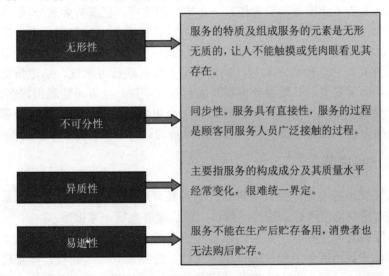

图 8-2 服务产品的特点

二、服务的分类

服务要素可以是全部供应物的一部分,也可能是占主要部分,将产品分为五种类型。

(1) 纯粹有形产品。如手表。
(2) 附带服务的有形产品。如汽车。
(3) 有形产品与服务的结合。如餐饮。
(4) 主要是服务,配合少量的产品和附加服务。如航空。
(5) 单纯的服务。如推拿。

三、服务营销

服务营销组合决策(7Ps)包括以下几个方面。

(1) 服务产品(product)。满足消费需求的产品。
(2) 服务定价(price)。消费者为获得商品付出的代价。
(3) 服务分销(place)。消费者能获取商品的途径。
(4) 服务促销(promotion)。商家使用的广告、人员推销等手段。

(5) 服务人员(people)。提供服务的人员。
(6) 服务有形展示(physical evidence)。通过有形因素向消费者展示服务的特点、质量等。
(7) 服务过程(process)。合理设计服务提供的过程。

四、服务组合决策

营销人员面临着关于顾客服务三种决策。在顾客服务组合中应该包括什么样的顾客服务？应该提供什么水平的服务？该以什么形式提供服务？

服务组合决策营销人员需要调查顾客以辨明可能提供的主要服务以及它们的相关重要性。例如，加拿大的工业设备购买者按以下重要性的次序，把服务要素分成13种：①运送的可靠性；②迅速报价；③技术咨询；④折扣；⑤售后服务；⑥销售代表；⑦便于接触；⑧更新保证；⑨制造商广阔的经营范围；⑩样式设计；⑪信用；⑫测试设施；⑬机械加工设施。这些重要性要素的排列顺序表明，销售者至少要在送货可靠性、迅速报价、技术咨询以及被顾客认为非常重要的其他服务内容方面具有竞争性，才有可能赢得顾客的青睐。

但是，究竟提供哪些服务这一问题则比这一点更要微妙。某项服务对顾客来讲重要性很高，但如果所有的供应商均提供同一水平的服务的话，这就决定不了供应商的选择。

(一)服务水平决策

顾客不仅需要某些服务，而且要求这些服务具有适当的数量和质量。如果银行的客户必须排长队或者遇到态度不好的银行出纳员，他们也许会换一家银行。

公司有必要检查一下顾客所期望的本公司的服务水平和竞争者的服务水平。公司可以用下列一些方法来找出服务上的缺陷：采购比较、定期展开顾客调查、设置建议箱以及制定处理意见制度等。这样做并非旨在使顾客的抱怨降至最低水平，而是尽可能多地让顾客有提意见的机会，以便使公司知道它该怎么办，最终使失望的顾客获得满足。

一个有用的办法是，定期对顾客进行调查，借此发现顾客对每次服务的感受。消费者对重要性的评价有四档标准："非常重要""重要""略为重要"和"不重要"。对于经销商绩效的评等有四档标准："优秀""良好""尚可""不好"。例如，第一次就能把工作正确地做好，收到的评价重要性的平均分数为 3.83，评定绩效的平均分数为 2.63，这表明顾客认为它是"非常重要"的，但绩效不好。根据服务因素的重要性和绩效来衡量服务因素，可以明确营销人员应把他们的精力集中到哪里去。

(二)服务形式决策

营销者还必须决定用什么形式来提供各种服务。第一个问题是，如何制订每一服务因素的价格。例如，我们可以考虑一下公司在它的电视机修理服务中应该提供些什么，该公司有以下三个选择。
① 为它所售出的电视机提供为期一年的免费修理服务。
② 售出一份服务合同。
③ 不提供修理服务，把此项工作给电视机修理专业人员去干。
接着，公司可以设想用以下三种方式来提供修理服务。
① 雇佣和培训自己的修理人员，并且将他们分布在全国各地。

第八章 产品与品牌营销策略

② 就提供修理服务同分销者和经销商一起作出安排。
③ 让独立的公司提供必要的修理服务。

可见，对每项服务可以有多种多样的选择。公司究竟如何决策有赖于顾客的偏好以及竞争者所采取的战略。

由于作为竞争工具的顾客服务十分重要，所以许多公司建立了强有力的顾客服务部门，并提供顾客听取意见和作出调查建立一套听取并处理意见的程序。如惠尔清公司建立了热线电话以方便顾客提意见。根据对各类不同意见作出的统计记录，顾客服务部门可以迅速就产品设计、质量控制、高压推销等问题进行必要的改进。维持现有顾客对公司信誉所需的费用，要少于招来新顾客或者拉回老顾客所需的费用。公司可以向顾客提供许多信用选择，如分期付款信用合同，往来账户赊欠，贷款和租赁选择等。扩展信用的费用一般大于由额外增加的销售量所得的毛利和降低营销成本所得的补偿为大，但它能克服顾客没有能力购买的顾虑。

应注意的是，所有这些服务都是相辅相成的，并且都是用作使顾客产生满意感和忠诚的工具。

(三)服务类型决策

营销学作为一门学科，最初的发展是与推销有形产品相关的，如牙膏、小汽车、钢材和设备。目前，服务性企业提供了美国非农业劳力就业工作的 73%。相比之下，德国在服务部门的劳力是 41%，意大利是 35%。生活的日益富裕，闲暇时间的增加，需要服务的产品愈来愈复杂，这就导致美国成为世界上第一个服务性经济的国家。同有形产品相对照，服务业应如何经营销售的问题正日益引起人们的兴趣，这是可以理解的。在此我们来探讨服务产品的问题。

服务性行业是多种多样的。在政府部门中，如就业服务机构、基金会、医院等非营利性部门属于服务性行业。大部分的业务部门，如航空公司、银行、计算机服务社、旅馆也都属于服务性行业。

你付了费，就有一些公司会为你平衡预算，照看你的小孩，在清晨将你唤醒，驾车送你上班，或者为你找一个新居，找一项工作，找一辆汽车，或者找一位辅导老师。你也许想要租一辆农用拖拉机？租一些牲畜？租一些真迹画？如果你需要业务服务，其他公司就会帮助你组织会议和销售会谈，帮助你设计产品，帮助你进行数据处理，或者帮助你提供一位临时秘书，甚至主管人员。

由此可见，当前提供的服务产品是多种多样的，公司应在充分考虑顾客购买需求的基础上制定相应的服务产品策略。

第三节 产品生命周期决策

一、产品生命周期的含义

(一)产品生命周期的概念

产品生命周期是指产品从投入市场到被市场淘汰退出市场的整个过程，它包括产品的引入期(投入期、介绍期)、成长期、成熟期、衰退期等阶段,具体内容如下。

(1) 引入期。产品引入市场是销售缓慢成长的时期。在这一阶段,因为产品引入市场所支付的巨额费用所致,利润几乎不存在。

(2) 成长期。产品被市场迅速接受和利润大量增加的时期。

(3) 成熟期。因为产品已被大多数的潜在购买者所接受而造成的销售成长减慢的时期。为了对抗竞争,维持产品的地位,营销费用日益增加,利润稳定或下降。

(4) 衰退期。销售下降的趋势增强和利润不断下降的时期。

(二)研究产品生命周期的意义

(1) 使新产品迅速渡过引入期。
(2) 针对产品生命周期阶段的特点,制定适合的营销策略。
(3) 努力延长产品生命周期。
(4) 不断开发新产品,在市场竞争中立于不败之地。

(三)产品生命周期曲线

典型的产品生命周期曲线如图 8-3 所示。

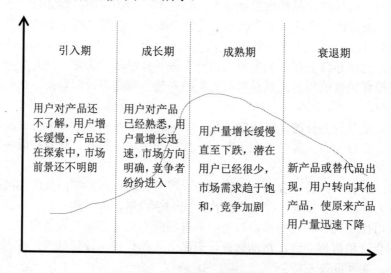

图 8-3 生命周期曲线

理想形态的产品生命周期有以下特点。
(1) 新产品开发期短,开发成本低。
(2) 引入期与成长期短,能够较快达到最大销量,尽早获取最大收益。
(3) 成熟期长,即盈利时间长。
(4) 衰退期非常缓慢,利润只是逐渐减少而非突然下降。

产品生命周期是现代营销管理中的一个重要概念,是营销学家以统计规律为基础进行理论推导的结果。作为一种理论抽象,"产品生命周期"是一种分析归纳现象的工具。但是在现实经济生活中,并不是所有产品的生命历程都完全符合这种理论形态,即销售趋向呈正态分布曲线,各阶段的周期间隔大致相等,如有些产品开始上市就迅速成长,因而可能跳过销售额缓慢增长的引入阶段；另一些产品又可能持续缓慢增长，即由引入期直接进入成熟期；还有些产品经过成熟期以后，再次进入第二次迅速成长期。

二、研究产品生命周期应注意的问题

(一)产品生命周期的内涵

产品生命是指产品的市场和经济生命而非自然生命和使用寿命；产品生命是指产品形式的生命，而非产品品种或品牌的生命。

(二)产品生命周期的变异性

产品生命周期并不都是趋向呈正态分布曲线，会有一些变异的曲线形式。如成长—下降—成熟模式、循环—再循环模式、扇形生命周期等。

(三)产品生命周期的层次性

使用产品生命周期概念可以分析一种产品类别、一种产品形式、一种产品或一个品牌。

三、产品生命周期各阶段的特征及营销策略

典型的产品生命周期的四个阶段呈现出不同的市场特征，企业的营销策略也就以各阶段的特征为基点来制定和实施。

(一)引入期的营销策略

引入期的特征是产品销量少，促销费用高，制造成本高，销售利润很低甚至为负值。根据这一阶段的特点，企业应努力做到：投入市场的产品要有针对性；进入市场的时机要合适；设法把销售力量直接投向最有可能的购买者，使市场尽快接受该产品，以缩短引入期，更快地进入成长期。

在产品的引入期，一般可以由产品、分销、价格、促销四个基本要素组合成各种不同的市场营销策略。仅将价格高低与促销费用高低结合起来考虑，就有下面4种策略。

1. 快速撇脂策略

快速撇脂策略即以高价格、高促销费用推出新产品。实行高价策略可在每单位销售额中获取最大利润，尽快收回投资；高促销费用能够快速建立知名度，占领市场。实施这一策略须具备以下条件：产品有较大的需求潜力；目标顾客求新心理强，急于购买新产品；企业面临潜在竞争者的威胁，需要及早树立品牌形象。一般而言，在产品引入阶段，只要新产品比替代的产品有明显的优势，市场对其价格就不会那么计较。

2. 缓慢撇脂策略

缓慢撇脂策略即以高价格、低促销费用推出新产品，目的是以尽可能低的费用开支求得更多的利润。实施这一策略的条件是：市场规模较小；产品已有一定的知名度；目标顾客愿意支付高价；潜在竞争的威胁不大。

3. 快速渗透策略

快速渗透策略即以低价格、高促销费用推出新产品。目的在于先发制人，以最快的速度打入市场，取得尽可能大的市场占有率。然后再随着销量和产量的扩大，使单位成本降低，取得规模效益。实施这一策略的条件是：该产品市场容量相当大；潜在消费者对产品不了解，且对价格十分敏感；潜在竞争较为激烈；产品的单位制造成本可随生产规模和销售量的扩大迅速降低。

4. 缓慢渗透策略

缓慢渗透策略即以低价格、低促销费用推出新产品。低价可扩大销售，低促销费用可降低营销成本，增加利润。这种策略的适用条件是：市场容量很大；市场上该产品的知名度较高；市场对价格十分敏感；存在某些潜在的竞争者，但威胁不大。

(二)成长期的营销策略

新产品经过市场引入期以后，消费者对该产品已经熟悉，消费习惯也已形成，销售量迅速增长，这种新产品就进入了成长期。进入成长期以后，老顾客重复购买，并且带来了新的顾客，销售量激增，企业利润迅速增长，在这一阶段利润达到高峰。随着销售量的增加，企业生产规模也逐步扩大，产品成本逐步降低，新的竞争者会投入竞争。随着竞争的加剧，新的产品特性开始出现，产品市场开始细分，分销渠道增加。企业为维持市场的继续成长，需要保持或稍微增加促销费用，但由于销量增加，平均促销费用有所下降。针对成长期的特点，企业为维持其市场增长率，延长获取最大利润的时间，可以采取下面几种策略。

1. 改善产品品质

如增加新的功能，改变产品款式，发展新的型号，开发新的用途等。对产品进行改进，可以提高产品的竞争能力，满足顾客更广泛的需求，吸引更多的顾客。

2. 寻找新的细分市场

通过市场细分，找到新的尚未满足的细分市场，根据其需要组织生产，迅速进入这一新的市场。

3. 改变广告宣传的重点

把广告宣传的重心从介绍产品转到建立产品形象上来，树立产品名牌，维系老顾客，吸引新顾客。

4. 适时降价

在适当的时机，可以采取降价策略，以激发那些对价格比较敏感的消费者产生购买动机和采取购买行动。

(三)成熟期的营销策略

进入成熟期以后，产品的销售量增长缓慢，逐步达到最高峰，然后缓慢下降；产品的

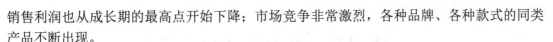

销售利润也从成长期的最高点开始下降;市场竞争非常激烈,各种品牌、各种款式的同类产品不断出现。

对成熟期的产品,宜采取主动出击的策略,使成熟期延长,或使产品生命周期出现再循环。为此,可以采取以下三种策略。

1. 市场调整

这种策略不是要调整产品本身,而是发现产品的新用途、寻求新的用户或改变推销方式等,以使产品销售量得以扩大。

2. 产品调整

这种策略是通过产品自身的调整来满足顾客的不同需要,吸引有不同需求的顾客。整体产品概念的任何一层次的调整都可视为产品再推出。

3. 市场营销组合调整

这种策略即通过对产品、定价、渠道、促销四个市场营销组合因素加以综合调整,刺激销售量的回升。常用的方法包括降价、提高促销水平、扩展分销渠道和提高服务质量等。

(四)衰退期的营销策略

衰退期的主要特点是:产品销售量急剧下降;企业从这种产品中获得的利润很低甚至为零;大量的竞争者退出市场;消费者的消费习惯已发生改变等。面对处于衰退期的产品,企业需要进行认真的研究分析,决定采取什么策略,在什么时间退出市场。通常有以下几种策略可供选择。

1. 继续策略

继续沿用过去的策略,仍按照原来的细分市场,使用相同的分销渠道、定价及促销方式,直到这种产品完全退出市场为止。

2. 集中策略

把企业能力和资源集中在最有利的细分市场和分销渠道上,从中获取利润。这样有利于缩短产品退出市场的时间,同时又能为企业创造更多的利润。

3. 收缩策略

抛弃无希望的顾客群体,大幅降低促销水平,尽量减少促销费用,以增加利润。这样可能导致产品在市场上的衰退加速,但也能从忠实于这种产品的顾客中获取利润。

4. 放弃策略

对于衰退比较迅速的产品,应该当机立断,放弃经营。可以采取完全放弃的形式,如把产品完全转移出去或立即停止生产;也可采取逐步放弃的方式,使其所占用的资源逐步转向其他的产品。

第四节 新产品开发决策

一、新产品开发概述

(一)新产品的含义和种类

从营销的角度来考察,新产品是一个广义的概念,既指绝对新产品,又指相对新产品;生产者变动整体产品任何一个部分所推出的产品,都可理解为一促新产品。据此,新产品可分为四种类型:完全创新产品、换代新产品、改革新产品和仿制新产品。

(二)新产品开发的必要性

(1) 产品生命周期的现实要求企业不断开发新产品。
(2) 消费需求的变化需要不断开发新产品。
(3) 科学技术的发展推动着企业不断开发新产品。
(4) 市场竞争的加剧迫使企业不断开发新产品。

(三)新产品开发应遵循的原则

(1) 新产品必须具有市场潜力。
(2) 企业必须具备新产品开发和生产的能力。
(3) 新产品开发必须坚持开发与管理并重。

(四)新产品开发面临的风险

(1) 缺乏创意。
(2) 资金短缺。
(3) 难以达到一定的市场规模。
(4) 激烈的市场竞争使新产品开发的风险增大。
(5) 仿制和假冒产品的冲击。

(五)新产品开发的组织

新产品开发的组织形式如下。
(1) 产品线经理。
(2) 新产品经理。
(3) 新产品开发委员会。
(4) 新产品部。
(5) 新产品开发小组。

在整个开发过程中,研究部门、设计部门、技术部门、生产部门、采购部门、市场营销部门和财务部门自始至终地通力合作,各种职能的交叉管理应始终贯穿于产品开发全过程。

二、新产品开发程序

(一)产生新构思

新的构思可以来源于顾客、技术人员;竞争者;分销商等。在产生新构思的过程中,会用到以下的技术:①属性一览表法;②引申关系法;③物形分析法;④需要/问题分析法;⑤头脑风暴法;⑥提喻法。

(二)筛选新构思

筛选新构思的主要目的是选出那些符合本企业发展目标和长远利益,并与企业资源相协调的产品构思。应遵循如下标准:①市场成功的条件;②企业内部条件;③销售条件;④利润收益条件。

(三)产品概念的形成和测试

产品创意是指公司可能提供给市场的产品;产品概念是指用消费者语言描述的、更为详细的产品创意。一种产品创意可以转化为几种不同的产品概念。

概念测试是指通过符号或者实体产品形式向目标消费者展示产品概念,并观察他们的反应。测试的产品概念越和最终的产品相似,概念测试的可靠性则越高。

(四)进行商业分析

进行商业分析的时候需要估计销售量,可以采用以下三种方法:①估计首次销售量;②估计更新销售量;③估计重购销售量。同时还需要估计成本和利润。

(五)产品研制

进行了成功的概念测试后,研发最合乎消费者需求的产品。

(六)市场试销

在市场试销环节主要考虑以下问题:测试多少城市?选择哪些城市?测试期限多长?收集什么信息?采取何种行动?

(七)正式投放市场

在正式投放市场阶段,应考虑以下问题:何时(时间性)首先进入?平行进入?后期进入?何地(地理战略)给谁?(目标市场展望)用什么方法?(导入市场战略)

三、新产品的采用与扩散

(一)产品特征与市场扩散

(1) 创新产品的相对优点。诸如功能、可靠性、便利性、新颖性等。

(2) 创新产品的适应性。创新产品必须与目标市场的消费习惯以及人们的产品价值观相吻合。

(3) 创新产品的简易性。要求新产品设计、整体结构、使用维修、保养方法必须与目标市场的认知程度相适应。

(4) 创新产品的明确性。新产品的性质或优点是否容易被人们观察和描述,是否容易被说明和示范。

(二)购买行为与市场扩散

1. 消费者采用新产品的程序与市场扩散

消费者接受新产品一般会经历以下五个重要阶段。

(1) 认知。这是个人获得新产品信息的初始阶段。新产品信息情报的主要来源是广告,或者通过其他间接的渠道获得。

(2) 兴趣。在此阶段,消费者会积极地寻找有关资料,并进行对比分析,研究新产品的具体功能、用途、使用等问题,如果满意,将会产生初步的购买动机。

(3) 评价。消费者主要权衡采用新产品的边际价值。

(4) 试用。指顾客开始小规模地试用新产品。

(5) 采用。顾客通过试用收到了理想的效果,放弃原有的产品,完全接受新产品,并开始正式购买、重复购买。

2. 顾客对新产品的反应差异与市场扩散

在新产品的市场扩散过程中,由于社会地位、消费心理、产品价值观、个人性格等多种因素的影响制约,不同顾客对新产品的反应具有很大的差异。

(1) 创新采用者。这些顾客通常富于个性,勇于革新冒险,性格活跃,消费行为很少听取他人意见,经济宽裕,社会地位较高,受过高等教育,易受广告等促销手段的影响,是企业投放新产品时的极好目标。

(2) 早期采用者。这些消费者一般比较年轻,富于探索,对新事物比较敏感并有较强的适应性,经济状况良好,对早期采用新产品具有自豪感。促销媒体对他们有较大的影响力,但比较谨慎。

(3) 早期大众。这部分消费者一般较少保守思想,接受过一定的教育,有较好的工作环境和固定的收入;有较强的模仿心理;由于特定的经济地位限制,因此在购买高档产品时持非常谨慎的态度。

(4) 晚期大众。这是指较晚地赶上消费潮流的人。他们的工作岗位、受教育水平及收入状况往往比早期大众略差,对新事物、新环境多持怀疑态度或观望态度。

(5) 落后的购买者。这些人受传统思想束缚很深,思想非常保守,怀疑任何变化,对新事物、新变化多持反对态度,固守传统消费行为方式,在产品进入成熟后期以至衰退期才能接受。

第八章 产品与品牌营销策略

第五节 品 牌 战 略

一、品牌概述

(一)品牌的含义

品牌是一个名称、名词、标记、符号或设计,或是它们的组合,其目的是识别某个消费者或某群销售者的产品或劳务,并使之同竞争对手的产品和劳务区别开来。

(二)品牌的内涵

品牌的内涵包括以下几个方面:属性、利益、价值、文化、个性、用户,如图8-4所示。

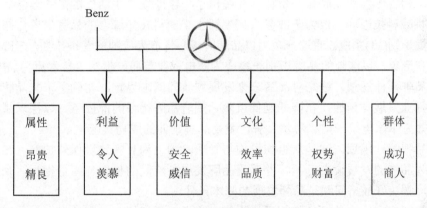

图 8-4 品牌内涵的解释

(三)品牌的市场接受程度

品牌的市场接受程度主要包括:品牌的知晓度、品牌的接受度、品牌的偏好度、品牌的忠诚度。高品牌权益的公司提供了竞争优势。

(四)品牌资产的概念及其衡量

品牌是一种资产,能以一定的价格买卖。但公司一般不把品牌资产列入资产负债表,因为评估有随意性。品牌要小心管理,以免贬值。

二、品牌的战略

(一)品牌战略的内容

所谓的品牌战略,包括品牌化决策、品牌模式选择、品牌识别界定、品牌延伸规划、品牌管理规划与品牌远景设立六个方面的内容。

(1) 品牌化决策。解决的是品牌的属性问题。是选择制造商品牌还是经销商品牌、是自创品牌还是加盟品牌,在品牌创立之前就要解决好这个问题。不同的品牌经营策略,预示着企业不同的道路与命运,如选择"宜家"式产供销一体化,还是步"麦当劳"(McDonalds)之类的特许加盟之旅。总之,不同类别的品牌,在不同行业与企业所处的不同阶段有其特定的适应性。

(2) 品牌模式选择。解决的则是品牌的结构问题。是选择综合性的单一品牌还是多元化的多品牌,是联合品牌还是主副品牌,品牌模式虽无好与坏之分,但却有一定的行业适用性与时间性。如日本丰田汽车在进入美国的高档轿车市场时,没有继续使用"TOYOTA",而是另立一个完全崭新的独立品牌"凌志",这样做的目的是避免"TOYOTA"会给"凌志"带来低档次印象,而使其成为可以与"宝马""奔驰"相媲美的高档轿车品牌。

(3) 品牌识别界定。确立的是品牌的内涵,也就是企业希望消费者认同的品牌形象,它是品牌战略的重心。它从品牌的理念识别、行为识别与符号识别三个方面规范了品牌的思想、行为、外表等内外含义,其中包括以品牌的核心价值为中心的核心识别和以品牌承诺、品牌个性等元素组成的基本识别。如 2000 年海信的品牌战略规划,不仅明确了海信"创新科技,立信百年"的品牌核心价值,还提出了"创新就是生活"的品牌理念,立志塑造"新世纪挑战科技巅峰,致力于改善人们生活水平的科技先锋"的品牌形象,同时导入了全新的视觉识别(VI)系统。通过一系列以品牌的核心价值为统帅的营销传播,一改以往模糊混乱的品牌形象,以清晰的品牌识别一举成为家电行业首屈一指的"技术流"品牌。

(4) 品牌延伸规划。这是对品牌未来发展领域的清晰界定。明确了未来品牌适合在哪些领域、行业发展与延伸,在降低延伸风险、规避品牌稀释的前提下,以谋求品牌价值的最大化。如海尔家电统一用"海尔"牌,就是品牌延伸的成功典范。

(5) 品牌管理规划。这是从组织机构与管理机制上为品牌建设保驾护航,在上述规划的基础上为品牌的发展设立远景,并明确品牌发展各阶段的目标与衡量指标。企业做大做强靠战略,解决好战略问题是品牌发展的基本条件。

(6) 品牌远景。这是对品牌的现存价值、未来前景和信念准则的界定。品牌远景应该明确告诉包括顾客、股东和员工在内的利益关系者"三个代表":品牌今天代表什么?明天代表什么?什么代表从今天到明天的努力?

(二)品牌战略的四种典型

品牌战略因为企业本身以及其所处环境不同而造成千差万别,关于品牌战略的文章也很多,说法就更多。

企业战略在本质上就是为了塑造出企业的核心专长,从而确保企业的长远发展。品牌战略就是把品牌作为企业获得核心竞争力的主要手段,以获取差别利润与价值的企业经营战略。品牌战略的最终目的就是在消费者中制造"品牌控",品牌战略的最高目标就是缔造传奇品牌成就百年企业。

不同企业因为产品不同,面对的市场不同,品牌理解不同,文化不同,思维方式的不同,领导层的个人风格不同,等等诸如此类的差异,从而导致企业所采用的品牌战略也不尽相同。可以说,有多少个企业就有多少种品牌战略。但是品牌战略有四种典型类型:①以需求为中心,例如宝洁就是其中的典型代表;②以产品为中心,例如苹果电脑就是其中的典型代表;③以品类为中心,例如加多宝红罐王老吉就具有这种特点;④以市场为中心,例如娃哈哈就具有这种特点。

无论什么企业，无论其是大型的国企还是有着百年传统的外资企业，无论是名不见经传的小企业还是突然就风生水起的明星企业，从品牌经营的决策模式来说，任何企业的品牌战略不是属于这四种的其中一种就是属于这四种在不同程度上的组合。

第六节　产品包装策略

一、包装的含义

包装是指产品的容器和外部包扎，是产品策略的重要内容，有着识别、便利、美化、增值和促销等功能。包装是产品不可分割的一部分，产品只有包装好后，生产过程才算结束。产品包装是一项技术性和艺术性很强的工作，通过对产品的包装要达到以下效果：显示产品的特色和风格，与产品价值和质量水平相配合，包装形状、结构、大小应为运输、携带、保管和使用提供方便，包装设计应适合消费者心理，尊重消费者的宗教信仰和风俗习惯，符合法律规定等。

二、包装决策的含义

包装决策的原则是保护、经济、方便、促销等。

包装决策的要素包括包装物大小、形状材料、色彩、文字说明、品牌标记等。包装的不同要素之间必须相互协调。包装要素的选择必须与价格决策、广告决策以及其他营销因素相互匹配。

三、包装的策略

企业除了使包装能充分展现产品的特色外，还需要运用适当的包装策略，使包装成为强有力的营销手段。常用的包装策略主要有以下几种。

(一)类似包装策略

类似包装策略是指企业生产的产品都采用相同或相似的形状、图案、色彩和特征等。这种包装策略的优点是：既可以节省包装设计的成本，又可以扩大企业及产品的影响，扩大推销效果，有利于新产品迅速进入市场。但如果企业产品相互之间的差异太大，则不宜采用这种策略。

(二)多种包装策略

多种包装策略是指企业依据人们消费的习惯，把使用时有关联的多种产品配套装入一个包装物中，同时出售。这种包装策略的优点是：一物带多物，既方便了消费者购买，又扩大了销路。

(三)再使用包装策略

再使用包装策略又称为双重用途包装策略，即包装物在产品用完后，还可以用作其他用途。这样可以利用消费者一物多用的心理，诱发消费者的购买行为，即使顾客得到额外的使用价值，同时包装物在再使用过程中，又能发挥广告宣传作用。

(四)附赠品包装策略

附赠品包装策略是指在产品包装物上或包装内，附赠物品或奖券，吸引消费者购买。在儿童商品中附赠玩具是目前生产儿童用品的厂家最常见的做法。采用这种策略可以增加购买者的兴趣，吸引顾客重复购买。但赠品要注意制作精良，不可粗制滥造，否则不但起不到促销的作用，还会影响产品或企业的形象。

(五)等级包装策略

等级包装策略是指企业把所有产品按品种和等级不同采用不同等级的包装，例如分为精品包装和普通包装。这种策略的优点是：能突出商品的特点，与商品的质量和价值协调一致，并满足了不同购买水平的消费者的需求，但增加了设计成本。

(六)改变包装策略

改变包装策略是指企业对产品原包装进行改进或改换，达到扩大销售的目的。改变包装包括包装材料的改变、包装形式和图案设计的变化、包装技术的改进等。当原产品声誉受损，销量下降时，可通过改变包装，制止销量下降。

四、包装的程序

包装决策通常分为以下三个步骤。

(一)建立包装观念

包装观念的建立是确定这种包装的基本形态、目的和基本功能。例如某食品公司的"什锦果酱夹心饼干"，管理部门确定其包装的主要功能有两方面，一是保护产品在流通过程中不破损不变质；其二是显示产品特色，使购买者直观地了解饼干的颜色、形状。之后便以此作为包装设计的依据。

(二)决定包装因素

所谓包装因素是指包装的大小、形状、材料、色彩、文字说明以及商标图案等等。包装因素是由包装观念决定的。如上例中夹心饼干的包装，从保护产品的要求而言，应采用具有一定强度的密封包装。从显示产品特色的要求来看，应该采用透明材料，并以较硬的塑料板增加强度，使饼干能保存得更长久而不破碎。值得注意的是包装因素之间要互相协调，例如包装的大小和材料有关，材料和色彩有关。而且决定这些"包装因素"时，也必须和定价、广告等市场营销因素协调一致。如果企业已对某产品作出优质优价的营销决策，则包装的材料、造型、色彩等都要与之配合。

(三)包装检验

包装设计出来以后要经过试验，以考察包装是否能满足各方面的要求，在正式采用前作出改进。包装试验分如下 4 种。

(1) 工程试验。检验包装在正常的运输、贮存、携带等情况下的适用性。如磨损程度、变形程度、密封性能、褪色程度等。

(2) 视觉试验。确定包装的色彩、图案、是否赏心悦目，造型是否新颖，包装上的文字说明是否简明易读。

(3) 经销商测试。为了增加盈利，经销商常会希望包装引人注目并能确实地保护产品，避免各种损害、污染带来的损失。

(4) 消费者测试。用来了解包装是否能被消费者认可，并根据消费者意见及时对包装加以改进。

五、影响包装决策的因素

影响包装决策的因素主要有以下几个。
(1) 企业要追求的形象。
(2) 是否采用家族包装。
(3) 是否采用标准包装。
(4) 包装的成本。
(5) 包装材料的创新性。
(6) 包装应具备一定的特征。

六、绿色包装的原则

绿色包装必须遵循的 3R 5E 原则。3R 是节约(reduce)、重复使用(reuse)、循环(recycle)，5E 是符合人类工程学(human engineering)、低地排出(Emission Low)、友爱生态环境(technology leader strategy)、节约能源资源(Energy Saving)、服务方便一条龙(Easy To Service)。

本 章 小 结

本章主要介绍了六节内容，即产品的整体概念、服务决策、产品生命周期策略、新产品开发策略、品牌战略、产品包装策略。第一节介绍的产品是指一切能够满足顾客某种需求和利益的物质产品和非物质形态的服务的总称。第二节介绍的服务决策主要包括服务水平决策、服务形式决策、服务类型决策。第三节介绍的产品生命周期策略针对引入期(投入期、介绍期)、成长期、成熟期、衰退期等阶段有着不同的策略。新产品开发策略程序、采用和推广在第四节中得到了体现。第五节介绍的品牌战略，包括品牌化决策、品牌模式选择、品牌识别界定、品牌延伸规划、品牌管理规划与品牌远景设立六个方面的内容。第六节介绍了包装策略的程序、原则和影响因素。

自 测 题

1. 什么是产品整体概念？分为几个层次？
2. 服务决策主要包括哪几种类型？
3. 产品生命周期不同阶段对应的策略分别是什么？
4. 简述新产品策略开发的程序。
5. 简述包装策略的程序。

第九章 定价策略

【学习要点及目标】 通过对本章内容的学习,使学生理解影响定价决策的内、外部因素,明确新产品定价策略;了解产品组合定价策略;理解价格调整策略,明确公共政策与定价。

【关键概念】 定价策略(Pricing Strategy)

【引导案例】

快递业价格血战

19.7元到17.89元,3.3元到2.07元。

2020年上半年,快递行业大打"底价牌",位于快递领域一高一低位置的顺丰、申通,单票价格一再下探,物流江湖的市场争夺战正酣。

根据快递公司发布的6月快递经营数据显示,全国快递行业已摆脱疫情带来的打击,单量普遍复苏,单票价格一再下滑,头部企业依然深陷价格战。通达系(申通快递、圆通速递、中通快递、百世汇通、韵达快递)单票收入(单票收入为快递单价的均值)集体下滑25%以上,逼近2元,申通降幅最大,7个月内下降1/3,由1月的3.3元下降至2.12元。

顺丰一直是行业里的"高价玩家",为抢占电商市场也加入降价队伍,单票收入从1月的19.7元一路降至6月的17.89元。"通达系"单票收入集体进入2元时代,其中圆通降价幅度最大,同比下降28.28%至2.16元。

在美上市的中通未公布6月经营数据,根据8月发布的第二季度财报,可推测其降价力度也不小,剔除跨境业务收入后,中通单票收入为1.29元(中通单票收入不包含派费收入),较去年同期的1.77元同比下降20.9%。中通方面解释,单票收入的下降主要是"因市场竞争加剧,以及加大对网络合作伙伴的补贴力度所致"。

今年的快递价格战已延伸至个人散件,中通、顺丰、菜鸟等快递企业试图以打折促销,提升散户寄件的踊跃性。顺丰的动作尤为明显,连下重招。6月,丰巢智能柜上线"送到柜"寄件服务,省内寄顺丰6元起,省外7元起;7月,顺丰又在官方平台启动优惠活动,包括寄件满赠福利和寄件津贴,用户可以购买3元立减券和全国寄件八五折优惠券,抵扣运费。

中通则针对会员用户推出加油八五折券、外卖红包等福利,菜鸟裹裹推出"周六免费寄件日"活动,用户领取后,可支持优惠券面额范围内免费寄件。中通管理层在电话会议上强调,下半年重点将放在扩大市场份额和扩大领先优势上,希望2020年左右实现25%市场份额的目标。行业正向寡头垄断格局迈进,龙头公司将进一步分化。这是一场谁都不敢怯场的混战。

为了减缓价格战导致的运营压力,各快递企业均采取多种手段降低成本,包括应用自动化设备、采取电子面单、提升物流效率等,叠加上半年高速公路免过路费政策以及油价的下跌等因素,快递企业的成本均有不同程度下降,为应对价格战提供了操作空间。

以中通为例，2020年第二季度，业务量为46.0亿件，扣除跨境业务影响后，中通快递的单票收入为1.29元，同比下降20.9%，单票成本为0.92元，同比下降14.0%；业务量同比增长47.9%，运输成本、分拨中心运营成本、物料成本同比分别增加17.7%、31.5%、-28.1%，意味着单件成本大幅下降。

(资料来源：凤凰网财经，http://finance.ifeng.com/.)

案例分析：

价格是市场营销组合因素中十分敏感而又难以控制的因素，它直接关系着市场对产品的接受程度，影响着市场需求和企业利润的多少，涉及生产者、经营者、消费者等各方面的利益。一般来说，如果企业提供给消费者的产品能够很好地满足目标消费者需要，并且定价十分科学合理。消费者就会乐意购买，如上述导入案例中的苹果手机价格虽高，但是销量依然可观；反之，如果企业提供给消费者的产品虽然质量很高或样式十分优美，但定价不合理，消费者也会拒绝购买。因此，企业要制定出科学的市场营销组合策略，就必须保证定价策略科学合理。

第一节 影响企业定价的因素

一、价格构成要素

从市场营销角度来看，价格构成的四个要素为生产成本、流通费用、税金和利润。

(一)生产成本

生产成本是价值构成中的物化劳动价值和劳动者创造的、用以补偿劳动力价值的转化形态，是指在生产领域生产一定数量的产品所消耗的物质资料和劳动报酬的货币形态。它是产品价值的重要组成部分，也是制定产品价格的重要依据。

(二)流通费用

流通费用是指产品从生产领域通过流通领域进入消费领域所消耗的物化劳动和活劳动的货币表现。流通费用是发生在流通领域各个环节之间的，和产品运送的时间、空间相依存，所以它是正确制定各种商品差价的基础。

(三)税金

税金是生产者为社会创造的价值表现形态。国家是通过法令形式强制规定产品的税率并进行征税的。税率的高低直接影响产品的价格，因而税率是国家宏观调控产品生产经营活动的重要经济手段。

(四)利润

利润是生产者为社会创造和占有的价值的表现形态，是企业扩大再生产的重要资金来源，体现了企业经营的效益高低。

二、影响企业定价的因素

产品定价之所以困难，是因为对其影响的因素很多，而且它们大多是企业不可控制的，有些因素更是常常处于变动状态。企业要使定价策略有效，就必须对其主要因素进行深入分析。

(一)市场需求因素

在激烈竞争的市场条件下，市场需求状况是企业定价决策最重要的影响因素，对其分析主要从以下三个方面进行。

1. 市场供求关系

从理论上讲，大多数产品的价格与需求有这样的规律：如果其他因素不变，产品价格越高，市场需求量越少，反之亦然。产品的市场供应情况则相反：如果其他因素不变，产品价格越高，该产品在市场上的供应量就越多，反之亦然。

在市场的需求和供应这两股力量的作用下，产品市场价格会逐渐在一定时期均衡于某一点，此时会形成产品的均衡价格，市场需求量与供应量会相等。这就是所谓的供求规律。企业产品所面对的竞争程度越高，其价格受市场供求关系的影响就越大；市场的垄断性越强，其价格受市场供求关系的影响就越小。

2. 产品的需求价格弹性

价格的变动会引起市场需求量的变动，但需求量变动的程度会因产品的不同、时期的不同而有很大区别。例如基本食品价格的变动，对其需求量的变动就较轻微；而高档家用电器价格的变动，对其需求量的变动就较大。

若 A 产品、B 产品，当价格为 P_0 时对应的市场需求量都为 Q_0，当价格从 P_0 降为 P_1 时，A 产品需求量增加到 Q_1，B 产品需求量增加到 Q_2，后者变动程度远大于前者。这种变动的不同状况，可以用需求价格弹性来反映。需求价格弹性可定义为：在其他因素不变时，产品价格每变动 1%，而引起产品需求量变动的百分数。可用以下公式表示：

需求价格弹性(EP)=需求量变动的百分比/价格变动的百分比

$$EP_A = \frac{Q_1 - Q_0}{Q_0} \bigg/ \frac{P_1 - P_0}{P_0}$$

$$EP_B = \frac{Q_2 - Q_0}{Q_0} \bigg/ \frac{P_2 - P_0}{P_0}$$

式中：Q_1、Q_2 分别为价格变动前后的产品需求量；

P_0、P_1 分别为产品的原价格与新价格。

由于一般情况下，产品价格变动与需求量变动的方向是相反的，所以需求价格弹性数值通常为负值。

不同产品具有不同的需求弹性，如果需求价格弹性的绝对值大于 1 时，该产品是富有弹性的。

某产品需求价格弹性的确定,需要建立在长期销售资料的搜集分析的基础上。一般来讲,可以总结出以下几条规律:①生活必需品、生产资料产品的价格弹性较低,而生活非必需品的价格弹性较高;②企业在市场的垄断性较强时,企业产品的价格弹性较低;如果市场存有较多竞争产品、替代产品时,企业产品的价格弹性就较高;③价格低廉的产品的价格弹性低,价格水平高的产品的价格弹性高;④短期考察产品时,价格弹性较低,而从长期来看,产品的价格弹性较高。

3. 消费者对产品价格和价值的理解

最终评判产品价格是否合理的是消费者,因此,企业在定价时必须考虑消费者对价格的理解以及这种理解对购买决策的影响。换言之,定价决策也必须像其他营销组合决策一样,以消费者为中心。价值可分为产品的实际价值和消费者个人所理解的价值。

【阅读与思考1】

> 在某眼镜店里,小王将同样的眼镜以不同的价格前后卖给两位顾客,两位顾客都很满意地离开了眼镜店。新来的售货员小张很奇怪,向小王求教。小王说:"先进店的那位,我从衣着言谈便猜出家资雄厚,于是便以 450 元卖给他。后来的那位顾客,我感觉经济条件稍差一些,我只收了他150元钱。前者买的是面子,若别人知道他戴的是150元的眼镜,他反而会不乐意。后者买的是实惠,这个价格他才会接受,所以也很高兴。"相差300元,却都获得了顾客满意。这种定价是否恰当?为什么?

(二)定价目标

任何企业都不能孤立地制定价格,而必须按照企业的目标市场战略及市场定位战略的要求来进行。同时,企业管理人员还要制定一些具体的经营目标,如利润额、销售额、市场占有率等,这些都对企业定价具有重要影响。企业的每一可能价格对其利润、收入、市场占有率也都有不同的含义。

与定价直接有关的营销目标主要有以下几种。

1. 维持企业的生存

有些企业由于经营管理不善或其他原因,造成产品大量积压、资金周转不灵、濒临破产,仅以维持生存、避免破产为目标。但是维持生存只能作为短期目标,从长远来看,企业还是要寻求发展,否则仍难免倒闭。

2. 争取当期利润最大化

企业定价的目标有时是要取得当期的最大利润,而不是着眼于未来的长期利润。在这种情况下,企业需要估计和比较不同价格时的市场需求量,并结合产品成本一并考虑,然后选择可以得到当期最大利润、最大现金流量和最大投资收益的价格。

3. 争取最大限度的市场占有率

有些企业的目标是争取最大限度的市场占有率,因为它们相信,只要占有最大限度地市场份额,就能达到最低成本和取得长期的最大利润。为了达到这一目标,它们将价格尽可能定得低一些。这种策略也就是以牺牲短期利润的办法,获取长期的利益。

4. 产品质量领先

企业也可以考虑产品质量领先这样的目标,并在生产和市场营销过程中始终贯彻产品质量最优化的指导思想。这就要求用高价格来弥补高质量和研究开发的高成本。产品优质优价的同时,企业还应保证提供优质的服务。

5. 其他目标

企业还可利用低价来达到其他目标,例如:以低价阻止竞争者进入市场;随行就市定价,以稳定市场,缓和竞争;通过适当的价格保住既有的顾客或避免政府干预,用临时性的降价来激发顾客的购买欲望;用某一种产品的低价来促进产品线中其他产品的销售,等等。

(三)产品成本因素

任何企业都不能随心所欲地制定价格,基本要求就是产品的售价必须能够弥补其成本。因此,产品成本就成为企业制定价格最基本的因素之一。建立完备、准确的成本资料是科学定价的基础。

1. 固定成本与变动成本

固定成本是指在一定的产量范围内,不随产量的变动而变动的成本,如折旧费、房地租、办公费用、管理人员报酬等相对固定的开支。这些项目费用的总体支出水平在短期内是相对固定的,即使企业没有生产产品,也需要支出,而产量增加时,这部分支出并无显著增加。

变动成本是指企业随着产品产量变动而变动的费用开支,如产品实体的原材料、加工产品的能耗和工资等,这些费用可以直接计入产品成本。一般来讲,在一段时期里变动成本总量增长的速度与产量增长速度基本是相同的。

上述二者之和就是产品的总成本。对于企业定价决策而言,更关心单位产品成本情况。单位产品成本的变动趋势同时受单位固定成本和单位变动成本的影响。

2. 边际成本

产品的边际成本是指当该产品增加或减少单位产量时,所引起相应成本的变动量。例如,某企业生产某产品100件时,其总成本为10 000元(单位成本为100元),当产量为101件时,其总成本变为10 070元,此时这种产品的边际成本为70元。对于企业来说,企业关心的是增加产量能否增加利润,如果产品市场价格高于边际成本,增加产量就会带来利润增加。假设上述的产品市场价格为80元(比单位成本要低),但只要企业生产能力尚有富余,多生产一件产品,企业可多获利10元,增加产量是有利的。同理,如果产品市场价格低于产品的边际成本,则减少产量应是有利的。因此,边际成本对企业的价格决策有重要影响,企业需要经常结合价格,观察边际成本的变化。

3. 机会成本

所谓机会成本,就是指当企业选择生产经营某种产品时,因需要放弃生产经营另一种产品的机会,而失去的相应收益。例如,某企业可以生产甲、乙两种产品,因为资源有限,如果多生产一件甲产品,就可能少生产三件乙产品,假设每销售一件乙产品可带来 2 元的利润,那么此时一件甲产品的机会成本为 6 元。如果甲产品的单位成本为 10 元,那么只有当甲产品的售价大于或等于 16 元时,企业才应决定多生产经营甲产品,否则应决定多生产经营乙产品。由此可知,产品价格不仅应能弥补生产经营成本,还要能弥补它的机会成本。

(四)市场竞争因素

产品价格不可能定得过高,否则会失去大多数顾客;价格也不可能定得过低,以至于无法抵消成本,但可以在一定的幅度内浮动。企业应在分析市场竞争程度的基础上,在定价的可能幅度内,确定具体的价格水平。

1. 竞争者的价格与其所提供的产品

现实的和潜在的竞争者对企业定价影响很大。通常竞争来自三个方面,即类似的产品、代用品以及对顾客来说效用相同的其他产品。如果本企业的产品质量与竞争者产品大体一样,那么这二者的价格水平也大致相同;如果本企业的产品质量比竞争者低,那么产品的价格就要比竞争者价格低一些,相反,则高一些。

2. 市场结构

由于行业的特点和市场环境的差异,不同企业会面对具有不同竞争程度的市场,这对企业的定价行为有着相当大的影响。因此,企业制定价格策略时,需要认真分析其市场的竞争结构。不同类型的市场有不同的运行机制和特点,对企业具有不同的约束力。因而在定价方面表现出显著的差异性。

(1) 完全竞争市场。这种市场不受任何阻碍和干预,企业只能按照市场价格出售商品。买主和卖主只能按照由市场供求关系决定的市场价格来买卖商品,都只能是价格的接受者,而不是决定者。从严格的意义来看,完全竞争的市场几乎不存在,但一些小五金、小食品、农产品等市场与这种类型类似。

(2) 完全垄断市场。在完全垄断条件下,在一个行业中只有一个卖主(政府或私人企业),没有别家竞争,这个卖主可以完全控制市场价格。它根据自己的经营目标在法律允许的范围内自由定价。现实生活存在类似完全垄断的市场,例如拥有某产品专利权的企业、完全控制某种生产原料或某市场的销售渠道的企业等。另外城市中的公用事业或某些特殊行为的企业,如电力公司、邮电局等,一般是独家经营。

如果是政府垄断,则由于定价目标不同,产品价格制定也有高有低。比如有些产品与广大人民群众生活关系密切,价格定得就要低于成本(日本发生核辐射的时候,政府严格控制食盐的价格和供应);有些产品的定价相对较高,以限制消费(很多大型城市限制了房屋买卖的手续费用,通过服务成本的增加限制了房地产市场价格)。

如果是私人管制垄断,则政府对某些私营垄断企业的定价加以调节和控制。比如美国政府允许某些私人垄断企业的收费能得到中等的收益。

(3) 垄断竞争市场。它是介于完全竞争和完全垄断之间的一种市场状态。在这种市场上,各企业对自己的产品有垄断权,但由于产品类似,因此企业之间存在竞争。在这种条件下,企业可能利用产品的独特性制定和控制价格。比如不同企业生产的同样疗效的类似药品实际上是同一种产品，但是不同品牌药品的制造商就通过铺天盖地、五花八门的广告宣传、包装、促销方式来区分产品，使消费者在心理上认为它们之间是存在差异的，吸引消费者花不同价格购买不同产品。

(4) 寡头垄断市场。在这种市场上，同行业企业的数目不多，但每个企业生产和销售的产品都在行业中占有较大的比重。它们相互依存、相互制约，各个寡头企业对其他企业的市场营销战略和定价策略都非常敏感，任何一个寡头企业调整价格都会迅速影响其他竞争对手的定价策略。所以，这个市场上产品的价格不是通过市场供求决定，而是通过各企业之间的妥协来决定。

一般来说，寡头垄断企业一般不轻易调整其产品价格，以避免产生恶性竞争。石油化工、汽车制造、冶金、电子等行业的大、中型企业大多是处于这种市场结构。

(五)政府政策因素

在国际贸易中，不少国家政府为了维护本国企业的利益，实行市场保护，也会对进口产品的价格实行限制。企业制定价格必须遵守其目标市场所在地政府的有关规定，特别是在国际市场营销时，必须熟悉进口国政府有关价格方面的法律和政策。政府对产品价格的限制和干预主要有以下几种情况。

1. 对关系国计民生的重要产品

这类产品主要是原料、能源、粮食、医药品等，也包括某些农产品，如农机、化肥等的限价。这些产品的需求价格弹性较低，若价格水平高，影响面很大。政府对这些产品规定较低的市场价格，相应也会对有关生产经营的企业给予一定的补助。

2. 抑制通货膨胀

政府在通货膨胀率较高的时期，会实行物价冻结的政策，此时，企业的定价就会被限制在狭小的范围内。

3. 对垄断的限制

实力强大的企业可以通过低价将竞争对手挤出市场，从而达到垄断的目的，少数大企业也可以协商定价，意图共同垄断市场。由于垄断形成后，会损害消费者利益，因此政府往往会通过一些法律，来防止因不正当竞争而引起的垄断。对于某些政策允许的垄断行业，如铁路、电力公司、邮电局等，政府会实行限价政策。

4. 对出口产品价格的协调

政府为了防止各出口企业因争夺客户而竞相削价，以至于损害国家政府利益，就必须由有关部门通过签发经营许可证等方式，来协调价格，统一对外。

5. 反倾销政策

《关税与贸易总协定》对倾销的定义是："凡是一个国家将其产品以低于正常价格的办法挤入另一国家市场时，如因此对某一缔约国领土内已建立的某项工业造成重大损失或产生重大威胁，或对某一国内新建工业产生严重阻碍时，即构成倾销。"进口国政府会对已被认定为倾销的进口产品增收高额"反倾销税",以抵消其危害。因此,出口产品不宜一味地压低价格,否则被指控为倾销,会给产品在该国市场上的销售造成极大困难,甚至会被迫退出该市场。

【阅读与思考2】

限购令对杭州房地产市场的影响

近年来,随着我国经济快速发展,我国的房价也是越来越水涨船高,房地产市场高速增长。2010年,为了抑制房价上涨过快,政府出台了"新国十条",各一、二线城市纷纷颁出了针对本地的各种限购政策,这些限购政策在一两年的短期内,确实对房价上涨起到了一定的抑制作用,但是从长期看,房地产市场经过短暂的降温之后,又开始渐渐地发酵升温,从2011—2015年我国住宅商品房平均售价年均上涨6.7%。杭州作为强二线城市,2011年3月出台的杭版限购令之后房价却似乎确实受到了限制,从2011—2015年的五年间,杭州住宅商品房均价年均上涨3.71%。而2016年对于杭州房地产来说是不寻常的一年,年初随着国家"房地产去库存"政策的出台,配合的契税、营业税调低新政的颁布,上海等外地购房者涌入杭州,G20杭州峰会的召开,诸多利好因素使杭州房地产市场一反前几年限购下的状态,交易量和房价都一路走高。2016年杭州市区(包括余杭、萧山、大江东、富阳)新建商品房共计签约205 023套,与2015年相比增加了72 086套,增长幅度达54.2%。二手房方面,成交量达到115 769套,与2015年相比增加了49 449套,增长幅度竟达74.56%,创史上新高。

于是杭州市政府自2016年9月19日起实施住房限购,暂停在市区限购范围(上城区、下城区、江干区、拱墅区、西湖区、杭州高新开发区(滨江)、杭州经济技术开发区、杭州之江国家旅游度假区、萧山区、余杭区。)内向拥有1套及以上住房的非本市户籍居民家庭出售住房。这一举措抑制了一部分外来购房者的需求。2016年9月27日又推出限购令:暂停市区购房入户;提高公积金贷款二套房首付比例:拥有1套住房但未结清相应商业性购房贷款的,首付比例由40%调整为50%;提高商业贷款二套房首付比例:拥有1套住房但未结清相应购房贷款的,首付比例由30%调整为50%。

9月第一次限购之后,杭州房地产成交量从10月开始下降,11—12月,首次达到同比负增长,杭州楼市进入一个暂时的冷静期。

11月杭州楼市调控政策再升级:自11月10日起,非本市户籍居民家庭购房,必须提供前2年内的连续缴纳1年的社保或个税证明,不得补缴;提高公积金贷款第一套和第二套的首付比例,第三套房停贷:对于首次购房或拥有1套住房并且已经结清购房贷款的,首付比例由20%提高为30%;家庭或个人名下拥有1套住房但是尚未结清相应其商业性购房贷款的,首付比例由50%提高为60%;拥有2套以上住房或未结清公积金贷款的,不得申请公积金贷款;首次购房的,首付比例不低于30%;家庭或个人名下有房或者有贷款的,首付比例不得低于40%;名下已拥有1套住房但是尚未结清相应购房贷款的,首付比例不得低于60%;名下已拥有2套以上住房的,银行暂停对其贷款。

限购令之后,住房均价在11月开始增幅降低,增长趋缓。然而人们似乎对杭州的房地产市场热度不减,2017年1月的交易量一反之前十一二月的下降态势,达到15 860套,势头再次上升,2017年2月,受春节假期返乡潮的影响,杭州楼市经历了短暂的速冻。2016

第九章 定价策略

年12月召开的中央经济工作会议上习近平总书记提出，房子是用来住的，不是用来炒的，在这一指导思想下，2017年3月3日杭州限购再次升级：杭州市之前没有纳入限购范围的富阳区和大江东产业集聚区被纳入限购范围；非本地户籍居民家庭购房须满足"自购房之日的前3年内，在杭州本市连续缴纳2年以上的个人所得税和社保"，并且不允许通过补缴购买住房；明确规定，停止向已经拥有2套及以上住房的本市户籍居民家庭售卖住房。

2017年3月29日杭州再出重磅限购新政，在住房限购及销售监管政策方面：一是从3月29日起，暂停对拥有1套及以上的本市户籍成年单身(含离异)人士售卖住房，暂停对拥有2套及以上的本市户籍家庭售卖住房。二是非杭州户籍居民购买首套住房要提供3年内连续缴纳2年以上的社保证明，并且非杭州户籍并已有1套以上住房的居民禁止在杭州买房。三是由外地迁入四县(市)的居民家庭迁入必须满2年，才可在杭州市区范围购房。

2017年春节过后，杭州房地产立刻升温，周成交量一个月内上涨接近四倍。在2017年3月2日当年第一次限购政策出台之后，与第二次在3月29日出台限购令之后，房地产成交量均剧烈下降。说明限购令在短期内对房产成交量有一定的抑制作用。但是从三月初的限购令过去两周之后，由于市场惯性的原因，成交量又大幅度上涨。于是政府3月29日的"限购升级"出台，也是同样的结果：第一周成交量下降，再往后又大幅上升。

从市场供求的角度来说，房子既是消费品，又是投资品。房子这种商品受到政策影响，导致一些有条件购买的消费者被政策排除在外，政策抑制了一部分人的需求，使总需求曲线向左移动；另一方面，一些本身想要购买的消费者变成观望态度，也会减少需求。但是杭州房地产市场的表现却跟供求分析暂时不符，短时间内又大幅上涨，分析其原因，一方面由于存在市场惯性，政策对市场的调节，需要一个反应时间；二是成交量不降反升与购房者对房价的预期有关，消费者对市场有信心，认为长期房价还是看涨的，而一波更比一波严的限购令，不早点买可能之后就被限了，失去购买的权利，在这种恐慌心态下，成交量反而更高；三是杭州的新建商品房需要拿到政府的预售证才可开售，而在限购令之下，房地产商的价格不会定得很高，否则拿不到预售证，有购买资格的消费者认为在这样一个政策庇佑下，是一个购房的好时机。

(资料来源：范作冰，尹若凡. 新一轮限购令对房地产市场的影响探究——以杭州为例. 杭州电子科技大学管理学院，浙江杭州，310018.)

第二节 定价导向

在影响定价的几种因素中，成本因素、需求因素与竞争因素是影响价格制定与变动的最主要因素。企业通过考虑这三种因素的一个或几个来定价，但是，在实际工作中企业通常会根据实际情况侧重于考虑某一方面的因素并据此选择定价方法，此后再参考其他方面因素的影响对制定出来的价格进行适当的调整。因此，企业的定价导向可以划分为三大基本类型，即成本导向、需求导向和竞争导向。

一、成本导向定价

所谓成本导向定价，就是企业以成本费用为基础来制定价格，主要包括成本加成定价法和目标利润定价法两种。

(一)成本加成定价法

成本加成定价法即根据单位成本与一定的加成率来确定产品的单位价格,具体有以下两种方式。

1. 以成本为基础的加成

以成本为基础的加成即企业在产品的单位总成本(包括单位变动成本和平均分摊的固定成本)上加一定比例的利润(即加成)来制定产品的单位销售价格。

该方法的计算公式是：

$$单位产品价格=单位成本\times(1+成本加成率)$$

例如,某电视机厂商的成本和预计的销售量如下：

总固定成本　　3 000 000 元
单位变动成本　1 000 元
预计销售量　　5 000 台

若该制造商的预期利润率为20%,则采用成本加成定价法确定价格的过程如下：

$$单位成本=单位变动成本+固定总成本/销售量$$
$$=1\ 000+3\ 000\ 000/5\ 000$$
$$=1\ 600(元)$$
$$单位产品价格=1\ 600\times(1+20\%)$$
$$=1\ 920(元)$$

2. 以售价为基础的加成

有的企业(如零售商)往往以销售额中的预计利润率为加成率来定价。如假设某零售商的单位进货成本为1600元,该企业想要在销售额中有20%的利润,其加成价格的计算如下：

$$单位产品价格=单位成本/(1-销售额中的预计利润率)$$
$$=1\ 600/(1-20\%)$$
$$=2\ 000(元)$$

由此可以看到,成本加成定价法的关键是加成率的确定。在这方面,企业一般是根据某一行业或某种产品已经形成的传统习惯来确定加成率。不过,不同的商品、不同的行业、不同的市场、不同的时间、不同的地点加成率是不同的,甚至同一行业中不同的企业也会有不同的加成率。一般地说,加成率应与单位产品成本成反比；加成率应和资金周转率成反比；加成率应与需求价格弹性成反比(需求价格弹性不变时加成率也应保持相对稳定)；零售商使用自己品牌的加成率应高于使用制造商品牌的加成率。

(二)目标利润定价法

目标利润定价法也称为目标收益定价法、投资报酬定价法,这是制造企业普遍采用的一种定价方法。该方法的操作过程是企业在单位总成本、预计销售量等指标的基础上,考虑企业的投资所能获得的投资报酬率来制定价格。公式为：

第九章 定价策略

价格=单位成本+总投资额×投资报酬率/预计销售量(单位)

假设上述电视机厂商投资 1 000 万元,要想获得 20%的投资报酬率,则其目标收益价格应为:

价格=1 600+10 000 000×20%/5 000=2 000(元)

如果企业对成本和预测的销售量都计算得较准确,采用这种方法确定的价格能实现 20%的投资收益,且计算非常简单。但是,销售量要受到市场需求、竞争状况等诸多因素的影响,企业还应考虑销售量达不到 5 000 台的状况。假设固定成本始终保持为 300 万元,在固定成本上附加上变动成本,总成本随着销售量增加而直线上升,总收入曲线从零开始,以价格为斜率,随市场销售量而上升。

总收入曲线和总成本曲线在 3 000 台处相交,则 3 000 台为保本销售量,也就是目标利润为零时的销售量。保本销售量的计算公式为:

保本销售量=固定成本/(价格-变动成本)
=3 000 000/(2 000-1 000)
=3 000(台)

以每台 2 000 元的价格销售,至少要销售 3 000 台电视机才能保证企业不发生亏损,即总收入可弥补总成本。若企业希望在市场上能以 2 000 元的价格销售 5 000 台电视机,此时 1 000 万元的投资将获利 200 万元。然而,这在很大程度上取决于价格弹性和竞争者的价格。

二、需求导向定价

现代市场营销观念要求,企业的一切生产经营必须以消费者需求为中心,并在产品、价格、分销和促销等方面予以充分体现。只考虑产品成本,而不考虑竞争状况及顾客需求的定价,不符合现代营销观念。根据市场需求状况和消费者对产品的感觉差异来确定价格的方法叫作需求导向定价法,又称"市场导向定价法""顾客导向定价法",主要包括认知价值定价法、反向定价法、需求差异定价法、价值定价法、集团定价法等,其中需求差异定价法将在定价策略中专门论述。

(一)认知价值定价法

认知价值(perceived value)定价法是指企业依据消费者对商品价值的理解,而不是依据企业的成本费用水平来定价,通过运用各种营销策略和手段,在消费者心目中建立并加强认知。认知价值定价法的关键和难点,是获得消费者对有关商品价值认知的准确资料。因此,企业必须通过广泛的市场调研,了解消费者的需求偏好,根据产品的性能、用途、质量、品牌、服务等要素,判定消费者对商品的认知价值,然后据此来定价。认知价值定价法的关键在于提供并向潜在顾客展示比竞争者更高的价值。

(二)反向定价法

反向定价法主要不是考虑产品成本,而是重点考虑需求状况,依据消费者能够接受的最终销售价格,反向推算出中间商的批发价和生产企业的出厂价格。反向定价法被分销渠道中的批发商和零售商广泛采用。该方法的特点是:价格能反映市场需求情况,有利于加

强与中间商的良好关系，保证中间商的正常利润，使产品迅速向市场渗透，并可根据市场供求情况及竞争状况及时调整，因此定价比较灵活。

(三)价值定价法

顾客都希望从购买的商品中获取高价值，所以，采用以低价出售高质量供应品的价值定价法在某种程度上可以获得顾客忠诚度，其主要的表现形式就是天天低价(everyday low pricing，EDLP)定价法，被许多零售商采用。四个最成功的美国零售商 Home Depot、沃尔玛、Office Depot、Toys "R" Us 公司都使用天天低价定价法。这种定价方法强调把价格定得较低，但它们的定价并非总是市场上的最低价。因此，从某种意义上说，"天天低价"中的"低"并不一定最低。对这种定价方法更准确地表述应该是"每日稳定价"，因为它防止了每周价格的不稳定性。天天低价法的销量和顾客群都较稳定，不会因贱卖的刺激而产生新的突发消费群，因而销售人员可以在稳定的顾客身上花更多的时间，多为顾客着想，提高企业整体服务水平。

由于对大多数零售商而言，天天低价难于保持，且采用天天低价法，零售商的商品价格与其竞争者的价格必须是可比的，比如某百货公司销售的全国名牌产品或超级市场上的牛奶和糖这样的日用品。因而，在零售市场上与天天低价法对立的高/低定价法也被广泛采用。在高/低定价法(high/low pricing strategy)中，零售商制定的价格会高于其竞争者的天天低价，但使用广告进行经常性的降价促销。在降价过程中常常出现一种"仅此一天，过期不候"的氛围，从而导致购买者人头攒动，大大刺激了消费。

当然，零售商也可交替使用两种定价方法。在美国，较早实行天天低价的零售商(如沃尔玛)现在也开始进行经常性的促销活动，而主要使用高/低定价法的零售商则为努力稳定其价格而使用天天低价法。

(四)集团定价法

为了给顾客以更多的实惠，不少企业制定了一系列团购价，尤其是对一些金额较大的商品，如小汽车，顾客自发组织起来以团购价购买，可以大大降低购买价格。互联网的兴起更加便利了这种方式，互不相识的顾客通过互联网，可以加入企业已有购买意向的顾客当中，当购买量达到一定标准后，顾客便可以理想的价格进行购买。当然这种方式对顾客的耐心是一种挑战，因为有些顾客可能等不到集团价格实行的时候就退出了。

三、竞争导向定价

竞争导向定价是指在激烈的竞争性市场上，企业通过研究竞争对手的生产条件、服务状况、价格水平等因素，依据自身的竞争实力，参考成本和供求状况来确定商品的价格。其特点是：价格的制定以竞争者的价格为依据，与企业自身商品的成本及市场需求状况不发生直接关系。竞争导向定价主要包括以下两种。

(一)通行价格定价法

通行价格定价法(going ratepricing)也称随行就市定价法、流行水准定价法，是指企业按

第九章 定价策略

照行业的现行平均价格水平来定价，利用这样的价格来获得平均报酬。在企业难以估算成本、打算与同行业竞争对手和平共处、另行定价时很难估计购买者和竞争者对本企业价格的反应、经营的是同质产品、产品供需基本平衡时，采用这种定价方法比较稳妥。

采用通行价格定价法，最重要的就是确定目前的"行市"。在实践中，"行市"的形成有两种途径：第一种途径是在完全竞争的环境里，各个企业都无权决定价格，通过对市场的无数次试探，相互之间取得一种默契而将价格保持在一定的水准上。第二种途径是在垄断竞争的市场条件下，某一部门或行业的少数几个大企业首先定价，其他企业参考定价或追随定价。

(二)封闭式投标拍卖定价法

许多大宗商品、原材料、成套设备和建筑工程项目最终的买卖和承包价格就是通过此方法确定的。其具体操作方法是首先由采购方通过刊登广告或发出函件说明拟采购商品的品种、规格、数量等具体要求，邀请供应商在规定的期限内投标。供应商如果想做这笔生意就要投标，即在规定的期限内填写标单，填明可供应商品的名称、品种、规格、价格、数量、交货日期等，密封送给招标人(采购方)。采购方在规定的日期内开标，选择报价最合理的、最有利的供应商成交并签订采购合同。一般说来，招标方只有一个，处于相对垄断地位，而投标方有多个，处于相互竞争地位，因此，最后的价格是供应商根据对竞争者报价的估计制定的，而不是按照供应商自己的成本费用或市场需求来制定的。

【阅读与思考】

四种最基本的拍卖方式

1. 英式拍卖(English auction)

英式拍卖也称增价拍卖。这是最常用的一种拍卖方式。拍卖时，由拍卖人提出一批货物，宣布预定的最低价格，然后由竞买者相继叫价，竞相加价，有时规定每次加价的金额额度，直到无人再出更高的价格时，则用击槌动作表示竞卖结束，将这批商品卖给最后出价最高的人。在拍卖出槌前，竞买者可以撤销出价。如果竞买者的出价都低于拍卖人宣布的最低价格，或称价格极限，卖方有权撤回商品，拒绝出售。购物者彼此竞标，由出价最高者获得物品。当前的拍卖网站所开展的拍卖方式以"英式拍卖"为主。二手设备、汽车、不动产、艺术品和古董等商品常以这种方式进行拍卖。

2. 荷兰式拍卖(Dutch auction)

荷兰式拍卖也叫降价式拍卖。这种方法先由拍卖人喊出最高价格，然后逐渐减低叫价，直到有某一竞买者认为已经低到可以接受的价格，表示买进为止。这种拍卖方式使得商品成交迅速，经常用于拍卖鲜活商品和水果、蔬菜、花卉等。荷兰阿姆斯特丹的花市所采用的便是这种运作方式，通用电器公司的"交易过程网络"(trading process network)也是如此。

3. 标单密封式拍卖(sealed-bid auction)

标单密封式拍卖是一种招标方式，在这种拍卖方式中，买方会邀请供应商前来进行标单密封式投标，最后，由买方选择价格合理的供应商来交易。目前，这种方式在建筑市场、大型设备市场及药品的成批买卖中较为普遍。

4. 复式拍卖(double auction)

在这种方式中，买卖方的数量均较多。众多买方和卖方事先提交他们愿意购买或出售某项物品的价格，然后通过电脑迅速进行处理，并且就各方出价予以配对。复式拍卖的典型例子是股票市场，在该市场上，许多买方和卖方聚集在一起进行股票的买卖，价格也会随时发生变化。

(资料来源：作者自己整理)

第三节　企业的定价策略

上述讲解的定价方法是依据成本、需求和竞争等因素决定产品基础价格的方法。基础单位价格是单位产品在生产地点或经销地点的价格，尚未计入折扣、运费等对价格的影响。但是在市场营销实践中，企业还需考虑或利用灵活多变的定价策略，修正或调整产品的基础价格。根据产品的需求弹性、产品生命周期所处的阶段、消费者购买的心理、消费者购买数量和时机等，可采用不同的定价策略。

一、新产品定价策略

新产品上市前，缺乏价格的参照系，通常难以把握定价的准确性，这时市场的竞争者少，产品富有特色，企业定价的自主权较大。新产品正式投放市场前，企业应通过一定方式预测其价格的大体水平，可以选择几个具有典型意义的市场进行测试，也可以邀请一些顾客、推销员或中间商参与考评。通过这种方式所得的价格被称为新产品的预期价格，预期价格是新产品定价的参考。企业根据具体营销目标有两种新产品定价的策略：撇脂定价策略与渗透定价策略。

(一)撇脂定价策略

撇脂定价策略是指对新产品制定较高的价格，意图在新产品投入市场的早期就能获得最大的利润。相当于新鲜牛奶，首先撇取处于最上层的精华部分——油脂，所以称之为撇脂定价。

1. 优点

撇脂定价策略主要具有以下优点。

(1) 新产品定高价有其可能性，竞争者较少，特别是当新产品有明显的相对优势特征时，能降低顾客对一价格的敏感程度。

(2) 高价能抬升产品的形象，有利于吸引高阶层的顾客，而这部分顾客往往是新产品的早期购买者。

(3) 新产品的高价位可以保有较大的降价空间，若发现定价过高，企业可适当调低价格，顾客易于接受；如果定价过低，企业若想调高，则不易为顾客所接受。

(4) 高价能够使企业早期收回新产品开发的投资，特别是对产品生命周期很短的产品

第九章　定价策略

需要制定高价。

(5) 新产品高价能相对使市场需求适应产品生产能力。因为投入期时新产品的生产能力尚未完全形成，市场规模有时不宜扩张过快。

2. 缺点

撇脂定价策略主要具有以下缺点。

(1) 拼高价产生高利润，极易过早产生激烈竞争，因为这等于向其他企业发出信号："该新产品有利可图"。相当于邀请他人加入竞争，所以高价一般难以长期维持。

(2) 高价人为地抑制了产品的扩散速度，使销售增长率受阻。

(3) 高价如果与产品质量不能一致，会引起消费者反感，对企业形象有损，而新产品投入初期，质量可能不够稳定。

(4) 高价不适应中、下阶层顾客要求，而这部分顾客是构成市场的大部分。

3. 采用的条件

从市场营销实践来看，在以下条件下可以采取撇脂定价策略：①市场有足够的购买者，他们的需求缺乏弹性，即使把价格定得很高，市场需求也不会大量减少；②高价使需求减少一些，因此产量减少些，单位成本增加一些，但这不至于抵消高价所带来的收益；③在高价情况下，仍然独家经营，别无竞争者(比如有专利保护的产品)；④某种产品的价格定得很高，使人们产生这种产品是高档产品的印象。

(二)渗透定价策略

渗透定价策略是指对新产品制定较低的价格，从而使新产品能迅速地扩散，很快地渗透到各个市场。

1. 优点

渗透定价策略主要具有如下优点。

(1) 低价能迅速打开市场，特别是顾客对价格相当敏感的产品销售量的扩大可使生产批量扩大，使规模效益得以发挥，可导致产品成本下降。

(2) 低价可以阻止竞争者进入该市场，由于低价会使早期经营者亏损，它等于向其他企业发出信号："该产品无利可图，不必染指该市场。"

(3) 低价能适应中、下阶层顾客，使新产品有较宽的目标市场。

2. 缺点

渗透定价策略主要具有如下缺点。

(1) 低价可能使新产品在市场上形成大众化、低档化的形象，以后若要再提升产品的形象就比较困难。

(2) 低价使企业的新产品开发投资回收放慢，甚至要忍受亏损的局面使企业资金利用效益降低。

(3) 如果新产品生产能力的提高，来不及满足因低价而导致销售量增长需要，那么企业的销售收入、利润等就会受到不应有的损失。

3. 采用条件

从市场营销实践来看，企业采取渗透定价需要具备以下条件：市场需求显得对价格极为敏感，因此低价会刺激市场需求迅速增长；企业的生产成本和经营费用会随着生产经营经验的增加而下降；低价不会引起实际和潜在的竞争。

撇脂定价与渗透定价这两种策略截然相反，各有利弊，企业应根据具体情况加以选择，表 9-1 中的选择标准可供参考。

表 9-1　新产品定价策略选择因素

影响因素	渗透定价	撇脂定价
潜在市场容量	大	小
与竞争产品的相似性	相似性大	差异性大
仿制的难易	容易	困难
需求价格弹性	高	低
目标市场顾客的购买力	弱	强
销售量增长对产品单位成本降低的影响	较大影响	影响不大
投资回收期的要求	逐渐回收	迅速回收

二、折扣定价策略

折扣定价策略是企业根据不同情况，按一定的标准对顾客在价格上作某种程度的减让或优惠，以达到不同的营销目的。折扣定价策略的实质是一种降价行为，但如果企业直接对产品降价，可能会产生较严重的负面影响。例如影响产品和商标的声誉、引起同行的不满、打击销售者士气等。折扣定价策略是营销中常用的间接降价手段。

(一)价格折扣的主要类型

1. 现金折扣

现金折扣是指对购买者在约定的期限内付款或提前付款给予一定的价格折扣，目的是鼓励购买者尽快支付货款，以利企业及时回收资金、加速资金周转。折扣的大小一般根据付款期间的利率(或资金成本)和风险成本等因素来确定。最典型的例子是"2/10，净 30"，意思是：买方应在 30 天之内付清货款，但如果在成交后 10 天内付款，给予 2%的现金折扣。

2. 数量折扣

数量折扣是企业对购买产品的数量达到某种标准的顾客给予一定的折扣。这种折扣可以仅针对超过标准部分的产品，也可以对全部订购产品都给予折扣。具体做法有累积数量折扣和非累积数量折扣。

(1) 累积数量折扣。这是当顾客在一段时期内，购买某种商品的数量累积达到一定标准时的折扣，与顾客的购买次数无关。例如，企业规定：在一年内顾客历次购买某产品数量累积达到 200 件以上时，给予 3%的价格折扣。这种策略的主要目的是鼓励顾客重复购买，培养企业的长期顾客。

(2) 非累积数量折扣。这是当顾客在一次购买过程中，如果购买批量达到某一数量标准时，企业给予一定的价格折扣。例如，企业规定：顾客每次购买批量达到 100 件以上时，企业可给予 2%的价格折扣。这种策略的主要目的是鼓励顾客增加购买批量，达到降低销售成本的目的。

3. 功能折扣

功能折扣也称贸易折扣，指制造商给中间商的折扣，是生产者给某些批发商或零售商的一种额外折扣，促使他们执行某种市场营销功能，如推销、储存或者服务等。这种策略的主要目的是调动中间商经销本企业产品的积极性。

4. 季节性折扣

季节性折扣是生产季节性产品的生产企业，对一定季节内的购买者给予折扣优待，鼓励中间商提早储存商品的一种策略。如防晒霜、羽绒服就是季节性消费的产品。生产企业为了鼓励经营者和消费者提早订货，会给予购买者一定的折扣，目的在于保证生产企业不受季节性影响并充分发挥生产能力。

5. 运输折扣

运输折扣是企业为了弥补远方顾客的部分运费，给其一定的价格折扣。具体折扣率可以按照路途远近、运费高低等情况确定。这种策略的主要目的是吸引远地客户，扩大产品销售的地理范围。

6. 价格折让

价格折让也是减价的一种形式。例如，"以旧换新折让"，多见于汽车行业或其他耐用品行业；"促销折让"是生产者对中间商提供促销的一种报酬。

价格折扣形式还有很多，如节日折扣、特殊顾客(如老人、军人)折扣等，企业应根据具体情况，组合使用多种方式才能取得良好的效果。

(二)影响折扣策略的主要因素

影响折扣策略的主要因素有以下三个。

1. 竞争对手以及联合竞争的实力

市场中同行业竞争对手的实力强弱会威胁到折扣的成效，一旦竞相折价，要么两败俱伤，要么被迫退出竞争市场。

2. 折扣的成本均衡性

销售中的折价并不是简单地遵循单位价格随订购数量的上升而下降这一规律。对生产厂家来说，有两种情况是例外的：一种是订单量大，很难看出连续订购的必然性，企业扩大再生产后，一旦下季度或来年订单陡减，投资将难以收回；另一种是订单达不到企业的开机指标，开工运转与分批送货的总成本有可能无法用增加的订单补偿。

3. 市场总体价格水平下降

由于折扣策略有较稳定的长期性，当消费者利用折扣超需购买后，再转手将超需的那

部分商品以低于折扣价卖给第三者,这样就会扰乱市场,导致市场总体价格水平下降,给采用折价策略的企业带来损失。

企业实行折扣策略时,除考虑以上因素外,还应考虑企业流动资金的成本、金融市场汇率变化、消费者对折扣的疑虑等因素。

三、地区定价策略

一般来说,一个企业的产品不仅卖给当地顾客,而且还会销售给外地的顾客。当面对外地顾客时,需要考虑到把产品从产地运到顾客所在地的费用问题。地区性定价策略就是当企业要把某种产品卖给不同地区的顾客时,要考虑是分别制定不同的价格,还是制定相同的价格。即企业要决定是否制定地区差价。一般包括以下几种地区性定价方法。

(一)FOB 原产地定价

FOB 原产地定价即指卖方负责将产品装运到原产地的某种运输工具上交货,并承担此前的一切风险和费用。交货后的一切风险和费用包括运费由买方承担。

(二)统一交货定价

与 FOB 原产地定价相反,统一交货定价法是没有地区差价的。企业对不同地区的顾客实行统一价格加运费,运费按平均运费计算,也叫邮资定价。

(三)分区定价

分区定价形式介于 FOB 原产地定价和统一交货定价之间。所谓的分区定价,即把产品的销售市场划分为两个或两个以上的区域,在每个区域内制定同一价格。一般来说,较远的区域定价高些。企业采用分区定价法存在以下问题:第一,在统一价格区内,距离企业较远的顾客比距离企业较近的顾客划算;第二,处在两个相邻价格区界两边的顾客,他们相距并不远,却要按照高低不同的价格购买同一种产品。

(四)基点定价

基点定价是指企业指定一些城市为基点,按基点到顾客所在地的距离收取运费,而不管货物实际上是从哪里起运的。如果所有的卖主都以同一个城市为基点,那么所有顾客都支付同样的装运价格,这样就可以消除价格竞争,但其他形式的竞争依旧存在。

(五)免收运费定价

免收运费定价是指有些急于同某顾客或某地区做成生意的企业,由自己负担部分或全部实际运费,以促成交易。

四、心理定价策略

消费者购买心理会影响到购买行为,不同消费者的购买心理是有所不同的,但在许多情况下,存在消费心理相似的消费群体。利用定价来满足具有不同购买心理的消费群体的策略称为心理定价策略。

(一)尾数定价策略

尾数定价策略也称非整数定价策略、零头定价策略或奇数定价策略。这种策略定价，有意使产品价格不是整数而留有尾数，如2.97元、9.8元、24.5元，常用的尾数是5、7、9，特别是9用得最多。根据调查发现，有尾数的价格使消费者感到便宜和真实，由此产生信任并有意购买。对于普通日用消费品，尾数定价效果更为明显。

(二)整数定价策略

整数定价策略是指用整数来定价。如92元的价格变成100元的价格，1 120元的价格变成1200元的价格，去掉尾数提高价格，相应地提高了商品身价，可满足消费者的炫耀需求。这种策略适用于价值昂贵的商品，特别是高档商品和消费者不太了解的商品，消费者往往以价格作为辨别质量的"指示器"，认为"一分钱一分货"。

(三)声望定价策略

声望定价策略是指对有一定声誉的名牌产品制定高价以满足消费者求名的心理。采用整数定价策略的产品是价值较大的产品，而采用声望定价策略定价的产品只是有声望的名牌产品而不一定是价值较大的产品。消费者具有崇尚名牌的心理，往往以价格来判断质量，低价反而被认为有质量问题。除名牌产品外，一些艺术品、文物古玩也常常使用声望定价策略。

(四)习惯定价策略

习惯定价策略是指按照习惯的价格心理制定价格。消费者经常购买的日常消费品，如自来水、方便面、洗涤剂等，其价格在消费者心目中已形成一种习惯性的标准。高于这个习惯价格会被认为是不合理的涨价，低于这个习惯价格则会被认为是质量下降。这类商品宜按照习惯定价，不能轻易和频繁地调价。如果要提价，可以通过减少数量，或者通过改变品牌、变换包装来实现。康师傅方便面标出"建议零售价1.10元"，使顾客认为"厂家反对暴利和欺诈"，从而产生信任感和良好印象。

(五)招徕定价策略

采用招徕定价策略，有意将少数几种商品的价格降低到市价以下，甚至低于成本，以招徕顾客，增加其他商品的连带性购买来扩大销售额。采用这种策略时，选择降价的商品应是消费者购买频率高的日用消费品。另外，企业经营的产品品种必须多，以便顾客和消费者选择和连带购买。如有的企业举办"大展销""酬宾减价"等活动，一些低值畅销商品采用处理品价格或大减价，以带动其他商品的销售。

五、差别定价策略

差别定价是指企业在销售某种产品时，根据不同细分市场的需求差异情况，制定不同

水平的价格。这种策略具有很强的市场针对性，应用得当能使企业取得很好的经济效益。差别定价的具体方式主要有以下几种。

(一)对不同的顾客群制定不同的价格

顾客之间有很大差异，如不同阶层的收入不一样，不同文化的消费习惯不一样，等等。只要顾客有差异，其需求性质就有区别，从理论上来讲，即使完全相同的产品也可以制定有差异的价格。例如，许多公园、影院和展览馆等场所会对学生或老年人给予优惠。

(二)对不同改良程度的同类产品制定不同的价格

在同类产品中，不同品种之间的特性有区别，如果各自成本水平差距较大，其价格的制定自然也要有差距。但即使不同品种的成本相近，也可以制定差别性价格，这样可以通过价格的明显差异，充分突出产品的特性，满足部分顾客的需求，也能使企业利润率提高。

(三)对不同地理区域制定不同的价格

当不同地理区域的经营成本、竞争程度、潜在销售量等市场条件相差较大时，可以使用差别定价策略。例如，日本的家用电器、照相器材等产品在北美地区销售时，定价较低，在本国市场销售时，定价较高。

(四)对不同时间制定不同价格

有些产品价格特别是饮食服务业的价格，可因季节、日期甚至同一天里的不同时间，制定不同的价格。例如，长途电话在不同时间段收费不同；旅游服务企业在淡季和旺季收费不同；餐馆在同一天的午餐和晚餐，也可制定不同的价格等等。

差别定价策略的应用必须具备以下条件：①不同细分市场的需求价格弹性有显著差别，企业才能在弹性较低的市场定高价，在弹性较高的市场定低价；②不同细分市场之间不能相互渗透，处于低价市场的产品不会流入高价市场，例如国内市场与国际市场之间因为海关隔离，则可以进行差别定价；③在计划实行高价的细分市场内，预期不会出现同类产品的低价竞争者。如果不具备这些条件，则差别定价可能不利于竞争。

【阅读与思考】

中国肯德基取消全国统一定价策略

2011年10月29日，有南京市民分别到新街口肯德基、迈皋桥肯德基消费，竟然发现部分商品的标价不一致。肯德基的相关人士解释，不是价格标错了，而是中国肯德基已经于昨天零时取消了20多年来一直奉行的全国统一定价模式，"同城不同价"将成为常态。

10月29日，肯德基的人士告诉记者，随着肯德基的快速发展，全国统一定价模式已经不能适应和匹配快速发展的复杂商业环境。例如，在部分城市或特殊商圈，快速上升的店铺租金形成巨大成本压力，各城市消费者的承受能力也不尽相同。而这个问题在国外早已得到解决：通过科学、人性化地细分商圈，进行差别定价。因此，中国肯德基于2011年年初启用细分差别定价策略，在不同城市、商圈，综合考量每家餐厅的租金、营业状况等因素，依据各餐厅实际情况采用差别定价策略。

采取细分措施就会造成同城不同价的情况。在一些特殊商圈的肯德基餐厅，产品价格会略高；但在一些社区等地段的肯德基餐厅，就会提供更加亲民的产品价格。消费者可根据自身情况和需求，选择不同餐厅。

记者了解到，伴随着"全国统一定价模式"取消，昨天肯德基还对部分产品进行了提价。这是继今年9月份提价之后的第二轮价格调整。据介绍，今年以来，肯德基遭受着严峻的成本持续上涨考验，如2月以来鸡肉原料成本上涨近15%，因此肯德基经过审慎评估和综合考量，决定酌情调整产品价格。整个价格调整动作分为两个阶段，首次在9月底进行，主要是汉堡类产品；10月底是第二阶段，主要集中于鸡肉配餐类产品和饮料。上述调价涉及产品由于细分差别定价策略的实施，在各肯德基餐厅情况会有不同，具体情形以各餐厅餐牌公示价格为准。今后肯德基将分区域、时间、餐厅不统一调整产品价格。

(资料来源：张希. 中国肯德基取消全国统一定价策略，南京日报，2011.)

六、产品组合定价策略

一个企业往往并非只提供一种产品，而是提供许多产品。产品组合定价策略的着眼点在于制定一组使整个产品组合利润最大化的价格。常用的产品组合定价有以下几种形式：

(一)产品线定价

产品线定价是指根据产品线内各项目之间在质量、性能、档次、款式、成本、顾客认知、需求强度等方面的不同，参考竞争对手的产品与价格，确定各个产品项目之间的价格差距，以使不同的产品项目形成不同的市场形象，吸引不同的顾客群，扩大产品销售，争取实现更多的利润。如某服装店对某型号女装制定三种价格：260元、340元、410元，在消费者心目中形成低、中、高三个档次，人们在购买时就会根据自己的消费水平选择不同档次的服装，从而消除了在选购商品时的犹豫心理。

(二)选择特色定价

选择特色定价是指企业在提供主要产品时，还提供各种可选择产品或具有特色的产品。比较典型的例子如餐馆、酒吧等。餐馆的主要提供物为饭菜，另外，顾客还可要烟、酒、饮料等。有的餐馆将食品的价格定得较低，而将烟酒类商品的价格定得较高，主要靠后者赢利；有的餐馆则将食品的价格定得较高，将酒类商品的价格定得较低，以吸引那些爱酒人士。

(三)附属产品定价

附属产品，又称受制约产品，是指必须与主要产品一同使用的产品。例如，照相机的附属品是胶卷，剃须刀的附属品是刀片，机械产品的附属品是配件。大多数企业采用这种策略时，将主要产品定价较低，而附属产品定价较高。以高价的附属品获取高利，补偿主要产品因低价造成的损失。例如，柯达公司给照相机定低价，胶卷定高价，增强了照相机在同行业中的竞争力，又保证了原有的利润水平。

(四) 两段定价

服务性企业常常采用两段定价策略,为其服务收取固定费用,另加一笔可变的使用费。如电话用户每个月的话费为月租加上按通话时间计算的通话费。企业一般对固定费用定价较低,以便吸引顾客使用该服务项目,而对使用费定价较高,以保证企业充足的利润空间。

(五) 副产品定价

在生产加工石油、钢铁等产品的过程中,常常会产生大量的副产品。有些副产品本身对顾客就有价值,因此企业切不可将它们白白浪费掉,而应对它们合理定价,销往特定市场。这可为企业带来大量收入,同时也有利于企业为其主要产品制定低价,提高主要产品的竞争力。如炼铁过程中产生的水渣,是水泥工业的主要原料。

(六) 产品捆绑定价

企业常常将一些产品捆绑在一起进行销售,捆绑价低于单件产品的价格总和。如化妆品公司将润肤露、洗发水、啫喱水、防晒霜等捆绑在一起进行销售,虽然有的消费者并不需要其中的某项,但看到价格比单件购买便宜很多,便买下了。

【阅读与思考】

> #### 适合网店的创意定价策略
>
> **1. 10 元一件随机发货**
>
> 积压商品,尤其是有瑕疵的商品,基本上是卖不出去的,但又占着库存。另外,考虑到现在社会的基本物价,10 元钱(或者其他相对较低的价格,但是尽量不要高于 20 元)是很低的价格。所以,将库存产品制作清单网页,定价 10 元一件,但销售前提是不能选择尺寸、规格(可以下订单后标注自身要求,尽量按照买家要求发货),不能挑选产品、颜色等,所邮寄的商品完全是随机发货。
>
> 采用这种方法要注意,对产品进行限量购买,否则数量太多会涉及运费的支出。这种定价方法对于买家而言是价格上的优惠,导致购买后的满意度相对较高;对于卖家而言,虽然以低于成本的价格销售,但是相对于商品积压和占用库存所带来的损失则是"赢利"的。因此,这种方法是一种双赢的方式。
>
> **2. 概率销售**
>
> 概率销售是 2008 年由两位学者 Fay 和 Xie 在国际著名的营销学术期刊 Marketing Science 上发表的学术论文中首次提出的,指的是销售者利用其现有的产品或者服务来创造概率产品,并把概率产品作为潜在的购买者的一种附加购买选择。例如,在国外某购物网站上,一款运动衫定价为 50 美元,颜色有 J 种。如买家对颜色有明显喜好,则按照 50 美元购买;如买家对颜色没有要求,家人或朋友又有同样的需要(作为家庭服或者情侣衫),则可以进行无要求购买,即不要求颜色随机发送即可,此时可以制定为超低价(接近或低于成本)。
>
> 这样的定价方式好处是:对于买家来说,可以自由选择,对产品无特定要求的顾客则可以用很低的价格购买;对于卖家来说,在进货的时候可以规避采购风险,不用担心所选

择的产品不受欢迎。如某款黑色的手机很受欢迎,但该款白色手机的销量一直不很理想,而新产品又马上会到货,卖家就可以选择黑色的手机按原价销售,白色的手机则用概率销售法进行销售。总的来说,卖家是赢利的。有了这样的处理方式,卖家在采购产品的时候就不用承担风险了。同时,在销售的过程中既可以处理滞销产品,又可以节省库存空间。但此种方法的使用有许多限制:某些消费心理不适合,现在人们生活水平有了明显的提高,购物心理是追求个性;某些商品不适合,消费者对于商品的基本属性还是有一定要求的。

上述这些方法都是以买家体会到"便宜低价"为大前提设计的,但是又保证了卖家的利益,是未来网店定价策略的一个趋势。

(资料来源:夏冬. 浅谈网店经营的定价策略. 经营管理者, 2011.)

第四节 价格调整策略

企业制定价格后,还需要经常监测环境的变化,并适当调整价格,以求更好地在市场上生存和发展。

一、价格调整策略

(一)降价策略

企业降价可能有以下一些原因:①企业生产能力过剩,急需扩大销量来缓解库存压力。不过,企业降价容易引起价格战;②企业希望通过降价来夺取竞争者的市场份额;③企业的成本降低,使产品有降价的空间,或者是企业希望通过降价来扩大市场份额,进而达到降低成本的目的;④在经济萧条时期,消费者的购买力下降,他们只愿意买较为便宜的东西,此时企业不得不降价,以适应消费者的购买力水平。

(二)提价策略

提价往往容易给企业带来不利影响,如竞争力的下降、消费者的不满、经销商的抱怨等,甚至还会受到政府的干预和同行的指责。然而,一次成功的提价却能大幅提高企业所获得的利润。

1. 企业提价的原因

企业提价的原因往往有以下几个。

(1) 为了缓解成本攀升的压力。企业成本的提高可能是由于单方面的原材料价格上涨,或者是由于生产或管理费用提高,或者是由于通货膨胀引起的普遍物价上涨。为了保证利润率不因此而降低,企业不得不采取提价策略。

(2) 企业的产品供不应求。对于某些产品来说,在需求旺盛而生产规模又不能及时扩大而出现供不应求的情况下,可以通过提价来遏制需求,同时又可以取得高额利润,缓解市场的供需矛盾。如我国在黄金周、春节期间的飞机票价格上涨。

2. 企业提价的方式

企业提价可采取以下几种方式。

(1) 直接提高商品目录的价格。在企业提价原因不明的情况下，很容易招致消费者的反感。

(2) 在通货膨胀时期，延缓报价。企业决定暂时不规定最后价格，等到产品制成时或交货时方规定最后价格。对于生产周期较长的商品，如大型机械设备、轮船、飞机的制造，采用延缓报价可减少通货膨胀对企业造成的不利影响。

(3) 采用价格自动调整条款。企业要求顾客按当前价格付款，但在交货时可按某种价格指数调整价格，如在交货时支付由于通货膨胀引起增长的全部或部分费用。这种方式一般适用于施工时间较长的工程，如建筑业。

(4) 将免费项目独立出来收费。如免费送货、免费的零配件都可被重新加以定价。

(5) 减少或取消价格折扣。如数量折扣、现金折扣等。

在方式选择上，企业应尽可能多地采用间接提价，把提价的不利因素减到最低程度，使提价不影响销量和利润，而且能被潜在消费者普遍接受。同时，企业提价时应采取各种渠道向顾客说明提价的原因。另外，在确定价格调整幅度时，企业应考虑到消费者的反应。

当然，企业也可采取其他方法来避免提价：在价格不变、包装不变的情况下，减少产品的分量；降低产品的质量；减少产品的功能；使用廉价的材料；等等。但是如果这些方法运用不当，容易引起顾客的不满，降低企业形象，从而给企业的长远发展带来不利影响。

二、价格变动后的反应

企业价格变动往往容易引起购买者、竞争者、分销商、供应商，甚至政府、新闻媒介等的注意。这里主要分析顾客与竞争者对企业价格变动的反应。

(一)顾客的反应

顾客对降价可能有以下看法：产品将被换代新产品所替代；产品有缺点，在市场上销售情况不好；企业财务发生困难，可能不会继续经营下去；价格还会进一步下跌，应等待观望；产品的质量、功能下降，如使用了廉价的原材料。此时，降价反而会抑制购买。

顾客对提价的看法可能是：这种商品是抢手货，应赶快购买，以免价格继续上涨。例如，2003年"非典"初始，白醋、食盐价格攀升，消费者还是争相购买；产品的质量、性能提高了，值得购买。在这种情况下，提价反而有利于商品的销售。

(二)竞争者对价格变动的反应

企业在考虑改变价格时，不仅要考虑到购买者的反应，而且还必须考虑竞争对手对企业的产品价格的反应。

假若企业只有一个强大的竞争者，我们可将竞争者的反应分为两种情况。

(1) 竞争者对其对手的价格变更以一种既定的方式作出反应。在这种情况下，竞争对手的反应可以进行预测。

(2) 竞争者将每一次价格变更都视为一种新的挑战，并以当时的自身利益作出反应。

此时，企业必须了解竞争者当时的自身利益。这就需要对竞争者的财务状况、销售情况、生产能力、顾客的忠诚性及企业目标等进行调查与分析。

三、对竞争者价格变动的反应

前面讲的是企业先调价时应预测其他相关方的反应，那么当竞争者的价格先变动时，企业相应地又该如何作出反应呢？

企业在作出反应前，应分析竞争者调价的目的是什么？调价是暂时的，还是长期的？如果企业对此不做出反应，本企业的市场份额和利润将会如何变化？如果企业对此做出反应，竞争者又会采取什么行动？

作为市场领导者的企业往往会更多地受到其他较小企业的攻击，它们往往通过"侵略性的削价"来抢占市场领导者的市场份额。在这种情况下，市场领导者可有以下几种选择。

(1) 维持原价。因为市场领导者认为，如果降价就会使利润减少过多，维持原价不会失去很多的市场份额；虽然维持原价会导致目前市场份额降低，但失去的市场阵地很快便能重新恢复。

(2) 维持原价，同时改进产品、服务、沟通等。运用这种战略比低价经营更划算。

(3) 降价。市场领导者降价是因为他们认为，降价后成本会随着数量的增加而下降；由于市场对价格很敏感，不降价将使市场占有率大幅下降；维持原价导致市场份额降低后将难以恢复原有的市场份额。

(4) 提价，同时推出某些新品牌，以围攻竞争对手的品牌。

(5) 推出廉价的产品线。企业可在竞争者所攻击的产品线中增加廉价的产品，以迎接竞争者的挑战。

【阅读与思考】

新能源汽车打响价格战

近日，特斯拉中国在官网上宣布，在售 Model 3 及 Model Y 全系国产车型将调整售价，Model 3 起售价直降 3.6 万元，Model Y 起售价直降 2.9 万元，两款车型其余版本的降价幅度从 2 万到 4.8 万元不等，创下特斯拉中国售价历史新低。该消息一出，立即在特斯拉车主和准车主中引发热议。特斯拉在 2023 年伊始率先打响电动汽车价格战的第一枪，是否会在新能源汽车行业中掀起波澜？

在特斯拉降价的消息传出后，有不少特斯拉车主组建了"维权群"，聚集在成都、长沙等地的特斯拉体验店内，要求特斯拉对近期购车的车主进行补偿，相关视频和图片在网上引发关注。

这是特斯拉近两个多月以来的第二次大幅降价。2022 年 10 月 24 日，特斯拉官网显示，中国境内地区在售 Model Y 及 Model 3 全系车型将调整售价，降价幅度超过 1 万元。突然的大幅降价，甚至出现了特斯拉国产车型二手车比新车更贵的价格"倒挂"现象。在某二手交易平台上，不少卖家对 Model Y 2022 款后轮驱动版、长续航版的标价都高于官方调价后的 25.99 万元和 30.99 万元。

对于特斯拉国产车型价格调整的原因，特斯拉对外事务副总裁陶琳在其个人微博上发文称，特斯拉价格调整的背后，实质上是独一无二的成本控制之极佳定律，从"第一性原

理出发",坚持以成本定价。

　　特斯拉公布的年度产销数据显示,2022 年,特斯拉全年产量为 136.96 万辆,同比增长 47%;全年交付量为 131.39 万辆,同比增长 40%。虽然产量突破了百万大关,但交付量距离特斯拉 CEO 埃隆•马斯克在 2022 年年初定下的提升 50%的目标仍有差距。

　　受新能源汽车补贴政策退出的影响,进入 2023 年后,除了比亚迪、奇瑞新能源以及长安深蓝等十几家新能源车企以外,大众、宝马等合资车企也都向上调整了旗下部分新能源汽车售价。

　　而特斯拉在此时选择降价,是否会对其他车企造成压力?

　　据不完全统计,新能源汽车品牌中的蔚来 ET5、问界 M7、零跑 C11、哪吒 S、小鹏 P7 等车型,价格区间基本与 Model 3、Model Y 国产车型重合。某新能源汽车行业从业人员告诉记者,特斯拉率先宣布降价,将让新能源汽车市场在 2023 年进入竞争白热化阶段,虽然能让此后购车的消费者享受到实惠,但对部分利润较小的车企而言无疑是"毁灭性打击"。

　　而对于目前销量不及预期或仍致力扩大市场份额的车企来说,现阶段仍不敢轻言提价。总体而言,补贴退出意味着新能源汽车产业慢慢走向成熟,逐渐从政策驱动转向市场驱动,与市场主流的传统燃油车展开正面竞争,新能源车企将进入新一轮优胜劣汰阶段。

(资料来源:雷珂馨. 新年新角逐新能源汽车打响价格战. 中国商报,2023.)

本 章 小 结

　　本章主要介绍了四节内容,即影响定价的因素、定价导向、定价策略及价格调整策略。影响企业定价的因素很多,包括市场需求因素、定价目标、产品成本因素、市场竞争因素、政府政策因素等。企业定价导向可以划分为三大基本类型,即成本导向、需求导向和竞争导向。在市场营销实践中,企业需考虑或利用灵活多变的定价策略,修正或调整产品的基础价格,根据产品的需求弹性、产品生命周期所处的阶段、消费者购买的心理、消费者购买数量和时机等,可采用不同的定价策略,主要策略包括新产品定价策略、折扣定价策略、地区定价策略、心理定价策略、差别定价策略、产品组合定价策略等。企业制定价格后,还得经常监测环境的变化,并适当调整价格,以求更好地在市场上生存和发展,主要策略包括降价策略和提价策略。

自 测 题

1. 影响企业定价的因素有哪些?
2. 什么是成本导向定价?
3. 新产品定价策略有哪些?
4. 简述价格折扣的主要类型。
5. 差别定价策略有哪些?
6. 企业可以采取哪些提价方式?

第十章 渠道管理

【学习要点及目标】通过对本章内容的学习，使学生掌握分销渠道管理的概念，了解渠道行为及其组织，认识分销渠道管理决策的内容，理解物流供应链管理与分销渠道管理的关系。

【关键概念】分销渠道管理(distribution channels management) 供应链管理(supply chain management)

【引导案例】

联想集团在分销渠道的变革

联想笔记本是指联想集团生产的便携手提电脑。联想集团成立于1984年，由中科院计算所投资20万元人民币、11名科技人员创办，到今天已经发展成为一家在信息产业内多元化发展的大型企业集团，并成为全球领先PC企业之一，由联想集团和原联想个人电脑事业部组合而成。联想的总部设在美国纽约的Purchase，并建立了以中国北京、日本东京和美国罗利三大研发基地为支点的全球研发架构。联想的2007/08财年营业额达164亿美元。从1997年以来蝉联中国国内市场销量第一，并连年在亚太市场(日本除外)名列前茅(数据来源：IDC)。联想集团于1994年在香港上市(股份编号992)。通过联想自己的销售机构、联想业务合作伙伴以及与IBM的联盟，新联想的销售网络遍及全世界。

在联想的直销渠道中，包括直销团队、电话与网络销售、直销店三种形式。联想成立了大客户部，并依传统行业划分了行业职能部门，在各职能部门设立了客户经理和销售助理，联想的客户部门直接开发和服务客户或者和渠道共同开发和服务客户；而作为支柱型的分销渠道，其包括分销商、经销商、代理商、专卖店加盟方等，同时联想又将渠道进一步细分。利用二八法则，联想将渠道分为核心渠道和非核心渠道，非核心渠道包括种子渠道和松散渠道。联想将主要力量集中在核心渠道，采用各尽所能原则充分发挥渠道的优势和作用，企业和渠道的业务代表形成团队，合理分工，全面覆盖对企业有价值的客户。从物流角度来看，联想又将渠道分为直接进货渠道、间接进货渠道和灰色渠道，通过将渠道的细致划分来进一步有效实施渠道管理。

联想的大部分产品通过运作层渠道分销出去，但由于这类渠道不直接面对最终消费客户，他们只做物流和资金流的运作，企业的产品是通过运作层渠道所辖的零售层渠道，如经销商，卖给最终消费客户的。在这种分销模式下企业也可以直接发展零售渠道层的专卖店加盟方或代理商，销售产品给最终客户。零售层渠道可以直接将产品销售给最终的消费客户，也可以通过分布广泛的、强大的店面卖给消费客户。

联想的销售渠道的变革总是围绕着实施客户营销来进行的。一方面继续发展以往的产品分销渠道模式，另一方面，联想的客户部门正积极开发和服务终端客户，或者与分销渠道一同开发和服务终端客户，突破过去直销和分销的客户接触方式。联想的终端管理策略

即对销售终端店面的强效管理,是建立在渠道优化的基础上的,如短链分销渠道的变革。该策略的诞生是符合企业发展与市场需求相结合的要求的。这也是企业为了充分发挥渠道终端的作用,稳定市场占有率所制定的策略。尤其是在联想新市场的开发过程中,渠道终端的建设就更为重要。

(资料来源:祝杨文. 从联想集团看IT行业销售渠道管理[J]. 课程教育管理,2012.)

第一节　分销渠道的性质和重要性

经济全球化发展的今天,市场竞争不断加剧。现在企业的竞争已经不再是单个企业间的竞争,而是供应链与供应链之间的竞争,即以核心企业为首的供应链分销之间的竞争,了解和掌握分销管理理论,对企业管理至关重要。

一、性质

分销渠道也叫配销通路,一般指产品或服务从生产者流向消费者所经过的通道。整个分销过程依次包含制造商、批发商、零售商以及其他辅助机构。这些分销成员为使产品传递到终端用户,发挥着各自的职能和作用。

(1) 分销渠道反映某一特定商品价值实现的过程和商品实体的转移过程。分销渠道一端连接生产,另一端连接消费,是从生产领域到消费领域的完整的商品流通过程。在这个过程中,主要包含两种运动:一是商品价值形式的运动(商品所有权的转移,即商流),二是商品实体的运动(即物流)。

(2) 分销渠道的主体是参与商品流通过程的商人中间商和代理中间商。

(3) 商品从生产者流向消费者的过程中,商品所有权至少转移一次。大多数情况下,生产者必须经过一系列中介机构转卖或代理转卖产品。所有权转移的次数越多,商品的分销渠道就越长。

(4) 在分销渠道中,与商品所有权转移直接或间接相关的,还有一系列流通辅助形式,如物流、信息流、资金流等,它们发挥着相当重要的协调和辅助作用。

二、重要性

分销渠道的重要性在于它是联结生产者和消费者或用户的桥梁和纽带。企业使用分销渠道是因为在市场经济条件下,生产者和消费者或用户之间存在空间分离、时间分离、所有权分离、供需数量差异以及供需品种差异等方面的矛盾。

(一)中间桥梁

分销渠道作为中间桥梁,其连接着生产者和使用者,为产品的流通提供必要的人力、物力、财力的支持,是产品顺利从生产者逐级转移至消费者的重要保障。

(二)全程把控

分销渠道的作用不仅仅在于产品的传递,还包括产品流通全程的物流把控,产品传递过程中的资金垫付,产品销售前的市场和目标客户的调研,产品营销方案的制定等。

(三)占领市场

分销渠道是企业4P营销中重要指标之一,良好的分销渠道不仅要满足市场需求,更需要渠道成员之间的有力营销和管理来刺激需求,分销渠道是决定企业能否占领市场,实现赢利的重要因素。

第二节 渠道行为和组织

一、渠道行为

(一)定义

渠道行为是指营销渠道中位于不同层级的成员进行的关联活动和互动行为,主要包括渠道控制、渠道领导、渠道激励等。渠道行为是渠道研究的三大领域之一,另外两大领域为渠道结构和渠道关系。渠道行为研究探讨的是渠道成员怎样认识、建立和处理渠道关系;其研究重点是渠道成员如何建立和利用权力,如何处理冲突,如何通过合作获取竞争优势。

(二)内容

渠道行为主要包括渠道权力的使用(包括强制性渠道权力和非强制性渠道权力)和渠道沟通。

1. 渠道权力

渠道权力是指在同一营销渠道中,某一渠道成员对于另一不同层次上的渠道成员产生的控制力和影响力。

(1) 强制性渠道权力。强制性渠道权力的使用实质上是一种潜在的惩罚,指批发商企业通过法律、合同条款、规章制度、惩罚等手段对渠道零售商企业进行管理的行为,包括缓慢的交付与支付、不公平的利益分配和终结关系的威胁等内容。

(2) 非强制性渠道权力。非强制性渠道权力的使用是一个渠道成员对其他渠道成员提供的支持与帮助,指批发商企业通过专家指导、奖励等手段对渠道零售商进行管理与控制的行为,包括提供产品服务、进行培训、激励制度、财务和广告支持等内容。

2. 渠道沟通

渠道沟通指营销渠道中成员企业之间进行的交流行为,是营销渠道上下游企业之间的一种信息交换。

二、渠道组织

渠道组织主要包括以下四种类型。

(一)松散型渠道组织

松散型渠道组织是指整个渠道由各个相互独立的成员组成，没有哪一个成员拥有足以支配其他成员的能力，每一个成员只关心自身的最大利益，共同执行分销功能。

1. 优点

(1) 增强了企业的市场灵活性。因为这种渠道关系没有强制力，进入或者退出完全由企业自主选择，所以企业可以根据市场环境的变化，选择不同的交易对象，这增强了企业的适应能力。

(2) 为企业提供了创新的动力。由于此种关系中渠道成员的高度自主能力，使得任何企业要想增强其对整个渠道的影响力和控制力，唯一途径就是不断地进行经营管理的创新，增加其在渠道关系中的发言权。

(3) 为广大中小企业进入市场提供了一个现实可行的选择。中小企业由于财力和资源的匮乏，在与大型分销企业的谈判和合作中处于不利地位，把自己的产品放在主流分销渠道中并非明智之举。而与实力相当的分销商建立这种即时交易的关系网络则是一种现实而合理的选择。

2. 缺点

(1) 临时性的交易关系，使合作缺乏长远发展的基础。松散型渠道关系最大的不足莫过于该关系模式并不具备组织系统的实质特征，而只是在某个特定的时间、地点，针对某一特定的商品而形成的临时性交易关系。

(2) 渠道稳定性差，安全系数小。由于松散型的渠道组织缺乏有效的监督、控制机制，渠道的稳定性与安全性完全依赖于渠道成员的道德自律，在市场经济条件还不完全成熟、社会信用制度不健全的情况下，这种自律的安全系数实际上很小。

(3) 激励机制的缺乏导致了渠道忠诚的缺乏。在松散型的渠道组织中，渠道成员最关心的是自身的利益能否实现，或者在多高的水平上实现，这是其加入渠道的动力之源，而较少地考虑渠道的整体利益以及渠道其他成员的利益，因而成员间普遍缺乏信任以及对渠道的忠诚。

(4) 渠道没有形成真正明确的分工协作关系，从而影响渠道整体的运行效率。由于合作的即时性和短期性，导致渠道成员之间无法在信息、资金以及人员等渠道资源方面实现共享，继而可能会导致投入大、收益小的低效率结果。

(二)管理型渠道组织

管理型的渠道组织是指由一个或少数几个实力强大、具有良好品牌声望的大企业依靠自身的影响力，通过强有力的管理而将众多的分销商聚集在一起而形成的渠道组织。

1. 优点

(1) 整个渠道系统拥有了一个核心。管理型渠道组织的形成和维系的基础是规模大、实力强的企业作为整个渠道系统的核心，而渠道的分销策略、规划等都出自这个核心，各个渠道成员都围绕着这个核心从事各种分销活动，使渠道关系变得更为紧密、团结。

(2) 渠道成员间的关系相对稳定。在管理型的渠道组织中，渠道系统是围绕一个核心企业建立的，而核心企业对于渠道成员来说，具有一定的信誉力和赢利能力，这形成了一种相互依存的关系，只要核心企业没有剧烈的变动，渠道关系就会保持相对的稳定。

(3) 渠道成员之间的利益协调性较好。与松散型渠道组织不同，管理型渠道组织中的渠道成员不再把追求自身利润最大化当作唯一目标，因为要想在这一关系网络中获得发展，就必须关注渠道整体的利益，只有渠道整体的利益实现，才能保证各个成员的利益最大化。

(4) 更好地实现了资源的共享。在管理型的渠道组织中，根据市场的状况及合作伙伴的性质，核心企业可以在资金、信息、技术、设备、人员及管理等方面给予支援，同时这些资源也可以由其他成员流向核心企业，提高资源共享的范围和效率。

2. 缺点

(1) 对分销商来说，对核心企业的过分依赖，会导致其独立自主地位的丧失。管理型渠道组织是建立在核心企业对整个渠道系统管理、领导的基础上的。在这样的基础上，渠道的分销规则、利益分配方法等都由核心企业制定，而分销商只能服从，这导致了分销商对核心企业的过分依赖，使其失去对市场需求的准确判断和掌握。尤其是当核心企业的实力过于庞大时，可能会出现用其实力胁迫其他成员承担更多的义务而不增加任何支持的情况。

(2) 对核心企业来说，其时刻面临着合作终结的风险。一方面，一旦核心企业出现经营困境或危机时，由于渠道利润的下降，分销商很有可能改换门庭，使制造商陷入更深的困境；另一方面，当分销商的实力增强后，实力的对比发生了变化，他们会向核心企业提出更加有利可图合作条件，或者对核心企业的规则和指令不再执行，这会影响整个渠道的稳定与均衡。

(3) 渠道成员贡献与收益不对等。由于渠道成员的地位不同，所以势必导致渠道中成员收益的不均衡。由于企业规模小，分销能力有限，制造商所列出的某些优惠小企业无法得到，相反可能还要承担更多的义务。

(三)产权型渠道组织

所谓产权型渠道组织是指企业通过建立自己的销售分公司、办事处或通过实施产供销一体化战略而形成的渠道组织。

1. 优点

(1) 对渠道的控制力强大。由于该模式是以产权为纽带组织而成的，从生产到销售的各个环节都在总公司的严密监控之下，由总公司进行统一指挥。在这种前提下，总公司与分销系统的其他成员之间的根本利益是一致的，因而公司的经营战略和分销策略能够得到彻底的贯彻和执行，减少了渠道网络变动的成本和风险。

(2) 制造商可以摆脱大型零售商的控制。随着卖方市场向买方市场转换,渠道中的权力中心也逐渐地由制造商向渠道下游转移,零售商的"通路力"正在不断地增强,因而制造商在分销活动中越来越受到大型零售商的限制和控制。通过产权纽带建立产权型的渠道关系,可以使制造商将某些分销职能"内部化",逐渐摆脱对大型独立零售商的依赖。

(3) 各种经营策略的统一化。公司型渠道组织通过产权控制将生产过程和分销过程都置于一个产权企业的控制之下,因而各分销单位可以实现形象、价格、服务、品牌等经营要素的统一,有利于公司品牌形象的树立。

(4) 即时监控市场需求的变化。制造商通过向渠道终端的延伸,可以最大限度地接近最终消费者,顾客的需求、购买行为的变化可以得到及时地了解和反馈,从而加快企业的反应速度,及时对商品和服务作出相应的调整。

2. 缺点

(1) 成本花费较大。产权型渠道组织的最大特点是制造商自己投资建立渠道网络,自己进行渠道的管理与控制,这势必带来了巨大的成本费用。

(2) 整体适应性较差。通过大量的投资建设的渠道系统,使整个系统有了巨大的惯性,改变渠道结构或对渠道进行调整都会遭遇巨大的障碍。另一方面,如果对渠道进行大幅度的调整不仅可能引起渠道的混乱,而且还可能使企业的先期投入变成"沉没成本",为企业带来不小的损失。

(3) 制造商需要漫长的学习和经验积累过程。对于制造商来说,向商业领域延伸,不是专业化的经营,因此,制造商启动一个产权型的渠道系统,需要一个相对漫长的学习与经验积累的过程,这也是一种不小的成本。

(四)契约型渠道组织

契约型渠道组织是指在商品流通过程中,参与商品分销的各渠道成员通过不同形式的契约来确定彼此的分工协作与权利义务关系而形成的一种渠道组织。

1. 优点

(1) 渠道组织的建立比较容易。相对于产权型的渠道组织来说,契约型渠道组织不涉及产权关系的变更,而使用法律契约将渠道成员"捆绑"在一起,增加了渠道组织的稳定性,渠道组织的建立以及渠道系统的组织成本都较低。

(2) 社会资源的配置更加合理化。契约型渠道关系不是通过增加新的生产资料,而是使社会资源进行一种重新组合,使之产生增值,而渠道系统成员则分享这种增值。

(3) 渠道组织的灵活性更强。由于契约型渠道组织不涉及产权关系,因而对渠道系统的调整要相对容易得多,当市场条件发生变化时,可以通过修改契约条款的方式来改进渠道对环境的适应性,即使更改伙伴关系也无须付出更大的代价。

2. 缺点

(1) 与产权型渠道组织相比,更难于控制。虽然契约型组织不涉及产权问题,具有相对的灵活性,但同时却带来了难以控制的问题。由于渠道成员目标的不一致,存在渠道成员不遵守契约条款的"机会主义"问题,这会导致渠道系统效率的下降。

(2) 与管理型渠道组织相比，灵活性较差。通过有形的契约，契约型渠道组织实现了比管理型组织更强的稳定性，但在对渠道系统作出调整这一方面，又次于管理型的渠道组织。这主要表现在由于契约没有到期或其他条款的限制，无法对渠道关系作出随时、及时地调整和改进。

第三节　分销渠道管理决策

一、分销渠道管理的含义

分销渠道管理是指企业在产品的经营活动中，根据企业和产品自身的实际情况和市场调研的结果，根据已制定的营销战略对分销渠道和渠道中的成员进行管理，以保证产品分销过程的顺利进行。对于不同的分销模式和分销成员，企业推出相应的管理方案，以期通过合理的分销管理来提升产品的市场占有率、销售收入份额和企业对分销渠道的掌控程度。值得注意的是，市场占有率是衡量一个产品是否符合市场需求、营销是否成功的最重要指标，高的市场占有率是对产品生产研发和分销渠道管理的肯定，是提升企业在该领域话语权的根本保障。因此，对分销渠道进行合理的管理是非常必要的，其中主要包括产品分销渠道的组合和选择、渠道冲突的解决、渠道成员的筛选等。

二、分销渠道管理的特点

(一)企业管理渠道层级的必要性

产品的市场占有率和销售利润是企业生存的根本，因此，企业必须要参与到分销渠道的管理中，并且要掌握主动权。企业要根据产品自身的特性和目标客户的定位，选择最恰当的分销渠道的层级和宽度，并且尽可能多地对不同层级的分销商进行选择和管理，尤其是处于上游的总代理和大的分销商。在分销的过程中由多种角色的成员参与，包括提供物流支持和资金保障的总代理和大的经销商，也有为消费者直接进行服务的零售商，对于这些经销活动企业都应该主动地不同程度地进行参与。

(二)企业管理零售终端的重要性

虽然零售渠道处于产品分销的下游位置，但是企业绝不能放松对零售商的管理。因为零售商是消费者的直接接触者，而消费者又是产品市场占有率和利润的最终决定者。因此，企业应当关注对零售渠道的管理，在这一管理过程中通过合理的培训和引导可以直接提升零售商的销售水平，直接提升消费者在购买产品过程中的消费体验，从而保证产品的销售价格和被接受程度。

(三)企业与经销商合作的协作性

企业与经销商是一种相互制约和相互依存的关系，在产品的分销链条中，经销商有区域、物流、人员、资金的优势，可以在企业无需耗费过多精力的情况下保证产品分销的顺利进行，可以帮助企业将更多的资金和人员投入到产品的研发和生产中，并且成熟的分销商在销售团队的建立、人员的培训、销售方案的策划方面也能够为企业提供支持和帮助，优秀的分销商是产品顺利进入市场和占有市场的有力保障。但是当产品进入市场并得到认可后，企业和经销商的相互依存方向会发生变化，由前期的企业依靠大的经销商转变为大的经销商通过努力取得具有市场竞争力的产品的分销权。因此企业和经销商在产品销售的不同时期都是相互关联密不可分的，企业在进行分销管理的过程中应综合考虑各方的利益，选择最利于企业发展的分销模式和分销商，既保证企业的利润和分销渠道的稳定，也要为分销商留有余地，只有这样才能实现长期的合作。

三、分销渠道成员选择

分销渠道管理实际上是各类流程的管理，每一个流程的完成都需要各渠道成员的努力与合作。外在环境与渠道成员之间的利益关系形成每个流程的差异性。所以，要想提高流程管理与分销渠道的效率，离不开分销渠道成员关系的处理。

(一)市场范围

市场是选择渠道的关键因素。首先，要确立产品销售地区与渠道经营范围相匹配；其次，制造商都希望其下游合作伙伴帮助其开拓已确立的目标领域，所以需要产品销售对象与潜在客户相符。

(二)分销渠道成员产品政策

选择渠道成员需要了解渠道分销或经营的产品种类及组合方式，与制造商产品属于促销互补产品还是竞争产品。一般认为会选择与制造商产品互补或无关联产品的分销成员。

(三)分销渠道成员的地理位置

零售分销一般会考虑位于顾客流量大的位置的分销商，批发分销会考虑其是否有利于产品的运输与贮藏。

(四)分销渠道成员的产品知识

对产品知识和销售方式熟悉的分销商容易很快开拓市场，一旦行情变动，也能够熟练处理。一些优秀的销售人员通常会有丰厚的人脉和忠实的顾客基础，因此更受上游渠道和厂商的青睐。

1. 预期合作程度

分销成员愿意销售制造商的产品并预期合作，才会积极配合产品的销售与拓展，实现更高的销售额。

2. 财务状况及管理水平

分销渠道的财务状况、回款信誉和债务负担，决定了其账期的长短，并直接影响上游供应商的回款和资金周转；企业的管理水平，直接影响业务效率，关系到市场营销的成败。

3. 促销政策与技术

精准的促销策略直接影响产品销售规模和市场占有率。渠道是否有能力独自完成促销计划，或者与上游渠道或制造商配合，都是选择渠道成员之前需要考虑的因素。同时，优秀的技术支持团队，可以大大加深用户对产品的信赖。

4. 综合服务能力

理想的分销渠道成员应具有与企业产品所需服务相匹配的综合服务能力。比如完善的售后服务、技术支持、厂房及运输能力等。

四、渠道成员培训

渠道成员确立是开拓市场的前提，对渠道成员进行合理全面的培训，则是有效开拓市场的必备条件。只有对渠道成员进行培训，加强各方紧密合作互动，提高渠道成员的管理水平，使其更好地了解厂商产品以及上游渠道的要求，才能使渠道成员进入准确的拓展轨迹，从而实现品牌的增值。

第四节　物流与供应链管理

一、供应链视角下分销渠道的新特征

供应链管理使营销渠道从一个松散的、连接着独立企业的群体，变为一个致力于提高效率和增加竞争能力的合作力量，它是一种跨企业的营销渠道整合。

(一)有共同目标

基于供应链管理的营销渠道，各渠道成员之间都有一个极具吸引力并愿意为之奋斗和追求的共同目标。而往往长期目标能分散渠道成员的短期利益纷争，使其能致力于未来的发展并从大局考虑，为实现成员共同的目标而努力。

(二)相互信任

相互信任既是合作伙伴长期稳定发展的前提和基础，也是伙伴关系巩固的重要因素。企业与渠道成员之间只有相互切实的信任，才能有效地降低协调成本，使合作具有更高的生产动力。

(三)相互配合

渠道成员间协同作战，异于企业内部的分工协作，它是根据职能、信息、约定等平台以及高度的信任和理解来自动协调成员企业的行为，使它们在实现共同目标的过程中达到高度的配合，以便在最短时间完成整体目标。

(四)信息双向流动

供应链上各渠道成员信息的双向流动。营销渠道中各渠道成员是一个有明确分工和配合密切的系统组织，在链条上的所有信息形成共享机制，自上而下地传输，使企业的信息流、资金流、货物流畅通，让整个渠道系统更具价值性。

(五)利益共享共赢

基于供应链的营销渠道管理，通过各渠道商之间的分工合作，将企业与分销商形成战略伙伴关系，变成一个利益共同体，即在协同发展的基础上实现双赢，使渠道系统的运行达到良性循环。

二、供应链视角下营销渠道管理优势体现

供应链管理是营销渠道的整合，是企业管理的创新。它能够构建起供应链条上各成员企业的协调合作关系，将渠道资源进行有效整合，发挥渠道最佳优势，它促进了各企业一体化发展，奠定了企业经营方式从大规模生产向大规模定制转变的基础。

供应链管理模式下，企业的营销渠道整合避免了企业间的恶性竞争，提高了企业对市场需求变化的反应能力，促进了市场协调发展的同时，也有利于提高企业的核心竞争力，助力企业可持续发展。具体体现在以下几方面。

(一)渠道组织创新

传统的管理是以内部职能划分为主，存在着各企业间目标利益冲突、职能交叉矛盾、信息分散等缺点，既无法发挥潜在效能，又很难达到最优整体目标。供应链的营销渠道的最优思想是整合企业的营销网络、物流网络、信息网络等，以最短的渠道、最低的成本快速进行运作，它是跨组织的一体化管理。

(二)渠道成员之间的关系创新

基于供应链管理的营销渠道将原渠道中企业的对立与竞争变为渠道成员之间的合作或者联盟，化"对手"为"队友"。整个渠道上的各个成员相互了解彼此的优势和劣势，把工作分配到最适合的企业去做，向其提出产品的特性和要求，并赋予合作伙伴一定的自由空间，这样既能有效调动资源，又能降低不必要的成本，从而达到生产流通均衡化和各渠道成员的共生化。

(三)渠道管理模式的创新

为了有效降低商品的流通成本以适应市场竞争环境，企业须根据自身渠道的管理模式进行创新。供应链管理中的营销渠道管理模式包括核心依附型、强强联合型和共生网络型三种。核心依附型是以一个主要企业为中心，其他企业围绕该企业运作。这种模式中的核心企业，负责整个渠道的计划和调节。强强联合型是基于两家或两家以上的企业，优势互补，互利互惠，达到各方双赢的一种合作模式。共生网络型的各成员企业相互依赖、分工合作，很多中小型单位利用柔性管理和非强制管理，提供具有弹性和专业化的产品服务，

它的优势在于既灵活又便捷,又可以把各企业联合起来形成一定的规模,从而达到整个渠道的配置最优化。

营销渠道在供应链管理中具有重要的战略价值。基于供应链管理的企业营销渠道管理,企业可以合理地构建营销渠道,在渠道成员之间建立良好的合作伙伴关系。同时,供应链管理实际上也是营销渠道的整合,在营销渠道出现新趋向的情形下,企业更应该转变观念,构建基于供应链的营销渠道,进而提升竞争优势。

本 章 小 结

本章主要介绍了四节内容,即分销渠道的性质和重要性、渠道行为和组织、分销渠道管理决策、物流与供应链管理。其中,第一节介绍的分销渠道的性质和重要性是对其基本概念和内涵的分析。分销渠道也叫配销通路,一般指产品或服务从生产者流向消费者所经过的整个通道。整个过程依次包含制造商、批发商、零售商以及其他辅助机构。第二节则是对分销渠道的行为及其组织形式的介绍。渠道行为就是指营销渠道中位于不同层级的成员进行的关联活动和互动行为,主要包括渠道控制、渠道领导、渠道激励等。第三节则是对分销渠道管理进行介绍和分析。第四节物流与供应链管理主要介绍了供应链视角下分销渠道的新特征,以及供应链视角下营销渠道管理优势的体现。

自 测 题

1. 什么是分销渠道?简述分销渠道的重要性。
2. 渠道行为有哪些?渠道组织是如何分类的?
3. 供应链视角下分销渠道的特征是什么?其有哪些优势?
4. 分销渠道成员是依据怎样的条件进行选择的?

第十一章　广告与推广策略

【学习要点及目标】 通过本章的学习，使学生掌握广告与广告策划的概念，理解广告策划的流程及核心内容，认识个人推销、公共关系、营业推广的功能和价值，以及这些推广手段在企业中的实际运用。

【关键概念】 广告(advertising)　推广策略(supply chain management)

【引导案例】

奔驰+李某某《虽坐拥珍物 宁虚怀若谷》

2020 年音乐人李某某与奔驰公司为 V 级 MPV 汽车合作打造了一支名为《虽坐拥珍物 宁虚怀若谷》的视频广告，该广告一经发起就在多个平台刷屏，其中不少文案也为人们津津乐道。

在当今的信息碎片化时代，长文案似乎是不讨喜的，但奔驰这则广告的长文案却意外刷了屏。多达 722 个字的文案有着缜密的逻辑和总分总结构，独特的说理与人生感悟的属性，很符合该年龄段消费者的喜好。擅长用文案讲故事的李宗盛有着自己特定年龄段的粉丝群体，而这个群体恰恰是奔驰 V 级 MPV 这支广告面对的主要消费群体。这个群体大多是不惑之年的成功人士，丰富的人生阅历带给他们名声地位，也带给他们开阔的气度与睿智的人生感悟，李宗盛恰恰拥有相似的阅历与感悟，这也与产品的主打理念"大，方显人生壮阔"相吻合。

这段广告除了投放在社交媒体等平台上，还开设了"李某某的人生叙事"微博超话。2020 年期间，该话题阅读高达 5.5 亿，讨论近 22 万，热度曾一度高达热搜第三。在微信等新媒体平台，自媒体的转发和对文案的深度评析也在很大程度上提高了广告的影响力，使得文案走进用户心智，加强了对品牌的认知度。

营销 4.0 时代，仅仅有打动消费者的内容、选对投放平台远远不够，广告视频与文案仅仅是成功营销的突破口，而更进一步地加强话题性，引发互动与讨论、构建社群，才能将品牌粉丝聚集在一起。

太平洋汽车网上的数据显示，该视频自 2020 年 9 月 20 日发布以来，V 级 MPV 这款汽车奔驰 V 级占福建奔驰份额、MPV 车型中的份额、在 MPV 车型中的排名连续增长多月，且较 9 月前的数据均有可观的增长幅度。说明这支广告及其文案确实对产品的销量产生了正向的带动作用，文案对其他品牌也就有了研究和借鉴的意义。

(资料来源：知乎. https://zhuanlan.zhihu.com.)

第十一章 广告与推广策略

第一节 广告与广告策划

一、广告

广告是广告主在付费的基础上,将企业、商品、劳务或观念等信息,通过传播媒介向特定的对象进行传播,能够有效影响目标公众心理和行为,促成整体营销计划的活动。

广告有广义和狭义之分。广义的广告指所有的广告活动,一切能唤起人们注意、告诉人们某种事物、传播某种信息、说服人们接受某种观点和见解的活动都包括在内。狭义的广告仅指商业广告,也是传统的广告学主要研究的对象。在广告学的教材中予以定义,探究规律特点,主要就是围绕商业广告来进行的。

广告不同于一般大众传播和宣传活动,其主要有以下表现。

(1) 广告是一种传播工具,是将某一项商品的信息,由这项商品的生产或经营机构(广告主)传送给一群用户和消费者。

(2) 广告有公益广告(免费)和商业广告(付费)之分。

(3) 广告进行的传播活动是带有说服性的。

(4) 广告是有目的、有计划的,是连续的。

(5) 广告不仅对广告主有利,而且对目标对象也有好处,它可使用户和消费者得到有用的信息。

二、广告策划

策划一般指对某一活动的运筹和规划,是动态的计划。广告策划就是广告策划者在充分考虑广告主、市场等若干问题的基础上,有针对性地按照一定程序对广告活动的总体战略进行前瞻性谋划的活动。

(一)广告策划的基本原则

广告策划作为一种系统性和创造性的活动,必须遵循一定的原则。广告策划的基本原则包括目的性原则、统一性原则、调适性原则、效益性原则及可操作性原则,具体内容如下。

(1) 目的性原则。企业作为市场经济主体,在参与市场经济活动中开展的所有广告活动,都是以经济效益为目的。因此,广告策划目标服从企业经济效益目的,脱离这一关系广告策划就是不切实际的。

(2) 统一性原则。统一性原则要求在进行广告策划时,从整体协调的角度考虑问题,广告活动的各个环节必须服从企业统一的营销目标和广告目标,为统一的产品形象和企业形象服务,切忌在广告策划中各自为政。

(3) 调适性原则。市场经济变化迅速,企业的生产经营会随时进行调整,因此企业的广告策划需要及时地进行调整。如果企业营销人员只强调广告策划的统一性原则,而忽视了调适性原则,那么广告策划就会呈现停滞状态。只有坚持调适性原则,广告策划活动才能在复杂多变的市场环境中和现实情况保持同步或最佳适应状态。

(4) 效益性原则。广告策划是以追求效益为目的的经济活动，企业投放的任何一个广告都要追求广告效益。换句话说，以较低的广告费用投入，取得良好的经济效益或社会效益。这就要求营销人员在进行广告策划时，从消费者和企业两方面的利益出发，认真分析策划，选择最优方案，使企业乐于使用，消费者也乐于接受。

(5) 可操作性原则。广告策划是一项基于现实基础上的系统性规划工作，广告策划方案作为指导广告工作的蓝本，制定的广告策略必须符合市场变化的需要，广告活动的每一环节、每一步骤都是操作可行的，要能够引导广告活动在未来市场中命中目标市场，并具有一定的效力。

(二)广告策划的运作程序

广告策划人员须在科学的策划谋略和策划意识指导下，严格按照现代广告操作的基本程序，遵循一定的科学方法和步骤进行策划，才能保证广告策划的成功。一个规范的、科学的广告策划运作流程包括市场调查与分析、战略规划、制订计划、文本编写、实施与效果测评五个阶段。

(1) 市场调查与分析阶段。该阶段的主要任务就是运用科学的方法和程序进行市场调查和相应的分析研究。主要包括广告产品调查分析、企业广告主经营管理状况调查分析、竞争状况调查分析、媒体受众情况调查分析、企业目标消费者的相关信息调查和分析。

(2) 战略规划阶段。该阶段是广告策划的核心部分，也是广告策划的主体。在市场调查和分析的基础上，广告策划者对调查分析的结果作出选择，提出广告策划的战略战术，包括确定广告目标、确立广告主题、进行广告预算、制定并选择广告策略。

(3) 计划制订阶段。该阶段的主要任务就是制订广告计划把战略规划具体化、系统化，使之具有现实的可操作性。广告计划确保广告策略的具体执行，同时也完善了策略规划的不足之处。计划制订的主要工作就是确定广告运作的时间和空间范围，确定广告的费用预算，还包括选择怎样的媒体组合，如何确定广告的频率等。

(4) 文本编写阶段。在完成战略规划和计划制订后，就需用一个文本描述整个广告策划，这被称为广告策划书。广告策划书主要包括执行摘要、背景分析、营销目标、广告的目标市场、广告目标、广告策略、促销活动、具体实施计划、结论与评估等内容。

(5) 实施与效果测评阶段。广告策划实施阶段，策划人员要进行创作、设计、媒体发布，并对整个实施过程进行监控和必要的调节。在广告策划的整体运作结束之后，企业应该按照既定的广告目标进行广告效果的测评，看通过广告信息的发布是否达到了预期的宣传效果，是否达到了预期的企业营销目标和广告目标，并对整个广告运作活动进行总结。

(三)广告策划的核心内容

广告策划是一项综合工程，运作步骤多，内容丰富，涉及很多方面的工作，一项较完整的广告策划主要包括以下六个方面的内容。

(1) 市场调查。市场调查是进行广告策划的基础。只有对市场和消费者了解透彻，对有关信息和数据掌握充分，才可能作出较为准确的策划。市场调查安排，就是要确定要向什么市场、什么用户、进行何种方式的调查。

第十一章 广告与推广策略

(2) 消费心理分析。对于消费者心理与行为的分析、研究是广告策划的前提。只有准确地把握住消费者的需要、动机、注意、知觉、记忆、想象、态度、情感与情绪等心理因素，才能有较准确的广告定位与较高水平的广告创意。

(3) 广告定位。采取广告定位，是为了突出广告商品的特殊个性，即其他同类商品所没有的优异之点，而这些优点正是特定的用户所需求的。广告定位确定了广告商品的市场位置，符合消费者的心理需求，就可以保证广告取得成功。有了准确的广告定位，广告主题也就可以确定下来。

(4) 广告创意。广告创意是决定广告策划成败的关键。广告定位之后的问题就是如何根据广告定位把握广告主题形成广告创意。成功的广告在于它能够运用独创的、新奇的诉求策略与方法，准确地传递出商品信息，有效地激发消费者的购买动机与欲望，持续地影响其态度与行为。

(5) 广告媒介安排。这是广告策划中直接影响广告传播效果的重要问题。媒介选择和发布时机安排得当，广告发布的投入产出效果就比较好；反之，企业投放的广告费用就不能收到预期的效果。

(6) 广告效果测定。这是全面验证广告策划实施情况必不可少的工作。企业委托的广告公司的工作水平、服务质量如何，整个广告策划是否成功，企业是否感到满意和更有信心，将以此为依据来作出评价。

第二节　个人推销

推销是一个古老的名词，是人们所熟悉的一种社会现象，它是伴随着商品交换的产生而产生，伴随着商品交换的发展而发展的。它是现代企业经营活动中的一个重要环节，渗透在人们的日常生活之中。推销就其本质而言，是人人都在做的事情。人类要生存，就要交流，而正是在交流中彼此展示着自身存在的价值。世界首席保险推销员齐藤竹之助在几十年的实践中总结出的经验，是"无论干什么都是一种自我显示，也就是一种自我推销"。

一、推销的含义

随着社会的变迁，推销的含义也在不断地演变。在社会发展的不同阶段，人们会对推销有着不同的理解和认识。从广义上讲，推销是指一个活动主体，试图通过一定的方法和技巧，使特定对象接受某种事物和思想的行为过程。狭义的推销是指商品交换范畴的推销，即商品推销。它是指推销人员运用一定的方法和技巧，帮助顾客购买某种商品和劳务，以使双方的需要得到满足的行为过程。

理解推销的含义应注意以下几个方面。

(1) 商品推销是一个复杂的行为过程。传统的观念认为推销就是一种说服顾客购买的行为。这种观念导致了在推销过程中过分强调推销行为本身，推销者一味地将自己的推销意志强加给顾客，而不研究顾客对推销行为的反应，只顾及己方利益的实现，而忽略了顾客需求的满足，这种把推销理解为单纯说服行为的观点，是导致目前社会上人们普遍对推销人员抱有成见的主要原因。从现代推销活动来看，推销应该包含寻找顾客、推销接近、

推销洽谈、处理推销障碍等。

(2) 推销行为的核心在于满足顾客的欲望和需求。从现代市场营销学的观念来看，顾客的潜在需求更值得经营者关注。潜在需求是需要启发和激励的，这便是推销的关键所在。推销人员作为推销行为的主动方，必须学会寻找双方利益的共同点，在这利益共同点上说服与帮助顾客，使顾客的购买行为得以实施，从而实现双方的最终目标。

(3) 在推销过程中，推销者要运用一定的方法和技巧。由于推销者和推销对象属于不同的利益主体，这就使得推销行为具有相当的难度。深入地分析、了解市场和顾客，灵活、机动地采用相应的方法和技巧，才能促成交易。

二、个人推销的要素

任何企业的商品推销活动都少不了推销人员、推销品和顾客，即推销主体、推销客体和推销对象构成了推销活动的三个基本要素。

(一)推销人员

推销人员是指主动向推销对象销售商品的推销主体，包括各类推销员。在推销的三个基本要素中，推销人员是最关键的。在销售领域中，有一个最大的问题，那就是许多推销员以为他们卖的是产品。其实不然，真正的推销不是推销产品，而是推销自己。推销成功与否，往往取决于服务的精神和态度，只有顾客喜欢推销员的为人、个性、风格，他才会购买产品。尽管说"每个人都是推销员"，但对职业化的推销员来讲，推销具有更丰富的内涵，只有以特有的技能赢得客户的信任与赞誉，才能展现其存在的社会价值。

(二)推销品

所谓推销品，是指推销人员向推销对象推销的各种有形与无形商品的总称，包括商品、服务和观念。推销品是推销活动中的客体，是现代推销学的研究对象之一。因而，商品的推销活动，是对有形商品与无形商品的推广过程，是向顾客推销某种物品的使用价值的过程，是向顾客实施服务的过程，是向顾客宣传、倡议一种新观念的过程。

(三)推销对象

依据购买者所购推销品的性质及使用目的，可把推销对象分为个体购买者与组织购买者两个层次。个体购买者购买或接受某种推销品是为了个人或家庭成员消费使用；而组织购买者购买或接受某种推销品，是为了维持日常生产加工、转售或开展业务，通常有营利或维持正常业务活动的动机。由于推销对象特点不尽相同，因而采取的推销对策也有差异。

现代商品的推销少不了推销员(推销主体)、推销品(推销客体)及顾客(推销对象)三个基本要素，如何实现其协调，保证企业销售任务得以完成，顾客实际需求得以满足，是广大推销员应该把握的问题。

三、个人推销的特点

推销是一项专门的艺术，需要推销人员巧妙地融知识、天赋和才干于一身，在推销过

第十一章 广告与推广策略

程中灵活运用多种推销技巧。推销活动的主要特点如下。

(一)特定性

推销是企业在特定的市场环境中为特定的产品寻找买主的商业活动，必须先确定谁是需要特定产品的潜在顾客，然后再有针对性地向推销对象传递信息并进行说服。因此，推销总是有特定对象的。任何一位推销员的任何一次推销活动，都具有这种特定性。他们不可能漫无边际或毫无目的地寻找顾客，也不可能随意地向毫不相干的人推销商品，否则，推销就成为毫无意义的活动。

(二)双向性

推销并非只是由推销员向推销对象传递信息的过程，而是信息传递与反馈的双向沟通过程。推销人员一方面向顾客提供有关产品、企业及售后服务等方面的信息，另一方面必须观察顾客的反应，调查了解顾客对企业产品的意见与要求，并及时反馈给企业，为企业领导作出正确的经营决策提供依据。因此，推销是一个信息双向沟通的过程。

(三)互利性

现代推销是一种互惠互利的双赢活动，必须同时满足推销主体与推销对象双方的不同要求。成功的推销需要买与卖双方都有积极性，其结果是"双赢"，不仅推销的一方卖出商品，实现赢利，而且推销对象的需求也得到了满足，给自己带来了多方面的利益。这样，既达成了当前的交易，也为将来的交易奠定了基础。

(四)灵活性

虽然推销具有特定性，但影响市场环境和推销对象需求的不确定性因素很多，环境与需求都是千变万化的。推销活动必须适应这种变化，灵活运用推销原理和技巧，恰当地调整推销策略和方法。可以说，灵活机动的战略战术，是推销活动的一个重要特征。

(五)说服性

推销的中心是人不是物，说服是推销的重要手段，也是推销的核心。为了争取顾客的信任，让顾客接受企业的产品，采取购买行动，推销人员必须将商品的特点和优点，耐心地向顾客宣传、介绍，促使顾客接受推销人员的观点、商品或劳务。

四、个人推销的功能

商品推销作为一种社会经济活动，是伴随着商品经济一起产生和发展的。可以说，推销是商品经济活动中一个必不可少的组成部分，对推动商品经济的发展起着积极的作用。推销作为一种企业行为，更是决定着企业的生死存亡。这些都是由推销本身所具有的功能决定的。个人推销的功能可以归纳为以下几个方面。

(一)销售商品

销售商品是推销的基本功能。推销是商品由推销人员向推销对象运动的过程。在这个过程中，推销品作为推销人员和推销对象双方各自需求得以实现的具体方式。通过寻找顾客、接近顾客、推销洽谈，进而达成交易，实际上就是实现商品所有权的转移，完成了商品销售。

达成交易是销售商品的手段。推销人员要把握好时机，针对不同的推销对象，灵活地选用不同的成交方法，迅速地达成交易，以达到销售商品的目的。

(二)传递商品信息

推销不仅要满足顾客对商品的需要，也要满足顾客对商品信息的需要，及时地向顾客传递真实、有效的信息。推销人员向顾客传递的商品信息主要有商品的一般信息、商品的差别优势、商品的发展信息、商品的经营信息等。

(三)提供服务

推销不仅是把商品销售给顾客，而且是通过提供各种服务，帮助顾客解决各种困难和问题，满足顾客多层次、多方面的需求。通过服务，提高了顾客的满意度，从而建立起企业和产品的良好信誉。在推销过程中，企业和推销人员为顾客提供的服务有售前服务、售中服务和售后服务。

(四)反馈市场信息

现代推销过程是一个供求信息的双向沟通过程。推销人员是企业通往市场的桥梁，是企业联系市场的纽带，是企业获取情报的重要渠道。他们直接与市场、顾客接触，能及时、准确地搜集市场信息。推销人员向企业反馈的市场信息主要有顾客信息、市场需求信息、竞争者信息等。

五、个人推销的原则

商品推销的基本原则，是基于对推销规律的认识而概括出来的推销活动的依据和规则。推销人员掌握正确的推销原则，可以使推销活动有所遵从，从而减少推销失误，提高推销成效。

(一)满足顾客需求的原则

顾客的需要和欲望是一切营销的出发点。产品是满足人们需要的有形与无形的物质或服务的综合体。顾客之所以购买某种产品或服务，总是为了满足一定的需要。因此，推销人员必须认真了解顾客的需要，把推销品为满足顾客需要的方案向顾客推荐，让顾客明白它确实能满足其需要。顾客只有产生了需求才可能产生购买动机以及购买行为。

(二)互利互惠的原则

互利互惠原则是指在推销过程中，推销员要以交易能为双方都带来较大的利益或者能够为双方都减少损失为出发点，不能从事伤害一方或给一方带来损失的推销活动。顾客之所以进行购买，就在于交易后得到的利益大于或等于他所付出的代价。因此，推销人员在

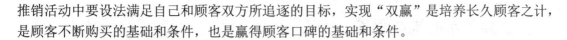

推销活动中要设法满足自己和顾客双方所追逐的目标,实现"双赢"是培养长久顾客之计,是顾客不断购买的基础和条件,也是赢得顾客口碑的基础和条件。

(三)推销使用价值观念的原则

推销使用价值观念的原则,就是在推销商品时,要利用或改变顾客原有的观念体系,想方设法使顾客形成对商品使用价值的正确认识,以达到说明和帮助顾客购买商品的目的。著名的推销专家戈德曼说过一句话:"你不要单纯地推销具体的商品,更重要的是要推销商品的使用价值观念。"就如我们推销洗衣机,重要的是让消费者接受一种省时、省力、舒适、快节奏的现代生活观念,让消费者认识到洗衣机在减轻家务劳动、有效利用闲暇时间,提高生活质量方面所具有的作用。

(四)人际关系原则

推销人员在推销商品时必须建立和谐的人际关系,为形成更多的买卖关系打下基础。美国的埃尔默·莱特曼是 20 世纪 60 年代末著名的人寿保险专家,他说过:"我并不销售保险,我建立关系,然后人们就来购买人寿保险。"美国著名的推销员乔·吉拉德也说:"生意不是爱情,而是金钱,你不必指望所有的人都爱你,却可以让所有的人都喜欢你。"埃尔默所说的"建立关系"和吉拉德所说的"让所有人都喜欢你",都是指建立和谐的人际关系。他们取得举世瞩目的推销成绩,与他们善于建立和谐的人际关系是分不开的。

第三节 公 共 关 系

在企业日益重视市场营销的今天,公共关系在市场营销中的作用日益显著。当今市场竞争是一种注意力的竞争、人心的竞争、传播的竞争、关系的竞争,而公共关系是提高企业形象竞争力的法宝,它运用各种沟通的策略、传播的手段、协调的方法,使企业营销进入一种艺术化的境界。

一、公共关系的定位

公共关系是一个企业或团体为了适应环境的需要,争取社会各界的理解、信任和支持,树立企业或团体的良好信誉和形象而采取的一系列活动。对企业而言,公共关系的目的不是追求短期的、既得的销售量的增加,而是着眼于企业在社会中的良好信誉和长远利益。

公共关系是一种有计划、有目标的活动。公共关系的基本目标是在广大消费者和用户面前树立和保持企业的良好形象和信誉。公共关系在市场营销中的作用非常重要,在市场经济条件下,企业之间的竞争非常激烈,企业要想在市场竞争中取胜,不仅要依靠技术竞争、质量竞争、价格竞争和服务竞争等手段,还要依靠信息竞争。谁在公众中获得了良好信誉,谁就能获得竞争的主动权。企业的良好信誉是无形的财富。

因此,任何一个企业都必须通过公共关系,努力树立企业的良好形象和信誉,大力提高企业及其产品品牌的知名度,赢得社会公众的了解和赞许,这样才能立于不败之地。

二、公共关系的构成要素

(一)公共关系的主体是组织

任何组织在它生存发展过程中都会和社会环境发生各种各样的关系，组织运用传播沟通的手段来处理的这些关系就叫作公共关系。

(二)公共关系的对象是公众

组织必须和公众建立有效的沟通，争取公众对自己的了解、理解、信任、合作和支持。开展公共关系工作必须搞清楚面对的公众是谁，谁对你的目标和利益具有直接的或间接的、现实的或潜在的影响和制约。

(三)公共关系的手段是传播沟通

公共关系是借助各种现代传播技术、信息载体和沟通方法来实现组织和公众之间的有效传播。在知识经济的年代、信息爆炸的环境、全球经济一体化的条件下，组织和公众之间的传播沟通越来越频繁，掌握各种传播手段、强化组织的传播沟通能力非常重要。

三、公共关系的职能

(一)搜集信息

公共关系首先要履行搜集信息、监测环境的职责，即作为组织的预警系统，运用各种调查研究分析的方法，搜集信息、监视环境、反馈舆论、预测趋势、评估效果，以帮助组织对复杂、多变的公众环境保持高度的敏感性，维持组织与整个社会环境之间的动态平衡。搜集的信息主要有以下两类。

(1) 组织形象信息。包括公众对组织的方针政策、管理水平、产品质量、服务质量、人员素质等方面的印象和评价。其包括：产品和服务形象的信息与组织整体形象信息。

(2) 社会环境信息。包括政府决策信息、法律法令信息、文化科技信息、新闻舆论信息、市场信息、公众需求信息和竞争对手信息。

(二)辅助决策

公共关系在组织的经营管理决策过程中，要协助决策者考虑复杂的社会因素，平衡复杂的社会关系，从社会公众和整体环境的角度评价决策的社会影响和社会后果，使决策目标能够反映公众的利益，使决策方案具备一定的社会适应力和社会应变力，使决策实施的效果有利于树立组织的良好形象。从这一意义上也可以说，公共关系部门是一个"智囊机构"，它在组织管理中起着"参谋"的作用。其具体职能有以下几种。

(1) 为确立决策目标提供咨询。公共关系部门广泛接触内外公众、掌握和积累了大量公众信息，对于组织存在的差距和问题比较清楚，较易站在公众的立场上发现决策问题，为组织确立决策目标提供咨询建议。

(2) 为决策提供各种社会信息，为公众提供咨询服务。如内部员工的思想状况、心理状态、工作状态。外部公众的需求意向和态度、新闻媒介对本组织的评价,政府、主管部门对本组织的了解和支持程度等。

(3) 运用公共关系手段,协助拟定、选择和实施方案。根据自己掌握的大量信息,制定出各种供领导层和主管部门选择的方案和建议,并从经济效益和社会效益的统一角度对各种决策方案进行分析、评价,为决策者选择和实施最佳的决策方案。

(4) 通过公关渠道观察、评价决策效果。反馈决策实施后,公众反响和社会后果,为调整决策或制定新的决策提供依据,促使决策者不断地改善组织形象。

(三)传播推广

公共关系在组织经营管理中要履行传播推广的职责,即通过各种传播媒介,将组织的有关信息及时、准确、有效地传播出去,增加公众对组织的了解和理解,提高组织及其产品、人员的知名度和美誉度,为组织创造良好的社会舆论,树立良好的社会形象。

(1) 传播内容:向公众传播组织政策、解释组织行为、增加组织透明度;运用各种传播媒介为组织及其产品推广形象,扩大影响,提高组织的知名度和美誉度;引导公众舆论、控制组织的形象。

(2) 传播方式具有多样性,一般说来,公共关系传播主要采取三种方式:借助各种大众传播媒介;制作、散发组织的各种资料;举办公共关系专题活动。

(四)协调沟通

公共关系是组织与社会环境之间的一种协调沟通机制,即运用各种协调、沟通的手段,为组织疏通渠道、发展关系、广交朋友、减少摩擦、化解敌意、调解冲突,使其成为组织运作的润滑剂、缓冲器,成为组织与各类公众交往的桥梁,为组织的自下而上发展创造"人和"的环境。

(1) 组织内部的协调沟通。在社会组织内部,有各种各样的关系,概括起来可分为:管理阶层与全体员工之间的关系;组织内部各个职能部门之间的关系;组织内部员工之间的关系。这三类关系的状态直接关系到组织的生存与发展。

(2) 组织与外部的协调沟通。主要包括顾客关系、社区关系、媒介关系、政府关系与同行关系等。组织与其外部公众的关系如何直接影响到它的生存和发展。

(五)提供服务

公共关系通过为公众提供各种各样的服务,来建立社会组织的良好形象,实现其工作目标。公共关系通过信息性、传播性、协调性、支持性、辅助性的服务使组织内部运转得更加顺畅、协调,使组织外部环境更加和谐、良好。公共关系的服务对象大体上分为以下两类。

(1) 服务于内部公众。为组织决策层和各个职能部门提供服务;为协调组织内部的各种关系服务;以及为团结员工服务。

(2) 对组织外部公众的服务。为公众提供信息服务;为协调组织外部的各种关系服务;为社会提供各种服务。

四、公关营销活动中常用的手段

(一)公关广告

所谓公关广告,是指企业为了使社会公众充分地了解企业,提高企业及产品的社会知名度,赢得社会信任与合作的广告。公关广告通过巧妙的构思,通过与公众进行感情交流的方式,使社会大众在不知不觉中甘情愿地对企业及其产品产生一种好感,从而吸引更多的消费者购买本企业的产品。公关人员要有新闻头脑,能主动地制造新闻,或把有价值的新闻挖掘出来,并通过活动展现出来,达到轰动的目的。为了使公关广告引人入胜,在设计和制作中,广告的内容要给人以知识和美的享受,在形式上力求图文并茂,具有较强的艺术感染力,使人不厌烦这个广告。

(二)利用影视传播影响公众舆论

在现代的国际传播竞争中,衡量一个国家在国际上的地位,不仅仅看它的政治、军事、经济、科技实力,还要看它的传播实力。香港旅游业利用影视作宣传是非常成功的。香港特区政府旅游协会拍过一部名为《在神秘的大幕后面》的旅游宣传片,该片反映了香港的旅游资源、人文特色。西方的观众从片中得到的信息是:香港是一个充满东方神秘色彩的城市,你要领略东方的文化特色,你到香港就会一览无余。这部片子成功地向东、西方不同文化背景的游客推销了香港的旅游形象。香港特区政府把这部片子赠送给各国电视台在旅游栏目里播放。每年暑假,香港特区政府把录像带赠送给留学生,让他们把录像带带到他们留学的国家。据香港旅游协会统计,投入一元港币的旅游宣传费,可以赢得 200 元港币的旅游综合收入。

(三)利用名流效应

利用名流效应是公共关系人际传播里常用的手段。这方面的案例很多,基本的道理就是利用名人的光环效应。我们应该承认,名流对公众的影响力比一般的传播效果要好。借助名人效应,能够强化信息的影响力。

(四)人际传播个性化

人际传播就要非常注意个性化设计,无论是一个电话、一封信函、一张卡片,都要非常有针对性地设计,这种设计来源于你对传播对象的了解,因此做公共关系的人应建立公共关系档案,并且不断更新,一旦需要时,可检索个人档案,对其进行有针对性的设计,会收到非常好的效果。

第四节 营 业 推 广

营业推广是一种适宜于短期推销的促销方法,是企业为鼓励购买、销售商品和劳务而采取的除广告、公关和人员推销之外的所有企业营销活动的总称。

第十一章 广告与推广策略

一、营业推广

(一)营业推广的特点

(1) 营业推广促销效果显著。在开展营业推广活动中，只要能选择合理的营业推广方式，就会很快收到明显的增销效果，而不像广告和公共关系那样需要一个较长的时期才能见效。因此，营业推广适合于在一定时期、一定任务的短期性的促销活动中使用。

(2) 营业推广是一种辅助性促销方式。使用营业推广方式开展促销活动，虽能在短期内取得明显的效果，但它一般不能单独使用，而是需要配合其他促销方式使用。营业推广方式的运用能使与其配合的促销方式更好地发挥作用。

(3) 营业推广有贬低产品之意。采用营业推广方式促销，似乎能迫使顾客产生"机不可失、时不再来"之感，进而能打破消费者需求动机的衰变和购买行为的惰性。不过，营业推广的一些做法也常使顾客认为卖者有急于抛售的意图。若频繁使用或使用不当，往往会引起顾客对产品质量、价格的怀疑。因此，企业在开展营业推广活动时，要注意选择恰当的方式和时机。

(二)营业推广的作用

(1) 可以吸引消费者购买。这是营业推广的首要目的，尤其是在推出新产品或吸引新顾客方面，由于营业推广的刺激比较强，较易吸引顾客的注意力，使顾客在了解产品的基础上采取购买行为，也可能使顾客追求某些方面的优惠而使用产品。

(2) 可以奖励品牌忠实者。因为营业推广的很多手段，譬如销售奖励、赠券等通常都附带价格上的让步，其直接受惠者大多是经常使用本品牌产品的顾客，从而使他们更乐于购买和使用本企业产品，以巩固企业的市场占有率。

(3) 可以实现企业营销目标。这是企业的最终目的。营业推广实际上是企业让利于购买者，它可以使广告宣传的效果得到有力的增强，破坏消费者对其他企业产品的品牌忠实度，从而达到本企业产品销售的目的。

(三)影响营业推广的因素

采用销售推广这一促销手段时，要特别注意不同国家或地区对销售推广活动的限制、经销商的合作态度以及当地市场的竞争程度等因素的影响。

(1) 当地政府的限制。在不同的国家或地区，对销售推广方式在当地市场上采取不同程度的限制。有的国家规定，企业在当地市场上进行营销推广活动时要事先征得政府部门的同意；有的国家则限制企业销售推广活动的规模。如法国政府规定禁止抽奖，且赠送的物品不得超过消费者所购买商品价值的5%。还有的国家对销售推广的形式进行限制，规定赠送的物品必须与推销的商品有关，诸如杯子可作为咖啡购买者的赠品，而餐具就不能作为推销洗衣机的随赠礼品。

(2) 经销商的合作态度。同中间商合作是扩展营销规模的有效途径，但要得到当地经销商或者中间商的支持与协助，还需要做一定的促销活动。能否由经销商代为分发赠品或优惠券，由零售商来负责现场示范或者商店陈列等，对于拓宽销售市场非常关键。

(3) 市场的竞争程度。市场的竞争程度、竞争对手在促销方面的动向或措施，将会直接影响到企业的销售推广活动。比如，当竞争对手推出新的促销举措来吸引顾客时，企业就不得不采取相应的对策，否则就有失去顾客甚至丧失市场的危险。同样，企业在海外目标市场进行销售推广活动也会遭到当地竞争者的反对或阻挠，这些竞争者甚至通过当地商会或政府部门利用法律或法规的形式来加以禁止。

二、营业推广的方式

营业推广的方式可根据面向不同对象来分为以下几种。

(一)面向消费者的营业推广方式

面向消费者的营业推广方式主要有以下几种。

(1) 赠送促销。向消费者赠送样品或试用品，赠送样品是介绍新产品最有效的方法，缺点是费用高。样品可以选择在商店或闹市区散发，或在其他产品中附送，也可以公开广告赠送，或入户派送。

(2) 折价券。在购买某种商品时，持券可以免付一定金额的钱。折价券可以通过广告或直邮的方式发送。

(3) 包装促销。以较优惠的价格提供组合包装和搭配包装的产品。

(4) 抽奖促销。顾客购买一定的产品之后可获得抽奖券，凭券进行抽奖获得奖品或奖金，抽奖可以有各种形式。

(5) 现场演示。企业派促销员在销售现场演示本企业的产品，向消费者介绍产品的特点、用途和使用方法等。

(6) 联合推广。企业与零售商联合促销，将一些能显示企业优势和特征的产品在商场集中陈列，边展销边销售。

(7) 参与促销。通过消费者参与各种促销活动，如技能竞赛、知识比赛等活动，能获取企业的奖励。

(8) 会议促销。各类展销会、博览会、业务洽谈会期间的各种现场产品介绍、推广和销售活动。

(9) 样品试用。样品试用是所有营业推广手段中成本最高，但同时也是最适宜于新产品推介的一种手段。样品试用是让消费者免费尝试，借此培养他们使用该产品的习惯。

(10) 设置特价品。以低于正常价格的优惠价格优待消费者，或在产品包装上特别标明，或采用特价方式推广。

(11) 奖品。奖品是为了刺激消费者购买某一种产品而以赠送或低价的形式提供给消费者的物品。奖励的目的在于提高产品形象，赢得美誉，扩大顾客基数，产生近期销售。另外，套装赠送也属于奖品式营业推广，诸如剃须刀与一包刀片，牙膏与一把牙刷，或价格优惠的二合一套装。

(12) 商业印花。购买一定金额的产品，送印花一张，累积后可兑换奖品或赠品。

(二)面向中间商的营业推广方式

根据中间商的特点，面向中间商的营业推广方式主要有以下几种。

(1) 批发回扣。企业为争取批发商或零售商多购进自己的产品，在某一时期内给经销本企业产品的批发商或零售商加大回扣比例。

(2) 推广津贴。企业为促使中间商购进企业产品并帮助企业推销产品，可以支付给中间商一定的推广津贴。

(3) 销售竞赛。根据各个中间商销售本企业产品的实绩，分别给优胜者以不同的奖励，如现金奖、实物奖、免费旅游、度假奖等，以起到激励的作用。

(4) 扶持零售商。生产商对零售商专柜的装潢予以资助，提供 POP 广告，以强化零售网络，促使销售额增加，也可以派遣厂方信息员或代培销售人员。

(5) 货位津贴，即生产商为获得新产品占有货架或地面位置的特权而支付的费用，价格不等。

(6) 贸易折扣。生产商与中间商之间设定某一幅度的贸易折扣，由生产商向中间商提供短期折扣或资金上的优惠条件。

(7) 陈列津贴。即店铺为生产商腾地方和安装陈列品的费用，店内陈列包括柜台陈列、落地陈列、货架陈列和特制陈列架。

(8) 回购津贴。在推出新产品时，生产商有时会向零售商提供回购津贴，购回尚未售出的旧产品。

(9) 广告津贴。生产商常常给零售商补贴广告的全部费用或部分费用作为广告津贴。

(10) 合作广告。合作广告是指全国性生产商向自己的中间商补偿他们在经销区域内为厂家的产品或标志做广告所支付的广告费用。与广告津贴不同的是，合作广告一般要求中间商交验广告发票和广告发布证据。另外，许多生产商会给中间商提供现成的广告用品，如光纸图片、广告样带等。为了保证自己产品的形象，有些广告主坚持要求中间商使用由他们提供的广告物件。

(11) 奖励与竞赛。为了使中间商达到特定的销售目标或储备某种产品，生产商会给他们提供奖励或礼品。

(12) 中间商聚会。多数生产商会举办中间商聚会来推介新产品，公布营业推广方案或展示新广告战略，有时还举办销售和服务培训班。

(三)面对内部员工的营业推广方式

这种推广方式主要针对企业内部的销售人员，鼓励他们热情推销产品或处理某些老产品，或促使他们积极开拓新市场。一般可采用方法有：销售竞赛、免费提供人员培训、技术指导等形式。

主要以前途、收入或荣誉等作为诱因，激发推销人员努力创造业绩。这种诱导的方法叫作推销奖金，又叫提成。例如，鞋子销售人员可能向顾客推荐某种鞋油或其他利润含量高的产品，每售出一件，他们便可得到一定的提成。

三、营业推广的控制

营业推广是一种促销效果比较显著的促销方式，但若使用不当，不仅达不到促销的目的，反而会影响产品销售，甚至损害企业的形象。因此，企业在运用营业推广方式促销时，必须予以控制。

(一)选择适当的方式

营业推广的方式很多,且各种方式都有其各自的适应性。选择好营业推广方式是促销获得成功的关键。一般来说,应结合产品的性质、不同方式的特点以及消费者的接受习惯等因素选择合适的营业推广方式。

(二)确定合理的期限

控制好营业推广的时间长短也是取得预期促销效果的重要一环。推广的期限,既不能过长,也不宜过短。时间过长会使消费者感到习以为常,消失刺激需求的作用,甚至会产生疑问或不信任感;时间过短会使部分顾客来不及接受营业推广的好处,收不到最佳的促销效果。一般应以消费者的平均购买周期或淡旺季间隔为依据来确定合理的推广期限。

(三)切忌弄虚作假

在市场竞争日益激烈的条件下,企业的商业信誉是十分重要的竞争优势,企业没有理由自毁商誉。本来营业推广这种促销方式就有贬低商品之意,如果再不严格约束企业行为,那将会产生失去企业长期利益的巨大风险。因此,弄虚作假是营业推广中的最大禁忌。

(四)注重中后期宣传

在营业推广活动的中后期,企业所面临的十分重要的宣传内容是营业推广中的企业兑现行为。这是消费者验证企业推广行为是否具有可信性的重要信息源。所以,令消费者感到可信的企业兑现行为,一方面有利于唤起消费者的购买欲望,另一个更重要的方面是可以换来社会公众对企业良好的口碑,增强企业良好形象。

此外,还应注意确定合理的推广预算,科学测算营业推广活动的投入产出比。

四、营业推广设计

(一)确定推广目标

营业推广目标的确定,就是要明确推广的对象是谁,要达到的目的是什么。只有知道推广的对象是谁,才能有针对性地制定具体的推广方案,例如:是为达到培育忠诚度的目的,还是鼓励大批量购买为目的?

(二)选择推广工具

营业推广的方式方法有很多,但如果使用不当,则会适得其反。因此,选择合适的推广工具是取得营业推广效果的关键因素。企业一般要根据目标对象的接受习惯、产品特点以及目标市场状况等来综合分析选择推广工具。

(三)推广的配合安排

营业推广要与营销沟通其他方式如广告、人员销售等整合起来,相互配合,共同使用,从而形成营销推广期间的更大声势,取得单项推广活动达不到的效果。

(四)确定推广时机

营业推广的市场时机选择很重要,如季节性产品、节日、礼仪产品,必须在季前节前做营业推广,否则就会错过时机。

(五)确定推广期限

确定推广期限即确定营业推广活动持续时间的长短。推广期限要恰当,不宜过长或过短:时间过长,消费者新鲜感丧失,产生不信任感;时间过短,一些消费者还来不及接受营业推广的实惠。

本 章 小 结

本章主要介绍了四节内容,即广告与广告策划、个人推销、公共关系、营业推广。其中,第一节中介绍了广告策划的运作流程和核心内容。通过学习第二节,可以知道个人推销的要素由推销人员、推销品、推销对象构成。第三节,介绍了公共关系的重要性、构成要素、公共关系的职能及常用的手段。公共关系虽然仍以推销为核心,但其推销的对象不仅仅是商品,更重要的是企业的形象和声誉。第四节介绍了适宜于企业短期推销的促销方法,营业推广,主要包括营业推广的特点、作用、影响因素、营业推广的方式与设计。

自 测 题

1. 什么是广告?什么是广告策划?
2. 广告策划的核心内容有什么?
3. 个人推销的要素是什么?
4. 个人推销可以实现哪些功能?
5. 简述公共关系的构成要素。
6. 公共关系有什么作用?
7. 营业推广设计中包括哪几个方面?

第十二章 数字营销

【学习要点及目标】 通过对本章内容的学习，使学生掌握数字营销的产生与发展；理解数字营销的理论基础；掌握数字营销的内容和主要方法；熟悉数字营销的管理体系和问题。

【关键概念】 数字营销(digital marketing)　数据库营销理论(database marketing theory)

【引导案例】

华为的数字化战略业务重构

随着5G、云计算、人工智能等先进技术进入各行各业，互联网连接的对象，从几十亿的人进一步扩大到百亿千亿的物，万物互联初见雏形，数字技术改变千行百业的时代已经到来，一些领先的数字化企业已经通过数字世界的快速感知、准确预测和模拟仿真等特点，大幅提升了自己在客户体验、创新、成本方面的能力，在竞争中占据了绝对优势。

华为是较早进行数字化转型成功的企业，以客户为中心，以数据为驱动，实现了企业智能化升级，通过数字化全新变革帮助企业实现客户的 ROADS(实时、按需、全在线、自助、社交)体验，解决了"鲍莫尔成本病"，实现了"人—仓—货—车—船—单"等业务对象基础数据之间的全方位联接，做到从供应商的原材料仓库，到工厂制造，再到海关、国际运输、海外本地仓储、派送的实物流及客户全过程的实时可视和信息共享(见图 12-1)。在每一个物流节点，数据集成共享，协同优化，实现内部高效作业；在物流节点之间，通过数据共享，打通上下游作业环节及外部合作伙伴，实现全网集中调度，减少等待、集结、迂回，实现各环节之间无缝衔接，高效协同。

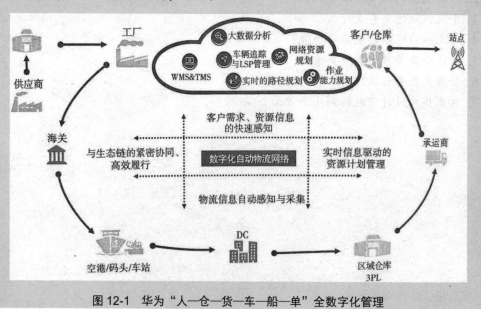

图 12-1　华为"人—仓—货—车—船—单"全数字化管理

第十二章 数字营销

在 2021 年 3 月的苏伊士运河堵塞事件中，华为作为一家跨国公司，也不可避免地受到了影响。但受益于华为公司的数据基础，当天就确定了有 28 艘船、400 多个货柜、100 多个客户受到影响。为了解决这个问题，华为通过大数据分析和预案模拟，在空运、海运、铁路运输等数万条路径、百万级组合中选择最佳路径和解决方案，启动中欧班铁方案并锁定专列资源，将欧洲工厂的收货和生产能力提升 30%以上，4000 多个客户订单紧急补货、优先排产并与客户保持及时沟通，最终将 80%的订单延误控制在 2 周内，客户界面基本没有受到影响。这种万物互联的业务模式，就是数字化带来的价值，即不断追求业务的最优解。

(资料来源：华为企业架构与变革管理部著. 华为数字化转型之道[M]. 北京：机械工业出版社，2023.01.)

第一节 数字营销概述

数字营销是随着互联网的快速发展而出现的一种营销方式。它以现代电子技术和通信技术的应用与发展为基础，带来了市场竞争以及营销观念和策略的转变，创造出全新的市场和机会。数字营销拓展了传统市场营销的内涵，在许多方面有着明显的优势，对企业改善营销环境、提高核心竞争力、推动可持续发展具有非常重要的现实意义。

数字营销是使用互联网上的数字技术，通过手机应用程序，展示广告和任何其他数字媒体对产品或服务进行的营销。数字营销渠道是一种基于 Internet 的系统，可以通过数字网络创建，将产品价值从生产者传递到消费者终端。

一、数字营销的产生与发展

(一)数字营销的产生

在中国，从 20 世纪 90 年代末开始萌芽的数字营销，其实在之后的二十多年间一直都处于快速发展的步伐之中。2000 年左右，中国的第一支展示广告出现，随后搜索引擎也开始售卖广告，然后是富媒体广告以及广告联盟和广告网络快速发展，随后 2010 年左右 PC 端广告业务出现下滑，但移动互联网的迅速崛起又引发一波新高潮，加之 2013 年和 2014 年开始的程序化广告变革，以及这两年火热的人工智能、大数据等技术加持，数字营销的发展几乎没有停过。从 2010 年至 2019 年，中国数字营销经历了十年演变史，其本质就是移动互联网高速发展的十年。2009 年，大陆发放了 3G 运营牌照，十几年后的今天，5G 时代已经到来。十多年的时间，我们从"上网"还仅意味着一个特定的举动的时代，进化到如今被移动设备所围绕，移动技术和设备的大发展推动了数字营销的演变。

1. 数字营销 1.0 时代

基于 Web 1.0 的单向营销 20 世纪 90 年代初，World Wide Web(即万维网)诞生，Internet 真正变成了全球互联网，开始走进人们的生活。Web 1.0 是互联网最早版本的术语，从技术角度来说，Web 1.0 的网页是"只读的"，用户无法进行编辑，只能浏览信息或搜索信息。尽管如此，由于互联网为人类打开了新的世界，在数字营销 1.0 时代，互联网内容创造由网站主导,用户没有交互权,广告以单向传播为特征,用户被动接受网站上的营销信息,主要运用展示类横幅广告、弹出式广告、搜索引擎广告等,营销的理念则是以销售产品为主要目的。

2. 数字营销 2.0 时代

在数字营销 2.0 时代,随着社交媒体和视频网站的异军突起,企业拉近了与用户的距离,建立了全面的营销策略,实现了对数据实时监控和定期分析,因此,互联网逐步成为企业营销的重要渠道,广告主将更多的广告预算投入从线下媒体转移到线上媒体。随着购物选择的增多,消费者会产生强烈的风险感,而且对传统营销中的单向沟通也会感到厌倦和不信任。而网络营销中商品信息获取的方便性,促使消费者主动通过各种可能的途径获取与商品有关的信息并分析比较,以减少购买失误。在分析比较的过程中,消费者获得了心理上的平衡和满足感,增加了对所购商品的信任,也减轻了购物的风险感以及在购买后产生的后悔感。

3. 数字营销 3.0 时代

以大数据技术应用为特征的数字营销 3.0 时代,搜集和分析用户搜索、浏览、点击、购买和共享等数据变得可行,基于这些数据的"用户画像"帮助企业精准了解用户的需求和偏好,从而使营销活动更加集中和高效,使品牌得到充分有效的展示。从消费者角度来看,对购物方便性和趣味性的追求,一部分工作压力大、生活节奏快的消费者追求购物的方便性,想尽量节省时间成本,往往会选择网购。另一部分因劳动生产率提高而可供支配时间增加的消费者,比如自由职业者或家庭主妇,往往会通过网购来消遣时间和寻找乐趣,保持与社会的联系,从而减轻心理孤独感。

4. 数字营销 4.0 时代

基于商业生态圈的生态圈营销数字技术的高度发展和移动互联网的盛行,推动着商业模式的不断更新,大型互联网公司都在构建自己的生态圈,比如阿里系、百度系、腾讯系、小米系,等等。营销也由只注重产品生产到偏重销售环节再到重视商业生态圈的协作,通过生态圈内企业间数据共享、策略导流,实现产品的个性化定制、广告的定向投放、线上线下渠道的融合和消费者需求的精准锁定。

(二)数字营销的理论基础

1. 直复营销理论

直复营销理论产生于 20 世纪 80 年代,美国直复营销协会对其所下的定义是:"一种为了在任何地方产生可度量的反应和(或)达成交易所使用的一种或多种广告媒体的相互作用的市场营销体系"。通俗地说,直复营销是指利用直接反馈广告、邮件、电话和其他相互交流形成的媒介所实施的大范围市场营销体系。

2. 关系营销理论

网络关系营销是 20 世纪 90 年代以来备受重视的营销理论,它主要包括两个基本点:首先,在宏观层面,市场营销对顾客市场、劳动力市场、供应市场、内部市场、相关者市

第十二章 数字营销

场等诸多领域产生影响；其次，在微观层面，随着企业与顾客的关系不断变化，市场营销的核心也应从过去简单的一次性交易关系转变到注重保持长期的关系上来。

关系营销的基本立足点是建立、维持和促进与顾客和其他商业伙伴之间的关系，以实现参与各方的目标，从而形成一种兼顾各方利益的长期关系。

3. 软营销理论

软营销是有别于工业经济时代以大规模生产为主要特征的"强式营销"而提出的一种全新的营销理论。该理论认为顾客在购买产品时，不仅要满足基本的生理需要，还要满足高层次的精神和心理需要。它强调企业在进行营销活动时必须尊重消费者的感受与体验，让消费者主动接受企业的营销活动。网络软营销恰好是从消费者的体验和需求出发，采取拉动式策略吸引消费者的关注，从而达到营销的理想效果。

4. 整合营销理论

整合营销产生于20世纪90年代的美国，后兴起于西方，是一种实战性极强的可操作性策略。根据全美广告协会的定义："整合营销是一个营销传播计划的概念，即通过评价广告、直复营销、销售促进和公共关系等传播方式的战略运用，并将不同的信息进行完美的整合，从而最终提供明确的、一致的和最有效的传播影响力。"整合营销强调营销就是传播，即和客户多渠道沟通，并建立起品牌关系。

5. 长尾理论

长尾市场也被称为"利基市场"。"利基"一词是英文"Niche"的音译，意译为"壁龛"，有拾遗补阙或见缝插针的意思。菲利普·科特勒在《营销管理》中给利基下的定义为：利基是更窄地确定某些群体，这是一个小市场并且它的需要没有被服务好，或者说"有获取利益的基础"。过去人们只能关注重要的人或重要的事，如果用正态分布曲线来描绘这些人或事，人们只能关注曲线的"头部"，而将处于曲线"尾部"、需要更多的精力和成本才能关注到的大多数人或事忽略。例如，在销售产品时，厂商关注的是少数几个所谓"VIP"客户，无暇顾及在人数上居于大多数的普通消费者。而在网络时代，由于关注的成本大大降低，人们有可能以很低的成本关注正态分布曲线的"尾部"，关注"尾部"产生的总体效益甚至会超过"头部"。又如，某著名网站是世界上最大的网络广告商，它没有一个大客户，收入完全来自被其他广告商忽略的中小企业。安德森认为，网络时代是关注"长尾"、发挥"长尾"效益的时代。

6. 数据库营销理论

数据库营销是指企业通过搜集和积累消费者的大量信息，经过处理后预测消费者有多大能力去购买某种产品，以及利用这些信息给产品以精确定位，有针对性地制作营销信息以达到说服消费者购买产品的目的。通过数据库的建立和分析，可以帮助企业准确了解用户信息，确定企业目标消费群，同时使企业促销工作具有针对性，从而提高企业营销效率。

二、数字营销的特征

数字营销具有众多竞争优势，它可以将产品的调查、客户的意见、盈利的结果等通过数字化媒体进行整合，实现一对一的沟通，达到比传统营销更为优秀的营销效果，数字营销在传统的营销方式上加入了更多新的特点。

(1) 数字营销具有集成性，可以快速响应客户的需求，属于全程的营销渠道。前台服务与后台售后紧密集成，通过互联网对不同的营销活动进行统一规划，避免服务活动出现前后不一而收到差评。

(2) 数字营销的服务更加个性化，由于数字营销可以整合用户使用的各项数据，对用户的喜好更加明确，所以可以更准确地为用户推荐相关产品，提供更加人性化的服务。

(3) 数字营销拥有比传统营销更大的选择空间，不会受到传统货架的限制，库存等都可以用数据展示，用户可以随时查到想要的商品还有多少库存，有什么具体的图文展示。

(4) 数字营销让产品信息更加丰富，网络信息可以更清楚地展示产品的种类、形象、使用方法等，例如传统服装不可能用模特一一展示，而在互联网上，几乎每件衣服都有专门的模特试穿图片，用户可以了解到详细信息，消费更加放心。

(5) 数字营销成本更低，价格更实惠。厂家取消了代购途径，直产直销，缩短了分销环节，用户可以直接在第一生产地购买，既拓宽了销售范围，也节省了促销的费用。

(6) 数字营销拥有更加灵活的市场，根据用户对产品种类需求的统计，可以随时调整供应，也可以发挥创新，网络可以直接跨越多种限制满足客户需求。

第二节　数字营销的内容与方法

当前社会中，数字营销已经成为各大企业进行宣传的重要手段，如果不会合理应用网络营销中的各种工具和方法，在市场竞争中将会处于弱势地位。

一、数字营销的内容

(一)网上市场调查

网上市场调查是开展网络营销活动的前提和基础，也是企业了解市场、准确把握客户需求的重要手段。网上市场调查是指企业通过 Internet，针对特定营销任务而进行的调查活动，主要包括调查设计、资料搜集、资料处理与分析等。网上市场调查的重点是充分利用 Internet 的特性，提高调查效率和调查效果，以求在浩瀚的网络信息资源中快速获取有用的信息。

(二)网络消费者行为分析

网络消费者是伴随着电子商务的蓬勃发展而产生的一个特殊消费群体，这类群体的消费行为有着自身的典型特征。因此，开展网络营销活动必须深入了解网络消费者不同于传统消费者的需求特征、购买动机和购买行为模式。网络消费者行为分析的内容主要包括网络消费者的用户特征、需求特点、购买动机、购买决策等。

(三)数字营销策略制定

为实现网络营销目标，企业必须制定相应的网络营销策略。与传统营销类似，网络营销策略也包括产品策略、价格策略、渠道策略和促销策略四个方面,但在具体制定上应充分考虑 Internet 的特性、网络产品的特征和网络消费者的需求特点。例如,企业在制定网络营销的价格策略时,通常可以对体验类产品采取免费或部分免费的定价策略,而这些在传统营销中则很难实现。

(四)营销流程改进

与传统营销相比,数字营销的流程发生了根本性的变化。利用 Internet,企业不仅可以实现在线销售、在线支付、在线服务等,还可以通过网络搜集信息并分析客户的特殊需求,以生产客户需要的个性化产品。例如,著名的美国 Levis 公司,就是利用 Internet 为客户量身定做个性化产品的典范。客户可以通过 Levis 公司的网站直接输入所需服装的尺寸、款式和喜欢的颜色等信息,公司就可为其量身定做,从而使客户的个性化需求得以满足。

(五)数字营销管理

数字营销管理是指为了实现企业营销目标,而采取的计划、组织、领导和控制等一系列管理活动的统称。传统的营销管理的许多理念和方法虽然也可采用,但网络营销依托于全新的网络平台开展营销活动,难免会遇到新情况和新问题,如网络消费者的隐私保护问题以及信息安全问题等,这些都要求企业必须做好有别于传统营销的营销管理工作。

二、数字营销的方法

数字化服务连接了线上与线下,利用互联网技术去消弭时间、地域上的鸿沟,帮助企业服务业数字化,是未来很多行业的发展趋势。传统行业商家如何做好数字化营销转型?下面详细介绍几种方法。

(一)用名片小程序展示信息、提高经营效率

微信小程序是非常合适的数字化营销工具,能在数字营销中发挥很大作用。比如某汽车 4S 店,为了客户体验、实现售前、售中、售后一条龙服务,通过用"上线了"超级云名片搭建了展示服务型小程序,包括品牌及车型介绍、一键拨号预约试驾、购车流程指引、在线咨询、意见留言、报道等服务。客户在小程序内可快速发送产品或文章链接给销售咨询,不用专门去线下门店。采用小程序模式后,这家汽车店的客户询盘率直接提升了近 4 倍。

(二)小程序+社群+公众号

在数字化转型中,不少商家都采用了"微信小程序+微信群+公众号"的方式,这可以让商家更方便地引流拉新。用公众号推文、微信群来宣传推广小程序,可以在微信生态内互相结合引流,更好地打造私域流量,强化用户对你品牌和店铺的认同感。这种数字营销方式,可以拉近商家和客户关系、增加客户复购率,而传统门店则很难做到这一点。

(三)电子邮件

电子邮件(E-mail)是互联网上最常用的服务之一。它不仅可以作为一种交流工具,同时

也与企业经营活动密不可分。电子邮件营销(E-mail direct marketing，EDM)是在用户事先许可的前提下，通过电子邮件向目标用户传递价值信息的一种网络营销手段。

根据中国互联网调查数据，电子邮件广告在用户关注浏览、点击参与和最能影响购买行为的比例分别为 27.8%、17.3%和 13.4%，均排在第二位，仅次于图片形式的静态广告，可见其在网络营销中的重要作用。

(四)建立企业官方网站

企业官网可以帮助客户快速了解你的品牌，这是企业重要的互联网窗口。在网站中添加标题、博客、定价表、商城、社交媒体图标等多个版块，一个网站就是由各个版块组成的。还可以利用"商品规格筛选"功能，提高顾客下单效率。

(五)后台数据分析

做好数字化营销，只知道简单卖货是不行的，还要懂得分析数据，了解店铺运营效果。你可以通过上线的数字化营销平台，查看你的网站、小程序流量与客户情况；如果你用的是超级云名片，那么还能在小程序编辑器的【数据分析】一栏查看小程序方的数据，包括小程序浏览量、用户数、被转发数、最高浏览量页面、访客群分析等等。

第三节 数字营销管理体系及面临问题

如何搭建数字营销体系，数字营销会面临哪些需要解决的问题，接下来是我们要学习和解决的问题。

一、数字营销的管理体系

搭建数字营销体系，我们到底要做哪些事？总结下来有四点：物料管理体系、线索管理体系、数据管理体系、跨部门业务流程体系，具体内容如下。

(一)物料管理体系

物料管理体系包括营销物料制作，物料自动化发送上线，互动行为追踪，效果报告，ROI 评估，预算和规则。一个好的营销物料，就是好的内容，它需要具备以下几个要素。

(1) 吸睛。这里的吸睛并非指好的创意和文案，而是能够传递足够的信息。
(2) 能够产生交互。我们称之为 Call to action，即行为留痕。
(3) 要符合品牌传播的规范，能够体现这个企业的它的一个品牌定位。

如制作一个专属的微站(Mini-site)。通过微站帮助公众号从此被销售线索的获取、孵化、转化、管理等能力。同时精确获取所有粉丝的访问行为、停留时间。直播可以通过直播这样一个营销的事件，结合微信、短信、邮件、企业微信等多个渠道发送营销物料追踪点击、浏览、转发、停留等行为，同时通过表单完成留资孵化线索。线下展会是有效的线索增长机会。市场易提供成体系的解决方案，打造无纸化体验并连接线上，帮助利用展会、会议等线下场景，引流获客。

(二)线索管理体系

线索管理体系包括：线索获取，优化行为模型分析，高质量线索筛选，线索评分，互动行为追踪，物料自动化发送上线。

一般来说，线索管理有这样一个流程，即通过各种各样的活动去获取线索，并对获取的线索进来用准备好的内容进行孵化，然后给他们打分、贴标签，越来越多的企业开始利用这样一套理念或者流程去管理他们的数字营销的工作。

比如通过一次活动的展台抽奖送礼的方式，让大量的群众关注公众号。接着通过提供各种各样的专业内容并分析内容背后的互动行为，比如推送的产品相关介绍有没有浏览？有些人中奖或者没中奖之后当天是否取消关注？

(三)数据管理体系

数据管理体系包括：数据分析、数据对接、数据存储和备份、数据安全。

对于很多企业之间来讲，如果一开始没有相关内容，没有对粉丝，销售线索行为进行管理的话，一开始是没有特别多的数据量的。一旦建立前面两个体系之后，就会持续地产生数据，这就涉及数据对接、数据存储、数据安全、数据分析这些需求。

从数据分析这一块，现在已经可以做到对单个部门的销售线索或者粉丝行为的分析和管理，甚至包括一些标准化的集团版本，比如说集团可能下面有十几个子公司，除了每个子公司，每个业务线自己使用之外，集团有一个集团层面超级管理员，可以看到整个集团数字营销的实时情况。

(四)跨部门业务流程体系

跨部门业务流程体系类似于企业内部赋能。

(1) 跨部门组织内部赋能——因为很多时候，市场部在管理、组织内部其他一些部门，去做一些数字化的尝试时候，我们就可以借助公众号去链接从销售部门到渠道管理到各种服务，比如说售后设备安装流程发起，设备维护流程发起，可能包括一些物流的查询，防伪的查询，通过先关注公众号，对应填表单来实现预约拜访。

(2) 销售赋能——销售助手是一个基于企业微信的市场易自建应用。实际使用时，可以很方便地通过企业微信对话界面的销售助手菜单看到聊天客户在本企业(同一主体)微信公众号下的所有提交信息和行为记录。而且该工具可配置在客户会话的"聊天工具栏"中，也可配置在"客户详情页面"。

(3) 组织赋能——全员营销在海报、图文、视频等形式的展现中，开辟传播人专属名片，在后台展示传播效果、阅读人群等数据，让每一位员工都能成为企业的触手，以标准化的推广内容触达到客户。商家的目的就是让销售非常方便拿到我们市场部各种的销售物料去孵化，转化潜在客户。

二、数字营销面临的问题

数字营销可能是大多数公司增长最快的话题之一。无论你是大企业还是身边的小企业，每个人都关心自己在数字环境中的存在，以及如何利用它成功地进行营销。大多数人想到的都是美好的一面，炫酷的营销策略、新颖的展现形式以及精准的沟通路径。但是，实际上，现实并没有这么美好。新商业生态环境中，传播市场日趋复杂，不少品牌在数字营销上，花了不少钱效果却没有什么，数字营销和传统营销的概念有所不同，但本质上还是一种营销方式，只是媒介和用户因为互联网的发展发生了改变。目前存在的问题主要表现在以下几个方面。

(一)营销活动没有明确的目标

品牌在设置数字营销目标时，往往喜欢设定大而全的指标，从曝光量、互动量、到销售线索，知名度、美誉度到忠诚度，几乎把所有能想到的指标都罗列上。换一个角度看，指标太多，就等于没有指标，使得营销策略没有侧重点，策划往往变得中规中矩。不同的活动要有不同的目标侧重，不能千篇一律。

(二)掉入 ROI 坑里，忽略了营销策略

互联网广告的优势，就是能用各种数据进行效果的量化。强调数字的多少，当然没有问题，但是过犹不及。有时候，品牌主往往对着 ROI(return on investment，投资回报率)表进行投放决策，把 ROI 低的渠道直接砍掉，只保留高转化的渠道。但是，从策略层面，渠道价值不能一概而论，有些看似低 ROI 的渠道，更侧重间接连接和长期价值，没有长期的培养，很难将蓄水池做大。

(三)设置过高的 KPI，就是逼服务商造假

在品牌主眼中，数字营销蕴含着无穷的潜力，给到媒体和代理商的 KPI(key performance indicator，关键绩效指标)，即便再高，也能保量完成。其实，在白热化的竞争中，大多数代理商的第一要务就是拿下订单，至于怎么完成广告主设置的 KPI，总有一套应对策略，毕竟天上不会经常掉馅饼。比如英语培训、汽车试驾这个行业，就是明码标价多少钱一个 A，因此代理商不得不找劳务公司解决人的问题，自然这些人又不是真正的消费者，广告费肯定打水漂。

(四)泛泛沟通，没有针对合适的受众

数字营销实现精准沟通，前提就是找到合适的目标受众。不少媒体和代理商在为用户做数据标签时，有时候定义非常宽泛，只有大行业的标签，没有细化到用户的具体品类需求，用户到底处于消费的什么阶段，更深层次的消费心理，这些因素都能极大地影响沟通效率。

(五)在社交媒体上购买粉丝和水军

为了使得每一波的营销活动，数据变得更为漂亮，不少品牌选择了购买粉丝，刷阅读量、互动率和转发量，毕竟社交媒体上的每一个数据都是公开的。但是，这会造成数据失真，就连基本的数据分析和挖掘都失去了价值。如果被粉丝们发现，后果更为严重，这无异于立即传达了这层讯息：不靠谱。这个是甲乙双方心照不宣的事情，一个是为了给老板交差保住饭碗，一个是无法拒绝客户需求不得已而为之，最后两败俱伤，客户损失巨大，

自然代理公司也少了个客户。

(六)强制性推送广告或者发送自动私信

数字媒体不同于传统电视，用户其实对突如其来的、强制性的广告，容忍度并不高。强制性的广告，虽然能够提升点击率，但也不能忽视由此引发的用户负面情绪。尤其是在社交媒体中发送自动私信，这被认为是缺乏人情味、很讨厌、很烦人。一条优质的内容，插播一个广告是非常难以令人接受的。

(七)没有对具体渠道作相应的创意优化

数字营销渠道纷繁复杂，不同媒体能够承载的广告形式截然不同，甚至是天壤之别。因此，千万不能指望一个创意，或者一个视觉物料，就能一招鲜而吃遍天下。针对不同渠道，量身定制不同的创意形式，更能够激发用户的好感性以及参与度。所以 A/B 测试尤为重要。

(八)创意有渲染力，却没有用户联结

在数字渠道上，广告短片能够做得非常炫酷，声光电、各种新技术的运用，让创意呈现具有很强的渲染力。不过，这种渲染力，往往是浅而短暂的，在炫酷的基础上加上用户连接，才能深刻而持久，要去与用户建立活生生的关系，才是真正有煽动力的创意。不过加这种联结也是要有创意和技术的，要水到渠成的感觉才不至于让用户反感。

(九)低估了变化的速度，用传统思维做数字营销

传统的广告方式，是做一个很长时间的规划，从创意策划到出街、预热、引爆等等，需要一个漫长的过程。事实上，这在数字营销中是最忌讳的方式。互联网营销，时时刻刻都在发生着变化，用户随时会有反馈，所以要根据最新的舆情，及时作出动态的调整。

总而言之，通过一次数字营销，就能实现品牌飞跃式地提升，这种机遇非常之小。在制定数字营销策略时，在投放广告时，大多数营销人还是需要扎扎实实地思考：产品的卡位是什么？目标受众是哪些人？他们关心什么？想到达成的目标是什么？从这些角度出发推导出的策略，才是最适合的数字营销策略，否则结果往往是无效营销。

本 章 小 结

本章主要介绍了三节内容，即数字营销概述、数字营销的内容与方法、数字营销的管理体系与面临问题。其中，第一节数字营销概述是对其数字营销的产生与发展和理论基础的分析，如数字营销的发展包括数字营销 1.0 时代、数字营销 2.0 时代、数字营销 3.0 时代、数字营销 4.0 时代，数字营销的理论基础包括直复营销理论、关系营销理论、软营销理论、整合营销理论、长尾理论和数据库营销理论。第二节则是对数字营销的内容和方法进行介绍分析。数字营销的内容包括网上市场调查、网络消费者行为分析、数字营销策略制定、营销流程改进、数字营销管理等；数字营销的方法有用名片小程序展示信息、"小程序+社

群+公众号"、电子邮件、建立企业官方网站和后台数据分析。第三节介绍数字营销管理体系和面临的问题，搭建数字营销管理体系，主要有物料管理体系、线索管理体系、数据管理体系、跨部门业务流程体系；面临的主要问题有营销活动没有明确的目标、掉入ROI坑里和忽略了营销策略、设置过高的KPI、泛泛沟通和没有针对合适的受众、在社交媒体上购买粉丝和水军、强制性推动广告或者发送自动私信、没有对具体渠道、没有用户链合用传统思维做数字营销。

自 测 题

1. 什么是数字营销？描述数字营销的产生与发展？
2. 数字营销的理论基础是什么？
3. 数字营销的内容和主要方法有哪些？
4. 数字营销的管理体系包括哪些方面？
5. 数字营销有哪些问题？如何解决？

第十三章 营销相关的法律法规与营销活动

【学习要点及目标】 通过对本章内容的学习，使学生掌握与营销相关的法律内容，了解相关法律的核心条款、重点条款、常犯条款，认识相关法律的中外发展情况和修订过程，理解营销法与营销活动的关系。

【关键概念】 营销法律法规(marketing law) 营销活动(marketing behavior)

【引导案例】

虚假宣传

2021年定州市市场监督管理局执法人员在巡查时发现，波尤发便利店在销售雪域藏羊酸酸乳时，宣传资料中存有"增加肠道有益菌群排除毒素、胃酸、胃胀、胃痛、反流性食管炎、十二指肠炎症、结肠炎、便秘、失眠多梦、周身酸痛、免疫低下、调理机能，食用三天立竿见影"等内容，并在会议室悬挂了印有"胡士良教授、唐振兴主任、袁忠山老师、胡维勤医学家通过深入了解细细品尝、一致认为其味道好、品质高，吃了忘不了，以后天天都要吃，愿意为其代言"等内容的展牌。经查，"雪域藏羊酸酸乳"为普通食品(调制乳粉)，当事人无法就宣传内容、代言关系提供证明材料。当事人为达到吸引群众办理超市会员、增加超市营业收入之目的，自2020年10月起在经营场所悬挂内容虚假的代言展牌，自2021年2月起对"雪域藏羊酸酸乳"进行虚假的疾病治疗、保健功能宣传。截至案发当日，当事人将其作为赠品向会员赠送了255盒，未销售过该产品。当事人于2021年4月13日停止了对该产品的虚假宣传，摘除了内容虚假的代言展牌。

当事人的行为违反了《中华人民共和国反不正当竞争法》第八条第一款"经营者不得对其商品的性能、功能、质量、销售状况、用户评价、曾获荣誉等作虚假或者引人误解的商业宣传，欺骗、误导消费者"之规定，构成了虚假宣传的违法行为。鉴于当事人虚假宣传持续时间较短、无违法所得，积极配合调查，如实陈述违法事实、主动改正违法行为，符合依法可以减轻处罚的情形，该区市场监督管理局依据《中华人民共和国反不正当竞争法》第二十条"经营者违反本法第八条规定对其商品作虚假或者引人误解的商业宣传，或者通过组织虚假交易等方式帮助其他经营者进行虚假或者引人误解的商业宣传的，由监督检查部门责令停止违法行为，处二十万元以上一百万元以下的罚款；情节严重的，处一百万元以上二百万元以下的罚款，可以吊销营业执照"之规定，责令当事人改正违法行为，对当事人作出罚款20000元的行政处罚。

(资料来源：河北食药科普网 http://sykp.hebei.com.cn.)

第一节 价 格 法

《中华人民共和国价格法》于1997年12月29日第八届全国人民代表大会常务委员会第二十九次会议通过，共7章，48条。这是为了规范价格行为，发挥价格合理配置资源的作用，稳定市场价格总水平，保护消费者和经营者的合法权益，促进社会主义市场经济健康发展而制定的法律。

一、核心条款

第三条 国家实行并逐步完善宏观经济调控下主要由市场形成价格的机制。价格的制定应当符合价值规律，大多数商品和服务价格实行市场调节价，极少数商品和服务价格实行政府指导价或者政府定价。

市场调节价，是指由经营者自主制定，通过市场竞争形成的价格。

本法所称经营者是指从事生产、经营商品或者提供有偿服务的法人、其他组织和个人。

政府指导价，是指依照本法规定，由政府价格主管部门或者其他有关部门，按照定价权限和范围规定基准价及其浮动幅度，指导经营者制定的价格。

政府定价，是指依照本法规定，由政府价格主管部门或者其他有关部门，按照定价权限和范围制定的价格。

第五条 国务院价格主管部门统一负责全国的价格工作。国务院其他有关部门在各自的职责范围内，负责有关的价格工作。

县级以上地方各级人民政府价格主管部门负责本行政区域内的价格工作。县级以上地方各级人民政府其他有关部门在各自的职责范围内，负责有关的价格工作。

二、重点条款

第十三条 经营者销售、收购商品和提供服务，应当按照政府价格主管部门的规定明码标价，注明商品的品名、产地、规格、等级、计价单位、价格或者服务的项目、收费标准等有关情况。经营者不得在标价之外加价出售商品，不得收取任何未予标明的费用。

第十四条 经营者不得有下列不正当价格行为：

(一)相互串通，操纵市场价格，损害其他经营者或者消费者的合法权益；

(二)在依法降价处理鲜活商品、季节性商品、积压商品等商品外，为了排挤竞争对手或者独占市场，以低于成本的价格倾销，扰乱正常的生产经营秩序，损害国家利益或者其他经营者的合法权益；

(三)捏造、散布涨价信息，哄抬价格，推动商品价格过高上涨的；

(四)利用虚假的或者使人误解的价格手段，诱骗消费者或者其他经营者与其进行交易；

(五)提供相同商品或者服务，对具有同等交易条件的其他经营者实行价格歧视；

(六)采取抬高等级或者压低等级等手段收购、销售商品或者提供服务，变相提高或者压低价格；

(七)违反法律、法规的规定牟取暴利；
(八)法律、行政法规禁止的其他不正当价格行为。

第十八条 下列商品和服务价格，政府在必要时可以实行政府指导价或者政府定价：
(一)与国民经济发展和人民生活关系重大的极少数商品价格；
(二)资源稀缺的少数商品价格；
(三)自然垄断经营的商品价格；
(四)重要的公用事业价格；
(五)重要的公益性服务价格。

第十九条 政府指导价、政府定价的定价权限和具体适用范围，以中央的和地方的定价目录为依据。

中央定价目录由国务院价格主管部门制定、修订，报国务院批准后公布。

地方定价目录由省、自治区、直辖市人民政府价格主管部门按照中央定价目录规定的定价权限和具体适用范围制定，经本级人民政府审核同意，报国务院价格主管部门审定后公布。

省、自治区、直辖市人民政府以下各级地方人民政府不得制定定价目录。

第三十条 当重要商品和服务价格显著上涨或者有可能显著上涨，国务院和省、自治区、直辖市人民政府可以对部分价格采取限定差价率或者利润率、规定限价、实行提价申报制度和调价备案制度等干预措施。

省、自治区、直辖市人民政府采取前款规定的干预措施，应当报国务院备案。

第三十四条 政府价格主管部门进行价格监督检查时，可以行使下列职权：
(一)询问当事人或者有关人员，并要求其提供证明材料和与价格违法行为有关的其他资料；
(二)查询、复制与价格违法行为有关的账簿、单据、凭证、文件及其他资料，核对与价格违法行为有关的银行资料；
(三)检查与价格违法行为有关的财物，必要时可以责令当事人暂停相关营业；
(四)在证据可能灭失或者以后难以取得的情况下，可以依法先行登记保存，当事人或者有关人员不得转移、隐匿或者销毁。

第三十九条 经营者不执行政府指导价、政府定价以及法定的价格干预措施、紧急措施的，责令改正，没收违法所得，可以并处违法所得五倍以下的罚款；没有违法所得的，可以处以罚款；情节严重的，责令停业整顿。

第四十二条 经营者违反明码标价规定的，责令改正，没收违法所得，可以并处五千元以下的罚款。

三、易犯条款

第十三条 经营者销售、收购商品和提供服务，应当按照政府价格主管部门的规定明码标价，注明商品的品名、产地、规格、等级、计价单位、价格或者服务的项目、收费标准等有关情况。经营者不得在标价之外加价出售商品，不得收取任何未予标明的费用。

第十四条 经营者不得有下列不正当价格行为：

(一)相互串通,操纵市场价格,损害其他经营者或者消费者的合法权益;

(二)在依法降价处理鲜活商品、季节性商品、积压商品等商品外,为了排挤竞争对手或者独占市场,以低于成本的价格倾销,扰乱正常的生产经营秩序,损害国家利益或者其他经营者的合法权益;

(三)捏造、散布涨价信息,哄抬价格,推动商品价格过高上涨的;

(四)利用虚假的或者使人误解的价格手段,诱骗消费者或者其他经营者与其进行交易;

(五)提供相同商品或者服务,对具有同等交易条件的其他经营者实行价格歧视;

(六)采取抬高等级或者压低等级等手段收购、销售商品或者提供服务,变相提高或者压低价格;

(七)违反法律、法规的规定牟取暴利;

(八)法律、行政法规禁止的其他不正当价格行为。

第四十一条 经营者因价格违法行为致使消费者或者其他经营者多付价款的,应当退还多付部分;造成损害的,应当依法承担赔偿责任。

四、《中华人民共和国价格法》整体介绍

《中华人民共和国价格法》可在国家相关官网查看完整内容。

(一)修订过程

《中华人民共和国价格法》自 1997 年 12 月 29 日第八届全国人民代表大会常务委员会第二十九次会议通过,未进行修订。

(二)中外对照

各国的物价管理都是以健全的法律和政策为依据的。各国虽不一定都有一部系统名为《价格法》的法律,但都把价格法作为市场经济法律体系的基本法律,其名称各有不一。例如德国 1973 年颁布的《标价法》,匈牙利 1980 年颁布的《关于价格调节制度的法令》,奥地利颁布的《联邦特别物价法》,挪威 1993 年 6 月颁布的《关于价格政策的法案》等。

日本的价格立法较为完备,其物价管理基本法令为 1946 年 3 月制定并多次修订的《物价统制令》。该国还针对各行业的自身特点进行专门立法,如农业方面有 1953 年的《农产品价格稳定法》,1962 年的《农产品价格政策概要》《农产品价格安定法》《蔬菜生产、出厂价格安定法》等;商业方面有 1899 年颁布并多次修订、防止哄抬物价的《商业法》;对公益事业的收费方面有《国有铁道运费法》《公益事业令》等。日本还专门制定了在异常状态下由政府对某些商品和劳务价格进行直接管理的法令,如《灾害对策基本法》和《国民生活紧急措施法》。

美国从 19 世纪末开始针对其国民经济发展制定一系列调整价格关系的法律。农业保护方面如《农业救济与通货膨胀法》、1938 年的《农业调整法》;消费者保护法方面,与价格相关的规范性文件主要是联邦贸易委员会发布的关于定价的各类指南,它们注重于宏观价格的规制和调控。此外,美国政府还就房租、邮资费、进出口贸易等制定了一系列的法律和管理规定。

第十三章　营销相关的法律法规与营销活动

通过对各国价格法律制度的考察不难发现，虽然各国价格立法重心有别，制度相异，但有一点是相同的，即各国都较重视对价格行为的管理，除制定规范价格行为的基本法之外，还在各行业立法中对价格行为加以规范。

【引导案例】

原告：莘县世纪华联超市有限公司(以下简称华联超市)

被告：聊城市物价局

被告市物价局于2015年2月9日作出聊价检处(2015)4号《行政处罚决定书》。该处罚决定书显示，经查，市物价局发现华联超市存在以下问题：①销售的潘婷乳液(700 mL洗发露)标示惊爆价39.9元/瓶，原价59.9元/瓶。经查询，该商品自2014年12月14日至今均以39.9元的单价销售，相关负责人称该商品从到货日起一直以促销单价销售。②销售的美的电饼铛标示现价199元/个，原价299元/个。经查询销售记录，该商品在2014年11月3日、5日、7日、9日以199元的单价销售，2015年1月1日以229元的单价销售，除此之外，无销售记录。③在经营期间销售散装货物时，存在销售商品不去皮(未扣除购物袋重量)的现象。根据《中华人民共和国价格法》第四十条、《价格违法行为行政处罚规定》第七条之规定，市物价局决定对华联超市罚款50 000元。

原告华联超市诉称，被告市物价局认定事实不清，执法程序违法。2015年1月21日，被告市物价局对我公司进行检查时，执法人员在未持行政执法证件及相关检查证明，没有亮明执法身份的情况下，强制对我公司经营的商品进行检查。商品供应商建议潘婷乳液修护洗发露的零售价为59.9元/瓶。我公司为了消费者的利益，按照39.9元/瓶的促销价格销售并无不妥，更算不上价格欺诈违法行为。供应商建议电饼铛的零售价为299元/个。2014年11月初，我公司对该款电饼铛就以199元/个的价格搞过促销活动，后来恢复到299元/个的零售价。被告在处罚决定书中认可我公司将该款商品恢复到299元/个的事实。2015年春节期间，我公司再次以199元/个的促销价进行销售，体现的是对广大消费者利益的照顾，是应当受到褒奖的利民之举。只是因为销售人员经验不足，将"建议零售价"标注为"原价"。但这无任何恶意，不能算是价格欺诈。被告市物价局作出的聊价检处(2015)4号《行政处罚决定书》无事实根据和法律依据，程序违法，且明显具有罚款目的，应当予以撤销。

法院认为，《价格违法行为行政处罚规定》第七条规定，经营者违反价格法第十四条的规定，利用虚假的或者使人误解的价格手段，诱骗消费者或者其他经营者与其进行交易的，责令改正，没收违法所得，并处违法所得5倍以下的罚款；没有违法所得的，处5万元以上50万元以下的罚款。第十八条规定，本规定中以违法所得计算罚款数额的，违法所得无法确定时，按照没有违法所得的规定处罚。

本案中，原告华联超市存在潘婷乳液修护(700 mL 洗发露)及美的电饼铛价格标示、销售散装货物未扣除购物袋重量的价格欺诈行为。在被告调查的2015年1月21日，原告售出一瓶潘婷乳液修护(700 mL 洗发露)，无美的电饼铛的销售记录。对销售散装货物未扣除购物袋重量的情况，原告没有提供销售记录，原告因该行为所得利益无法确定。由此，被告市物价局按照原告华联超市没有违法所得进行处罚符合《价格违法行为行政处罚规定》。

(资料来源：莘县世纪华联超市有限公司与聊城市物价局、聊城市人民政府一审行政判决书.中国裁判文书网，https://wenshu.court.gov.cn/.)

第二节 广 告 法

《中华人民共和国广告法》于 1994 年 10 月 27 日第八届全国人民代表大会常务委员会第十次会议通过,当前版本是 2021 年 4 月 29 日第十三届全国人民代表大会常务委员会第二十八次会议修正,共 6 章、74 条。这是为了规范广告活动、保护消费者的合法权益、促进广告业的健康发展、维护社会经济秩序而制定的法律。

一、核心条款

内容的真实性是广告的生命,确保广告的真实也是广告监管的主要目的。因此,广告法律中将真实性原则确立为广告法的核心原则。

我国早在 1987 年国务院发布的《广告管理条例》中就确立了真实性原则。该"条例"第三条规定:广告内容必须真实、健康、清晰,不得以任何形式欺骗用户和消费者。在 2021 年《中华人民共和国广告法》修订中,仍然坚持把真实性作为广告法的核心原则予以确认。

第二条 在中华人民共和国境内,商品经营者或者服务提供者通过一定媒介和形式直接或者间接地介绍自己所推销的商品或者服务的商业广告活动,适用本法。

本法所称广告主,是指为推销商品或者服务,自行或者委托他人设计、制作、发布广告的自然人、法人或者其他组织。

本法所称广告经营者,是指接受委托提供广告设计、制作、代理服务的自然人、法人或者其他组织。

本法所称广告发布者,是指为广告主或者广告主委托的广告经营者发布广告的自然人、法人或者其他组织。

本法所称广告代言人,是指广告主以外的,在广告中以自己的名义或者形象对商品、服务作推荐、证明的自然人、法人或者其他组织。

第四条 广告不得含有虚假或者引人误解的内容,不得欺骗、误导消费者。广告主应当对广告内容的真实性负责。

第七条 广告行业组织依照法律、法规和章程的规定,制定行业规范,加强行业自律,促进行业发展,引导会员依法从事广告活动,推动广告行业诚信建设。

二、重点条款

第十八条 保健食品广告不得含有下列内容:
(一)表示功效、安全性的断言或者保证;
(二)涉及疾病预防、治疗功能;
(三)声称或者暗示广告商品为保障健康所必需;
(四)与药品、其他保健食品进行比较;
(五)利用广告代言人作推荐、证明;
(六)法律、行政法规规定禁止的其他内容。

保健食品广告应当显著标明"本品不能代替药物"。

第三十七条 法律、行政法规规定禁止生产、销售的产品或者提供的服务，以及禁止发布广告的商品或者服务，任何单位或者个人不得设计、制作、代理、发布广告。

第三十九条 不得在中小学校、幼儿园内开展广告活动，不得利用中小学生和幼儿的教材、教辅材料、练习册、文具、教具、校服、校车等发布或者变相发布广告，但公益广告除外。

第四十一条 县级以上地方人民政府应当组织有关部门加强对利用户外场所、空间、设施等发布户外广告的监督管理，制定户外广告设置规划和安全要求。

户外广告的管理办法，由地方性法规、地方政府规章规定。

第四十二条 有下列情形之一的，不得设置户外广告：

(一)利用交通安全设施、交通标志的；

(二)影响市政公共设施、交通安全设施、交通标志、消防设施、消防安全标志使用的；

(三)妨碍生产或者人民生活，损害市容市貌的；

(四)在国家机关、文物保护单位、风景名胜区等的建筑控制地带，或者县级以上地方人民政府禁止设置户外广告的区域设置的。

第四十三条 任何单位或者个人未经当事人同意或者请求，不得向其住宅、交通工具等发送广告，也不得以电子信息方式向其发送广告。

以电子信息方式发送广告的，应当明示发送者的真实身份和联系方式，并向接收者提供拒绝继续接收的方式。

三、易犯条款

第四条 广告不得含有虚假或者引人误解的内容，不得欺骗、误导消费者。广告主应当对广告内容的真实性负责。

第九条 广告不得有下列情形：

(一)使用或者变相使用中华人民共和国的国旗、国歌、国徽、军旗、军歌、军徽；

(二)使用或者变相使用国家机关、国家机关工作人员的名义或者形象；

(三)使用"国家级""最高级""最佳"等用语；

(四)损害国家的尊严或者利益，泄露国家秘密；

(五)妨碍社会安定，损害社会公共利益；

(六)危害人身、财产安全，泄露个人隐私；

(七)妨碍社会公共秩序或者违背社会良好风尚；

(八)含有淫秽、色情、赌博、迷信、恐怖、暴力的内容；

(九)含有民族、种族、宗教、性别歧视的内容；

(十)妨碍环境、自然资源或者文化遗产保护；

(十一)法律、行政法规规定禁止的其他情形。

第二十八条 广告以虚假或者引人误解的内容欺骗、误导消费者的，构成虚假广告。广告有下列情形之一的，为虚假广告：

(一)商品或者服务不存在的；

(二)商品的性能、功能、产地、用途、质量、规格、成分、价格、生产者、有效期限、销售状况、曾获荣誉等信息,或者服务的内容、提供者、形式、质量、价格、销售状况、曾获荣誉等信息,以及与商品或者服务有关的允诺等信息与实际情况不符,对购买行为有实质性影响的;

(三)使用虚构、伪造或者无法验证的科研成果、统计资料、调查结果、文摘、引用语等信息作证明材料的;

(四)虚构使用商品或者接受服务的效果的;

(五)以虚假或者引人误解的内容欺骗、误导消费者的其他情形。

第五十五条　违反本法规定,发布虚假广告的,由市场监督管理部门责令停止发布广告,责令广告主在相应范围内消除影响,处广告费用三倍以上五倍以下的罚款,广告费用无法计算或者明显偏低的,处二十万元以上一百万元以下的罚款;两年内有三次以上违法行为或者有其他严重情节的,处广告费用五倍以上十倍以下的罚款,广告费用无法计算或者明显偏低的,处一百万元以上二百万元以下的罚款,可以吊销营业执照,并由广告审查机关撤销广告审查批准文件、一年内不受理其广告审查申请。

医疗机构有前款规定违法行为,情节严重的,除由市场监督管理部门依照本法处罚外,卫生行政部门可以吊销诊疗科目或者吊销医疗机构执业许可证。

广告经营者、广告发布者明知或者应知广告虚假仍设计、制作、代理、发布的,由市场监督管理部门没收广告费用,并处广告费用三倍以上五倍以下的罚款,广告费用无法计算或者明显偏低的,处二十万元以上一百万元以下的罚款;两年内有三次以上违法行为或者有其他严重情节的,处广告费用五倍以上十倍以下的罚款,广告费用无法计算或者明显偏低的,处一百万元以上二百万元以下的罚款,并可以由有关部门暂停广告发布业务、吊销营业执照。

广告主、广告经营者、广告发布者有本条第一款、第三款规定行为,构成犯罪的,依法追究刑事责任。

第五十六条　违反本法规定,发布虚假广告,欺骗、误导消费者,使购买商品或者接受服务的消费者的合法权益受到损害的,由广告主依法承担民事责任。广告经营者、广告发布者不能提供广告主的真实名称、地址和有效联系方式的,消费者可以要求广告经营者、广告发布者先行赔偿。

关系消费者生命健康的商品或者服务的虚假广告,造成消费者损害的,其广告经营者、广告发布者、广告代言人应当与广告主承担连带责任。

前款规定以外的商品或者服务的虚假广告,造成消费者损害的,其广告经营者、广告发布者、广告代言人,明知或者应知广告虚假仍设计、制作、代理、发布或者作推荐、证明的,应当与广告主承担连带责任。

四、《中华人民共和国广告法》整体介绍

《中华人民共和国广告法》可在国家相关官网查看完整内容。

(一)修订过程

奥地利《制裁不正当竞争法》禁止一切不按照公平和平等原则的商业活动。凡产品的

第十三章　营销相关的法律法规与营销活动

价值、价格和质量上靠不住的或具有欺骗性内容的广告，都是禁止的。

英国的广告法规主要有《广告法》《商标法》《医药治疗广告标准法典》和《销售促进法典》等。

美国针对广告行业没有统一的广告法，规范广告的一些法律条款散见于有关的商业法典，以及各州自行制定的法规中。1914年，美国国会通过《联邦贸易委员会法》，并依据此法建立联邦贸易委员会，它是美国最权威的综合管理广告的机构。1983年，美国国会又通过了《惠勒·利修正案》，进一步扩大了联邦贸易委员会的权限，明确了其管理广告的权威地位。为了适应美国互联网广告市场的发展，美国联邦贸易委员会在其2000年编制的《互联网广告和营销规则手册》中规定，网络广告和营销必须首先遵守《联邦贸易委员会法》中"禁止在任何媒体上发布的任何广告具有欺骗和不公平性，广告必须真实，不得误导消费者"的条款。

(二)中外对照

奥地利《制裁不正当竞争法》禁止一切不按照公平和平等原则的商业活动。凡产品的价值、价格和质量上靠不住的或具有欺骗性内容的广告，都是禁止的。

英国的广告法规主要有《广告法》《商标法》《医药治疗广告标准法典》和《销售促进法典》等。

美国针对广告行业没有统一的广告法，规范广告的一些法律条款散见于有关的商业法典，以及各州自行制定的法规中。1914年，美国国会通过《联邦贸易委员会法》，并依据此法建立联邦贸易委员会，它是美国最权威的综合管理广告的机构。1983年，美国国会又通过了《惠勒·利修正案》，进一步扩大了联邦贸易委员会的权限，明确了其管理广告的权威地位。为了适应美国互联网广告市场的发展，美国联邦贸易委员会在其2000年编制的《互联网广告和营销规则手册》中规定，网络广告和营销必须首先遵守《联邦贸易委员会法》中"禁止在任何媒体上发布的任何广告具有欺骗和不公平性，广告必须真实，不得误导消费者"这一条款。

【引导案例】

原告：杨某
被告：开封市康鑫源生物科技有限责任公司(以下简称康鑫源公司)
宁夏广播电视台
黑龙江广播电视台
哈尔滨广播电视台

杨某向一审法院起诉称，2014年7月中旬，杨某相继在宁夏广播电视台、黑龙江广播电视台、哈尔滨广播电视台播出的节目中，看到了康鑫源公司发布的"凯美奇"牌红松蜂胶能够治糖尿病的广告。广告中有专家现场解说及病人现身说法，杨某对此深信不疑。2014年7月27日，杨某拨打了宁夏广播电视台广告中提供的"400"电话后，订购了五个疗程红松蜂胶。后"药品"送到时杨某支付了5160元的货款。发票由北京泰和电子商务有限公司和北京完美时代电子商务有限公司开具。经查该"药品"是假的保健品，发布的广告为虚假广告。康鑫源公司货源造假并采用发布虚假违法广告的方式宣传自己生产的根本不存在的"大兴安岭红松蜂胶"，故意夸大其产品功效，利用消费者对"假一赔万"承诺的信赖，欺骗消费者，严重侵害了消费者的合法权益。故请求：①判令康鑫源公司返还杨某购买红松蜂胶款5160元，赔偿5160万元；②判令宁夏广播电视台、黑龙江广播电视台、哈尔滨广播电视台对5160万元承担连带赔偿责任。在一审法院审理过程中，杨某书面向一审法院提出变更诉讼请求为：①诉讼请求第一项诉讼标的由5160万元变更为2580万元；②放弃诉讼请求的第二项。

　　康鑫源公司答辩称，康鑫源公司不应承担任何责任，请求法院驳回杨某的诉讼请求。杨某提供的对大兴安岭红松的调查取证，相关单位无调查资质。"假一赔万"的承诺不是康鑫源公司作出。康鑫源公司具有保健品生产资质，杨某提供的证明文件里有许多网上销售资料，但康鑫源公司并未授权其他单位网上销售。公司官方网站已宣布，网上销售的都是假冒伪劣产品。杨某购买的产品不是康鑫源公司生产的产品，康鑫源公司没有收到过杨某支付的5160元货款，康鑫源公司不应承担赔偿责任。

　　宁夏广播电视台答辩称，同意康鑫源公司的答辩意见。本案系侵权责任纠纷，宁夏广播电视台并未实施任何侵权行为，不应承担侵权责任。宁夏广播电视台播放的专题片内容中并未承诺"假一赔万"，也没有与杨某有任何合同关系，宁夏广播电视台不应承担连带责任。

　　黑龙江广播电视台辩称，黑龙江广播电视台非生产者和销售者，未实施任何侵权行为。杨某并无损害结果，无权主张损害赔偿。杨某所谓损害结果与黑龙江广播电视台播放广告的行为无因果关系。黑龙江广播电视台与其他被告无共同侵权行为，不应承担任何形式的连带责任。

　　哈尔滨广播电视台答辩称，杨某没有证据证明其购买蜂胶产品是受哈尔滨广播电视台广告的误导，因此，哈尔滨广播电视台不承担赔偿责任。哈尔滨广播电视台所做的广告明确说明蜂胶产品为保健食品。哈尔滨广播电视台所作广告未在卫星转播，播出的频率信号仅能覆盖于哈尔滨市周边75公里的范围之内，因此，杨某购买蜂胶产品与哈尔滨广播电视台播出广告的行为之间没有法律上的因果关系。

　　法院经审理认为，根据诉讼各方提交的证据及对证据的质证，结合庭审中各方陈述，康鑫源公司所称其产品红松蜂胶中含有"产自大兴安岭红松林"的蜂胶，缺乏事实根据，其对材料原产地的对外宣传失实，在宣传内容中超出涉案保健食品说明书的内容，夸大其功效，足以给消费者带来误导性影响。根据《中华人民共和国广告法》第二十八条第二款第二项"商品的性能、功能……等信息与实际情况不符，对购买行为有实质性影响的，为虚假广告"及第五项"以虚假或者引人误解的内容欺骗、误导消费者的其他情形"的规定，应认定为虚假广告。关于杨某请求康鑫源公司返还购买红松蜂胶款5160元问题应予支持。

　　关于杨某要求康鑫源公司赔偿2580万元问题。杨某提交的《公证书》中宣传"假一赔万"的备案公司为石台县华斌工贸有限公司，地址为安徽省池州市石台县七都镇龙田村，与康鑫源公司的名称及注册地均不符。因此，该证据不能证明康鑫源公司曾作出过"假一赔万"的承诺，杨某请求按照"假一赔万"的原则减半赔偿2580万元，缺乏事实和法律依据，不予支持。根据《中华人民共和国消费者权益保护法》第五十五条杨某请求增加赔偿额，应为5160元×3=15480元。

（资料来源：中国裁判文书网，https://wenshu.court.gov.cn/.）

第十三章　营销相关的法律法规与营销活动

第三节　产品质量法

《中华人民共和国产品质量法》于 1993 年 2 月 22 日由第七届全国人民代表大会常务委员会第三十次会议通过，自 1993 年 9 月 1 日起施行。当前版本是 2018 年 12 月 29 日第十三届全国人民代表大会常务委员会第七次会议修改，共 6 章，74 条。这部法律是为了加强对产品质量的监督管理，提高产品质量水平，明确产品质量责任，保护消费者的合法权益，维护社会经济秩序而制定。

一、核心条款

第二条　在中华人民共和国境内从事产品生产、销售活动，必须遵守本法。

本法所称产品是指经过加工、制作，用于销售的产品。

建设工程不适用本法规定；但是，建设工程使用的建筑材料、建筑构配件和设备，属于前款规定的产品范围的，适用本法规定。

第十条　任何单位和个人有权对违反本法规定的行为，向市场监督管理部门或者其他有关部门检举。

市场监督管理部门和有关部门应当为检举人保密，并按照省、自治区、直辖市人民政府的规定给予奖励。

二、重点条款

第二十七条　产品或者其包装上的标识必须真实，并符合下列要求：

(一)有产品质量检验合格证明；

(二)有中文标明的产品名称、生产厂厂名和厂址；

(三)根据产品的特点和使用要求，需要标明产品规格、等级、所含主要成分的名称和含量的，用中文相应予以标明；需要事先让消费者知晓的，应当在外包装上标明，或者预先向消费者提供有关资料；

(四)限期使用的产品，应当在显著位置清晰地标明生产日期和安全使用期或者失效日期；

(五)使用不当，容易造成产品本身损坏或者可能危及人身、财产安全的产品，应当有警示标志或者中文警示说明。

裸装的食品和其他根据产品的特点难以附加标识的裸装产品，可以不附加产品标识。

第四十九条　生产、销售不符合保障人体健康和人身、财产安全的国家标准、行业标准的产品的，责令停止生产、销售，没收违法生产、销售的产品，并处违法生产、销售产品(包括已售出和未售出的产品，下同)货值金额等值以上三倍以下的罚款；有违法所得的，并处没收违法所得；情节严重的，吊销营业执照；构成犯罪的，依法追究刑事责任。

第五十条　在产品中掺杂、掺假，以假充真，以次充好，或者以不合格产品冒充合格产品的，责令停止生产、销售，没收违法生产、销售的产品，并处违法生产、销售产品货值金额百分之五十以上三倍以下的罚款；有违法所得的，并处没收违法所得；情节严重的，吊销营业执照；构成犯罪的，依法追究刑事责任。

第五十三条 伪造产品产地的，伪造或者冒用他人厂名、厂址的，伪造或者冒用认证标志等质量标志的，责令改正，没收违法生产、销售的产品，并处违法生产、销售产品货值金额等值以下的罚款；有违法所得的，并处没收违法所得；情节严重的，吊销营业执照。

第五十四条 产品标识不符合本法第二十七条规定的，责令改正；有包装的产品标识不符合本法第二十七条第(四)项、第(五)项规定，情节严重的，责令停止生产、销售，并处违法生产、销售产品货值金额百分之三十以下的罚款；有违法所得的，并处没收违法所得。

第五十七条 产品质量检验机构、认证机构伪造检验结果或者出具虚假证明的，责令改正，对单位处五万元以上十万元以下的罚款，对直接负责的主管人员和其他直接责任人员处一万元以上五万元以下的罚款；有违法所得的，并处没收违法所得；情节严重的，取消其检验资格、认证资格；构成犯罪的，依法追究刑事责任。

产品质量检验机构、认证机构出具的检验结果或者证明不实，造成损失的，应当承担相应的赔偿责任；造成重大损失的，撤销其检验资格、认证资格。

产品质量认证机构违反本法第二十一条第二款的规定，对不符合认证标准而使用认证标志的产品，未依法要求其改正或者取消其使用认证标志资格的，对因产品不符合认证标准给消费者造成的损失，与产品的生产者、销售者承担连带责任；情节严重的，撤销其认证资格。

三、易犯条款

第二十六条 生产者应当对其生产的产品质量负责。

产品质量应当符合下列要求：

(一)不存在危及人身、财产安全的不合理的危险，有保障人体健康和人身、财产安全的国家标准、行业标准的，应当符合该标准；

(二)具备产品应当具备的使用性能，但是，对产品存在使用性能的瑕疵作出说明的除外；

(三)符合在产品或者其包装上注明采用的产品标准，符合以产品说明、实物样品等方式表明的质量状况。

第二十七条 产品或者其包装上的标识必须真实，并符合下列要求：

(一)有产品质量检验合格证明；

(二)有中文标明的产品名称、生产厂厂名和厂址；

(三)根据产品的特点和使用要求，需要标明产品规格、等级、所含主要成分的名称和含量的，用中文相应予以标明；需要事先让消费者知晓的，应当在外包装上标明，或者预先向消费者提供有关资料；

(四)限期使用的产品，应当在显著位置清晰地标明生产日期和安全使用期或者失效日期；

(五)使用不当，容易造成产品本身损坏或者可能危及人身、财产安全的产品，应当有警示标志或者中文警示说明。

裸装的食品和其他根据产品的特点难以附加标识的裸装产品，可以不附加产品标识。

第十三章 营销相关的法律法规与营销活动

第三十三条 销售者应当建立并执行进货检查验收制度，验明产品合格证明和其他标识。

第四十条 售出的产品有下列情形之一的，销售者应当负责修理、更换、退货；给购买产品的消费者造成损失的，销售者应当赔偿损失：

(一)不具备产品应当具备的使用性能而事先未作说明的；

(二)不符合在产品或者其包装上注明采用的产品标准的；

(三)不符合以产品说明、实物样品等方式表明的质量状况的。

销售者依照前款规定负责修理、更换、退货、赔偿损失后，属于生产者的责任或者属于向销售者提供产品的其他销售者(以下简称供货者)的责任的，销售者有权向生产者、供货者追偿。

销售者未按照第一款规定给予修理、更换、退货或者赔偿损失的，由市场监督管理部门责令改正。

生产者之间，销售者之间，生产者与销售者之间订立的买卖合同、承揽合同有不同约定的，合同当事人按照合同约定执行。

第四十一条 因产品存在缺陷造成人身、缺陷产品以外的其他财产(以下简称他人财产)损害的，生产者应当承担赔偿责任。

生产者能够证明有下列情形之一的，不承担赔偿责任：

(一)未将产品投入流通的；

(二)产品投入流通时，引起损害的缺陷尚不存在的；

(三)将产品投入流通时的科学技术水平尚不能发现缺陷的存在的。

第四十三条 因产品存在缺陷造成人身、他人财产损害的，受害人可以向产品的生产者要求赔偿，也可以向产品的销售者要求赔偿。属于产品的生产者的责任，产品的销售者赔偿的，产品的销售者有权向产品的生产者追偿。属于产品的销售者的责任，产品的生产者赔偿的，产品的生产者有权向产品的销售者追偿。

四、《中华人民共和国产品质量法》整体介绍

《中华人民共和国产品质量法》在国家相关官网查看完整内容。

(一)修订过程

1993年2月22日第七届全国人民代表大会常务委员会第三十次会议通过。

根据2000年7月8日第九届全国人民代表大会常务委员会第十六次会议《关于修改〈中华人民共和国产品质量法〉的决定》第一次修正。

根据2009年8月27日第十一届全国人民代表大会常务委员会第十次会议《关于修改部分法律的决定》第二次修正。

根据2018年12月29日第十三届全国人民代表大会常务委员会第七次会议《关于修改〈中华人民共和国产品质量法〉等五部法律的决定》第三次修正。

(二)中外对照

英国有关产品责任的立法体现在1989年生效的《消费者权益保护法》，该法的第一章

即关于产品责任的规定,其主要内容有五个方面:产品的范围;产品缺陷;产品责任的主体;抗辩理由;损害赔偿。

在德国现行的立法中,产品责任法的发展一直比较缓慢,除药品方面的立法以外,还没有制定统一的产品责任法。德国法院处理产品责任案件时,主要引用《德国民法典》和《商法典》的有关规定为依据。在诉讼上,对产品责任案件分为违反合同和侵权行为。

法国没有单独的产品责任法,在处理有关产品责任问题时,一直运用《法国民法典》的有关规定。在有关合同关系的产品责任问题上,法国的处理原则同英美法很相似。

美国是世界产品责任法的先驱,其发展始于20世纪的一些著名判例。美国《统一商法典》《侵权行为法重述》对产品责任问题均有涉及。美国产品责任法的渊源包括普通法和制定法,涉及合同法与侵权法两个领域,因此美国的教科书常常将产品责任与担保放在一起进行介绍。美国是联邦制国家,产品责任法主要是州法。美国商务部曾在1979年1月推出了一部《统一产品责任法范本》,作为样本法,供各州采用,但至今尚未被各州采纳。

【引导案例】

原告: 张某1

孙某

陈某

张某2

张某3

被告: 湖北力神特种车辆制造有限公司(以下简称力神公司)

安徽省阜阳市物华汽车销售有限公司(以下简称物华公司)

昆明昌哲商贸有限公司(以下简称昌哲公司)

五原告向本院提出诉讼请求:(1)请求法院依法判决被告承担连带责任赔偿原告:①丧葬费53 257元;②死亡赔偿金36 238元/年×20年=724 760元;③被抚养人生活费340 097.5元(长女张某2:23 455元/年×13年÷2人=152 457.5元,次女张某3:23 455元/年×16年÷2人=187 640元);④误工费(家属办理丧葬事宜期间)3000元;⑤交通费(家属办理丧葬事宜期间)3000元;⑥精神抚慰金50 000元,共1 174 114.5元。(2)诉讼费用由被告承担。

被告力神公司和昌哲公司未作答辩。

被告物华公司辩称,一、答辩人不是涉案车辆的销售单位,依法不应当承担责任。被答辩人为了证明答辩人销售涉案车辆的事实,向法院提供了一份开票日期为2016年12月6日的机动车销售统一发票。虽然该发票载明销售单位为答辩人,但并非答辩人开具。

本案认定事实: 原告张某1和孙某系受害人张承的父母亲,原告陈某系受害人张承的妻子,原告张某2和张某3系受害人张承的长女和次女。2016年12月16日,受害人张承在被告昌哲公司购买了一辆力神牌轻型自卸货车,支付购车款140 360元,被告昌哲公司向张承出具了一张金额为140 360元的收据和一张虚假的署名销售单位为安徽省阜阳市物华汽车销售有限公司的机动车销售统一发票(发票号码:00011063、发票代码:134121522281),并为张承办理了车辆登记手续和营运手续。2020年3月21日,张某驾驶该车行驶至昆明市东川区时,因车辆发动机供油管路发生故障,张某将车辆停放于道路西侧路边后将车头驾驶室抬起并坐于右前轮上趴着维修驾驶室下的发动机供油管路,维修过程中车头驾驶室翻转举升机构保险限位装置失效,驾驶室自动下降将张承挤压于驾驶室和发动机之间,致张

第十三章 营销相关的法律法规与营销活动

某颈椎断裂并窒息死亡。

本院认为,《中华人民共和国产品质量法》第二十六条规定:"生产者应当对其生产的产品质量负责。产品质量应当符合下列要求:……(二)具备产品应当具备的使用性能,但是,对产品存在使用性能的瑕疵作出说明的除外;……"。第四十四条第一款规定:"因产品存在缺陷造成受害人人身伤害的,侵害人应当赔偿医疗费、治疗期间的护理费、因误工减少的收入等费用;造成残疾的,还应当支付残疾者的生活自助具费、生活补助费、残疾赔偿金以及由其扶养的人所必需的生活费等费用;造成受害人死亡的,并应当支付丧葬费、死亡赔偿金以及由死者生前扶养的人所必需的生活费等费用。"第四十六条规定:"本法所称缺陷,是指产品存在危及人身、他人财产安全的不合理的危险;产品有保障人体健康和人身、财产安全的国家标准、行业标准的,是指不符合该标准。"综上,被告力神公司作为涉案车辆的生产者,依法应当因其产品缺陷造成原告的损害后果承担侵权责任。判决如下:

由被告湖北力神特种车辆制造有限公司于判决生效后十日内赔偿原告张某1、孙某、陈某、张某2、张某3丧葬费、死亡赔偿金、误工费、交通费、精神抚慰金共计800 517元,赔偿原告张某2、张某3被抚养人生活费340 097.5元。

(资料来源:张顺喜、孙玲美产品责任纠纷执行实施类执行裁定书.中国裁判文书网,https://wenshu.court.gov.cn)

第四节 消费者权益保护法

消费者权益保护法是指国家为保护消费者的合法权益而制定的,调整人们在消费过程中所发生的社会关系的法律规范的总称。

《中华人民共和国消费者权益保护法》包含63条法律条款,由8章组成,分别为:总则;消费者的权利;经营者的义务;国家对消费者合法权益的保护;消费者组织;争议的解决;法律责任;附则。

一、核心条款

第一条 为保护消费者的合法权益,维护社会经济秩序,促进社会主义市场经济健康发展,制定本法。

第七条 消费者在购买、使用商品和接受服务时享有人身、财产安全不受损害的权利。

消费者有权要求经营者提供的商品和服务,符合保障人身、财产安全的要求。

第十六条 经营者向消费者提供商品或者服务,应当依照本法和其他有关法律、法规的规定履行义务。

经营者和消费者有约定的,应当按照约定履行义务,但双方的约定不得违背法律、法规的规定。

经营者向消费者提供商品或者服务,应当恪守社会公德,诚信经营,保障消费者的合法权益;不得设定不公平、不合理的交易条件,不得强制交易。

二、重点条款

第七条 消费者在购买、使用商品和接受服务时享有人身、财产安全不受损害的权利。消费者有权要求经营者提供的商品和服务，符合保障人身、财产安全的要求。

第八条 消费者享有知悉其购买、使用的商品或者接受的服务的真实情况的权利。

消费者有权根据商品或者服务的不同情况，要求经营者提供商品的价格、产地、生产者、用途、性能、规格、等级、主要成分、生产日期、有效期限、检验合格证明、使用方法说明书、售后服务，或者服务的内容、规格、费用等有关情况。

第十一条 消费者因购买、使用商品或者接受服务受到人身、财产损害的，享有依法获得赔偿的权利。

第三十九条 消费者和经营者发生消费者权益争议的，可以通过下列途径解决：

(一)与经营者协商和解；

(二)请求消费者协会或者依法成立的其他调解组织调解；

(三)向有关行政部门投诉；

(四)根据与经营者达成的仲裁协议提请仲裁机构仲裁；

(五)向人民法院提起诉讼。

第四十八条 经营者提供商品或者服务有下列情形之一的，除本法另有规定外，应当依照其他有关法律、法规的规定，承担民事责任：

(一)商品或者服务存在缺陷的；

(二)不具备商品应当具备的使用性能而出售时未作说明的；

(三)不符合在商品或者其包装上注明采用的商品标准的；

(四)不符合商品说明、实物样品等方式表明的质量状况的；

(五)生产国家明令淘汰的商品或者销售失效、变质的商品的；

(六)销售的商品数量不足的；

(七)服务的内容和费用违反约定的；

(八)对消费者提出的修理、重作、更换、退货、补足商品数量、退还货款和服务费用或者赔偿损失的要求，故意拖延或者无理拒绝的；

(九)法律、法规规定的其他损害消费者权益的情形。

经营者对消费者未尽到安全保障义务，造成消费者损害的，应当承担侵权责任。

三、易犯条款

第十四条 消费者在购买、使用商品和接受服务时，享有人格尊严、民族风俗习惯得到尊重的权利，享有个人信息依法得到保护的权利。

第十九条 经营者发现其提供的商品或者服务存在缺陷，有危及人身、财产安全危险的，应当立即向有关行政部门报告和告知消费者，并采取停止销售、警示、召回、无害化处理、销毁、停止生产或者服务等措施。采取召回措施的，经营者应当承担消费者因商品被召回支出的必要费用。

第二十四条 经营者提供的商品或者服务不符合质量要求的，消费者可以依照国家规定、当事人约定退货,或者要求经营者履行更换、修理等义务。没有国家规定和当事人约定的,消费者可以自收到商品之日起七日内退货;七日后符合法定解除合同条件的,消费者可以及时退货,不符合法定解除合同条件的,可以要求经营者履行更换、修理等义务。

依照前款规定进行退货、更换、修理的,经营者应当承担运输等必要费用。

第二十五条 经营者采用网络、电视、电话、邮购等方式销售商品,消费者有权自收到商品之日起七日内退货,且无需说明理由,但下列商品除外:

(一)消费者定做的;

(二)鲜活易腐的;

(三)在线下载或者消费者拆封的音像制品、计算机软件等数字化商品;

(四)交付的报纸、期刊。

除前款所列商品外,其他根据商品性质并经消费者在购买时确认不宜退货的商品,不适用无理由退货。

消费者退货的商品应当完好。经营者应当自收到退回商品之日起七日内返还消费者支付的商品价款。退回商品的运费由消费者承担;经营者和消费者另有约定的,按照约定。

第四十四条 消费者通过网络交易平台购买商品或者接受服务,其合法权益受到损害的,可以向销售者或者服务者要求赔偿。网络交易平台提供者不能提供销售者或者服务者的真实名称、地址和有效联系方式的,消费者也可以向网络交易平台提供者要求赔偿;网络交易平台提供者作出更有利于消费者的承诺的,应当履行承诺。网络交易平台提供者赔偿后,有权向销售者或者服务者追偿。网络交易平台提供者明知或者应知销售者或者服务者利用其平台侵害消费者合法权益,未采取必要措施的,依法与该销售者或者服务者承担连带责任。

第五十五条 经营者提供商品或者服务有欺诈行为的,应当按照消费者的要求增加赔偿其受到的损失,增加赔偿的金额为消费者购买商品的价款或者接受服务的费用的三倍;增加赔偿的金额不足五百元的,为五百元。法律另有规定的,依照其规定。

第五十六条 经营者有下列情形之一,除承担相应的民事责任外,其他有关法律、法规对处罚机关和处罚方式有规定的,依照法律、法规的规定执行;法律、法规未作规定的,由工商行政管理部门或者其他有关行政部门责令改正,可以根据情节单处或者并处警告、没收违法所得、处以违法所得一倍以上十倍以下的罚款,没有违法所得的,处以五十万元以下的罚款;情节严重的,责令停业整顿、吊销营业执照:

(一)提供的商品或者服务不符合保障人身、财产安全要求的;

(二)在商品中掺杂、掺假,以假充真,以次充好,或者以不合格商品冒充合格商品的;

(三)生产国家明令淘汰的商品或者销售失效、变质的商品的;

(四)伪造商品的产地,伪造或者冒用他人的厂名、厂址,篡改生产日期,伪造或者冒用认证标志等质量标志的;

(五)销售的商品应当检验、检疫而未检验、检疫或者伪造检验、检疫结果的;

(六)对商品或者服务作虚假或者引人误解的宣传的;

(七)拒绝或者拖延有关行政部门责令对缺陷商品或者服务采取停止销售、警示、召回、无害化处理、销毁、停止生产或者服务等措施的;

(八)对消费者提出的修理、重作、更换、退货、补足商品数量、退还货款和服务费用或者赔偿损失的要求，故意拖延或者无理拒绝的；

(九)侵害消费者人格尊严、侵犯消费者人身自由或者侵害消费者个人信息依法得到保护的权利的；

(十)法律、法规规定的对损害消费者权益应当予以处罚的其他情形。

经营者有前款规定情形的，除依照法律、法规规定予以处罚外，处罚机关应当记入信用档案，向社会公布。

四、《中华人民共和国消费者权益保护法》整体介绍

《中华人民共和国消费者权益保护法》在国家相关官网查看完整内容。

(一)修订过程

1993年10月31日，第八届全国人大常委会第四次会议通过《中华人民共和国消费者权益保护法》，该法首先确立了消费者的知情权、平等交易权、依法求偿权等，自1994年1月1日起施行。

2009年8月27日第十一届全国人民代表大会常务委员会第十次会议《关于修改部分法律的规定》进行第一次修正。

2013年10月25日，中华人民共和国第十二届全国人民代表大会常务委员会第五次会议通过《全国人民代表大会常务委员会关于修改的决定》第二次修正。该次修法主要从：强化经营者义务、规范网络购物等新的消费方式、建立消费公益诉讼制度方面完善消费者权益保护制度。

2014年3月15日，新版《消费者权益保护法》正式施行。

(二)中外对照

第二次世界大战后，科学技术的迅速发展，商品制造机械化、规格化，商品构造日趋精密、复杂。国际商品流通迅速，损害消费者利益日益成为一个严重的社会问题，为了保护消费者的权益，国外有关立法逐渐兴起，并日趋完备。

美国是消费者权益保护立法比较完备的国家之一，也是较早注意用法律手段保护消费者利益的国家。美国具有众多的有关保护消费者权益内容的单项法律，涉及食品、药品、信贷、产品、广告、销售策略等方面。如：《联邦食品、药品和化妆品法》《商标法》《儿童玩具安全法》《消费者信用保护法》《马克尤逊-摩西保证法》《消费品安全法》《消费者租赁法》《联邦危险品法》《信息公开法》《平等信用机会法》等。

日本也是较早开展消费者权益保护立法的国家之一，其立法比较系统和全面。1968年5月30日，日本颁布了《保护消费者权益基本法》，该法明确了国家、地方、公共团体和企业必须履行的职责，明确了消费者应尽的义务，规定了保护消费者的有关措施及保护消费者会议制度。

英国是保护消费者立法比较健全的国家。其于1987年5月1日通过，并于1988年3月1日开始全面施行的《消费者利益保护法》是一部基本法。它是参照欧洲经济共同体有关产品责任政策的规定制定的，使英国成为第一个颁布与欧洲经济共同体有关有缺陷产品

第十三章 营销相关的法律法规与营销活动

政策相一致的法律条文的国家。

国际的有关消费者权益保护立法,主要是联合国的保护消费者准则。联合国大会于1985年4月9日通过了第391248号决议及其附件《保护消费者准则》,使各国在消费者权益保护立法上有了一致的努力目标。这套准则明确了保护消费者的目标和一般原则,特别是明确了消费者的权利和各国政府的责任;规定了消费领域方面的各种准则,以及各国政府在保护消费者问题上的合作。

【引导案例】

"某田召回"事件

自2004年7月至2009年8月,某田在中国共有24次召回,涉及车辆近120万辆。其中,从2010年2月28日开始在华召回天津工厂生产的城市多功能车RAV4,总数为75 552辆,均为2009年3月19日至2010年1月25日期间生产。某田承诺将对召回范围内的车辆免费维修。在召回维修实施之前,为避免缺陷引致的危险,建议车主采取如下预防措施:在踩踏加速踏板有阻滞感或松开加速踏板回位缓慢时,刹车并将车辆停放在安全地带,然后联系一汽丰田销售店帮助。

依据《中华人民共和国消费者权益保护法》第十九条规定,经营者发现其提供的商品或者服务存在缺陷,有危及人身、财产安全危险的,应当立即向有关行政部门报告和告知消费者,并采取停止销售、警示、召回、无害化处理、销毁、停止生产或者服务等措施。采取召回措施的,经营者应当承担消费者因商品被召回支出的必要费用。某田的一系列召回措施,符合《中华人民共和国消费者权益保护法》第十九条规定,基本保障了消费者的合法权益。

(资料来源:太平洋汽车网,http://arch.pcauto.com.cn/.)

第五节 反不正当竞争法

《中华人民共和国反不正当竞争法》是为了促进社会主义市场经济健康发展,鼓励和保护公平竞争,制止不正当竞争行为,保护经营者和消费者的合法权益制定的法律。

《中华人民共和国反不正当竞争法》包含33条法律条款,由5章组成,分别为:总则;不正当竞争行为;对涉嫌不正当竞争行为的调查;法律责任;附则。

一、核心条款

第一条 为了促进社会主义市场经济健康发展,鼓励和保护公平竞争,制止不正当竞争行为,保护经营者和消费者的合法权益,制定本法。

第二条 经营者在生产经营活动中,应当遵循自愿、平等、公平、诚信的原则,遵守法律和商业道德。

本法所称的不正当竞争行为,是指经营者在生产经营活动中,违反本法规定,扰乱市场竞争秩序,损害其他经营者或者消费者的合法权益的行为。

本法所称的经营者，是指从事商品生产、经营或者提供服务(以下所称商品包括服务)的自然人、法人和非法人组织。

二、重点条款

第十七条 经营者违反本法规定，给他人造成损害的，应当依法承担民事责任。

经营者的合法权益受到不正当竞争行为损害的，可以向人民法院提起诉讼。

因不正当竞争行为受到损害的经营者的赔偿数额，按照其因被侵权所受到的实际损失确定；实际损失难以计算的，按照侵权人因侵权所获得的利益确定。经营者恶意实施侵犯商业秘密行为，情节严重的，可以在按照上述方法确定数额的一倍以上五倍以下确定赔偿数额。赔偿数额还应当包括经营者为制止侵权行为所支付的合理开支。

经营者违反本法第六条、第九条规定，权利人因被侵权所受到的实际损失、侵权人因侵权所获得的利益难以确定的，由人民法院根据侵权行为的情节判决给予权利人五百万元以下的赔偿。

三、易犯条款

第六条 经营者不得实施下列混淆行为，引人误认为是他人商品或者与他人存在特定联系：

(一)擅自使用与他人有一定影响的商品名称、包装、装潢等相同或者近似的标识；

(二)擅自使用他人有一定影响的企业名称(包括简称、字号等)、社会组织名称(包括简称等)、姓名(包括笔名、艺名、译名等)；

(三)擅自使用他人有一定影响的域名主体部分、网站名称、网页等；

(四)其他足以引人误认为是他人商品或者与他人存在特定联系的混淆行为。

第八条 经营者不得对其商品的性能、功能、质量、销售状况、用户评价、曾获荣誉等作虚假或者引人误解的商业宣传，欺骗、误导消费者。

经营者不得通过组织虚假交易等方式，帮助其他经营者进行虚假或者引人误解的商业宣传。

第九条 经营者不得实施下列侵犯商业秘密的行为：

(一)以盗窃、贿赂、欺诈、胁迫、电子侵入或者其他不正当手段获取权利人的商业秘密；

(二)披露、使用或者允许他人使用以前项手段获取的权利人的商业秘密；

(三)违反保密义务或者违反权利人有关保守商业秘密的要求，披露、使用或者允许他人使用其所掌握的商业秘密；

(四)教唆、引诱、帮助他人违反保密义务或者违反权利人有关保守商业秘密的要求，获取、披露、使用或者允许他人使用权利人的商业秘密。

经营者以外的其他自然人、法人和非法人组织实施前款所列违法行为的，视为侵犯商业秘密。

第三人明知或者应知商业秘密权利人的员工、前员工或者其他单位、个人实施本条第一款所列违法行为，仍获取、披露、使用或者允许他人使用该商业秘密的，视为侵犯商业秘密。

第十三章　营销相关的法律法规与营销活动

本法所称的商业秘密，是指不为公众所知悉、具有商业价值并经权利人采取相应保密措施的技术信息、经营信息等商业信息。

第十条　经营者进行有奖销售不得存在下列情形：
(一)所设奖的种类、兑奖条件、奖金金额或者奖品等有奖销售信息不明确，影响兑奖；
(二)采用谎称有奖或者故意让内定人员中奖的欺骗方式进行有奖销售；
(三)抽奖式的有奖销售，最高奖的金额超过五万元。

四、《中华人民共和国反不正当竞争法》整体介绍

《中华人民共和国反不正当竞争法》在国家相关官网查看完整内容。

(一)修订过程

1993年9月2日，第八届全国人民代表大会常务委员会第三次会议通过《中华人民共和国反不正当竞争法》。

2017年11月4日，第十二届全国人民代表大会常务委员会第三十次会议修订，于2018年1月1日起施行。本次修订完善了仿冒混淆行为规定，加大了对引人误解的商业宣传的打击力度。

2019年4月23日，根据第十三届全国人民代表大会常务委员会第十次会议通过的《关于修改〈中华人民共和国建筑法〉等八部法律的决定》修正。

(二)中外对照

1. 美国的竞争立法

1890年，美国国会通过了《保护贸易和商业不受非法限制与垄断侵害法》。这项法案是参议员约翰·谢尔曼提出的，后来简称为《谢尔曼法》。在这之后的二十余年时间，美国以《谢尔曼法》为基础，通过一系列法律、判例，构筑成自己以反托拉斯法为特色的竞争法律制度，开现代市场规制立法的先河。《谢尔曼法》被各国法学界公认为现代竞争法产生的标志。

1914年，美国国会在总结《谢尔曼法》实施经验的基础上，制定了《联邦贸易委员会法》和《克莱顿法》。这两个法律确立了反托拉斯的专门行政执法机关"联邦贸易委员会"，扩大并强化了《谢尔曼法》反托拉斯的有关规定，至此，美国竞争法律制度基本形成。

2. 德国的竞争立法

德国是世界上率先对不正当竞争行为进行专门立法的国家。德国现行的竞争法律规范，主要规定在《反不正当竞争法》和《反限制竞争法》之中。

1896年德国率先制定了《反不正当竞争法》，这是世界上第一部专门的反不正当竞争法。1909年，德国在此基础上制定了新的《反不正当竞争法》并废止了前法。《反不正当竞争法》是德国反不正当竞争法律体系中的基本法。除了这一法律之外，德国有关反不正当竞争的法律还有《馈赠法令》《折扣法》及《标准合同条件法》等。

《反限制竞争法》于1957年通过。近年来，随着社会经济情况的变化，德国竞争法的

适用条件不断发生重大改变，《反限制竞争法》的作用日益突出，而《反不正当竞争法》的功效主要在于保护消费者利益，对竞争者的保护和对竞争秩序的维护作用已降到次要位置。

3. 日本的竞争立法

日本现行的竞争法，主要是《不正当竞争防止法》和《关于禁止私人垄断和确保公平法》以及一系列法律文件所共同组成的竞争法体系。

日本经历了一个由战前支持垄断到战后反垄断的过程。战前日本制定了《出口组合法》和《国家重要产业统制法》等。战后，日本国会1947年4月颁布了《关于禁止私人垄断和确保公正交易法》。随着政治、经济条件的发展变化，日本对该法进行了数次修改。1949年的修改缓和了对公司持股的禁止，放宽了公司合并、国际契约等许可制度；1953年的修改放宽了对公司相互持股和兼任高级职员的限制，允许转卖价格维持制度等；1977年的修改增强了执法力度，对股份公司的股份规定限制标准，对处于严重垄断状态者要求其转让技术、命令分立或转让营业的一部分等。

4. 英国的竞争立法

1948年英国制定了《独占及限制性惯行(调查及管制)法》，该法主要是站在弊端规制主义立场，后因1973年《公平交易法》的制定而被废止。

1956年英国制定了《限制性交易惯行法》以弥补旧法的不足。该法于1968年修改，主要是规定如具有实行国民经济上的重要产业、促进事业或产业提高效率或降低价格等目的的限制性交易协定，在取得主管大臣的许可之后，可以不申报而合法存在。

1946年英国制定了《转售价格法》。该法规定，无论维持转售价格的行为是共同行为还是单独行为，原则上一概认为维持转售价格契约及为维持转售价格所为的停止商品供应行为，都属于违法行为。

1965年英国制定了《独占及合并法》。英国为强化对独占及合并的管制，在1965年制定该法，补充1948年旧法的不足，后于1973年《公平交易法》制定后废止。

1973年英国制定了《公平交易法》。由于1948年及1965年的旧法存在诸多缺陷，所以英国于1973年制定该法。该法将拥有市场占有率25%以上的营业者视为独占，并规定主管大臣可以就该营业者是否违反公共利益，提请独占暨合并委员会调查。

1980年英国制定了《竞争法》。该法就违反竞争的行为，作了概括性规范。依该法，如公平交易局局长认为有违反竞争的行为(限制、妨碍、扭曲竞争或其他类似的行为)时，可将其调查的结果向主管大臣报告，主管大臣审查该行为是否违反公共利益后，提请独占暨合并委员会认定是否违法。

【引导案例】

"有奖销售"

佛山市仙俊洁车环保科技有限公司设置开业抽奖活动，凡在佛山市仙俊洁车环保科技有限公司订车或开汽车保养卡的消费者均可参加。佛山市仙俊洁车环保科技有限公司张贴了"特等奖1名：桑塔纳轿车1台，价值88 000元""一等奖1名：仙俊公司白金卡一张，价值20 000元""二等奖2名：仙俊公司美容A套餐，价值12 880元"等字样广告。

通过随机抽出交易收据的方式抽出一、二等奖、通过在箱子中随机抽出写有"特等奖"字样球的方式抽出特等奖,以上抽奖均属于采用偶然性的方法决定购买者是否中奖。

佛山市仙俊洁车环保科技有限公司所设置的"特等奖 1 名:桑塔纳轿车 1 台,价值 88 000 元"价税合计 70 400 元(不含税价为 60 689.66 元)。

案例分析:

依据《中华人民共和国反不正当竞争法》第十条:经营者进行有奖销售不得存在下列情形:

(一)所设奖的种类、兑奖条件、奖金金额或者奖品等有奖销售信息不明确,影响兑奖;

(二)采用谎称有奖或者故意让内定人员中奖的欺骗方式进行有奖销售;

(三)抽奖式的有奖销售,最高奖的金额超过五万元。

佛山市仙俊洁车环保科技有限公司的行为违反了《中华人民共和国反不正当竞争法》第十条规定,构成不正当有奖销售行为。

(资料来源:佛山市仙俊洁车环保科技有限公司不正当有奖销售案.
搜狐网, https://www.sohu.com/a/396045957_48744)

第六节　商　标　法

《中华人民共和国商标法》是国家为了调整商标使用中发生的社会关系而制定的有关商标注册、商标管理和保护商标专用权的法律规范。

《中华人民共和国商标法》包含 73 条法律条款,由 8 章组成,分别为:总则;商标注册的申请;商标注册的审查和核准;注册商标的续展、变更、转让和使用许可;注册商标的无效宣告;商标使用的管理;注册商标专用权的保护;附则。

一、核心条款

第一条　为了加强商标管理,保护商标专用权,促使生产、经营者保证商品和服务质量,维护商标信誉,以保障消费者和生产、经营者的利益,促进社会主义市场经济的发展,特制定本法。

第二十二条　商标注册申请人应当按规定的商品分类表填报使用商标的商品类别和商品名称,提出注册申请。

商标注册申请人可以通过一份申请就多个类别的商品申请注册同一商标。

商标注册申请等有关文件,可以以书面方式或者数据电文方式提出。

第四十八条　本法所称商标的使用,是指将商标用于商品、商品包装或者容器以及商品交易文书上,或者将商标用于广告宣传、展览以及其他商业活动中,用于识别商品来源的行为。

二、重点条款

第十条　下列标志不得作为商标使用:

(一)同中华人民共和国的国家名称、国旗、国徽、国歌、军旗、军徽、军歌、勋章等相同或者近似的,以及同中央国家机关的名称、标志、所在地特定地点的名称或者标志性建筑物的名称、图形相同的;

(二)同外国的国家名称、国旗、国徽、军旗等相同或者近似的,但经该国政府同意的除外;

(三)同政府间国际组织的名称、旗帜、徽记等相同或者近似的,但经该组织同意或者不易误导公众的除外;

(四)与表明实施控制、予以保证的官方标志、检验印记相同或者近似的,但经授权的除外;

(五)同"红十字""红新月"的名称、标志相同或者近似的;

(六)带有民族歧视性的;

(七)带有欺骗性,容易使公众对商品的质量等特点或者产地产生误认的;

(八)有害于社会主义道德风尚或者有其他不良影响的。

县级以上行政区划的地名或者公众知晓的外国地名,不得作为商标。但是,地名具有其他含义或者作为集体商标、证明商标组成部分的除外;已经注册的使用地名的商标继续有效。

第十一条 下列标志不得作为商标注册:

(一)仅有本商品的通用名称、图形、型号的;

(二)仅直接表示商品的质量、主要原料、功能、用途、重量、数量及其他特点的;

(三)其他缺乏显著特征的。

前款所列标志经过使用取得显著特征,并便于识别的,可以作为商标注册。

第三十九条 注册商标的有效期为十年,自核准注册之日起计算。

三、易犯条款

第四条 自然人、法人或者其他组织在生产经营活动中,对其商品或者服务需要取得商标专用权的,应当向商标局申请商标注册。不以使用为目的的恶意商标注册申请,应当予以驳回。

本法有关商品商标的规定,适用于服务商标。

第八条 任何能够将自然人、法人或者其他组织的商品与他人的商品区别开的标志,包括文字、图形、字母、数字、三维标志、颜色组合和声音等,以及上述要素的组合,均可以作为商标申请注册。

第十三条 为相关公众所熟知的商标,持有人认为其权利受到侵害时,可以依照本法规定请求驰名商标保护。

就相同或者类似商品申请注册的商标是复制、模仿或者翻译他人未在中国注册的驰名商标,容易导致混淆的,不予注册并禁止使用。

就不相同或者不相类似商品申请注册的商标是复制、模仿或者翻译他人已经在中国注册的驰名商标,误导公众,致使该驰名商标注册人的利益可能受到损害的,不予注册并禁止使用。

第十三章 营销相关的法律法规与营销活动

第十四条 驰名商标应当根据当事人的请求，作为处理涉及商标案件需要认定的事实进行认定。认定驰名商标应当考虑下列因素：

(一)相关公众对该商标的知晓程度；

(二)该商标使用的持续时间；

(三)该商标的任何宣传工作的持续时间、程度和地理范围；

(四)该商标作为驰名商标受保护的记录；

(五)该商标驰名的其他因素。

在商标注册审查、工商行政管理部门查处商标违法案件过程中，当事人依照本法第十三条规定主张权利的，商标局根据审查、处理案件的需要，可以对商标驰名情况作出认定。

在商标争议处理过程中，当事人依照本法第十三条规定主张权利的，商标评审委员会根据处理案件的需要，可以对商标驰名情况作出认定。

在商标民事、行政案件审理过程中，当事人依照本法第十三条规定主张权利的，最高人民法院指定的人民法院根据审理案件的需要，可以对商标驰名情况作出认定。

生产、经营者不得将"驰名商标"字样用于商品、商品包装或者容器上，或者用于广告宣传、展览以及其他商业活动中。

第十五条 未经授权，代理人或者代表人以自己的名义将被代理人或者被代表人的商标进行注册，被代理人或者被代表人提出异议的，不予注册并禁止使用。

就同一种商品或者类似商品申请注册的商标与他人在先使用的未注册商标相同或者近似，申请人与该他人具有前款规定以外的合同、业务往来关系或者其他关系而明知该他人商标存在，该他人提出异议的，不予注册。

第五十七条 有下列行为之一的，均属侵犯注册商标专用权：

(一)未经商标注册人的许可，在同一种商品上使用与其注册商标相同的商标的；

(二)未经商标注册人的许可，在同一种商品上使用与其注册商标近似的商标，或者在类似商品上使用与其注册商标相同或者近似的商标，容易导致混淆的；

(三)销售侵犯注册商标专用权的商品的；

(四)伪造、擅自制造他人注册商标标识或者销售伪造、擅自制造的注册商标标识的；

(五)未经商标注册人同意，更换其注册商标并将该更换商标的商品又投入市场的；

(六)故意为侵犯他人商标专用权行为提供便利条件，帮助他人实施侵犯商标专用权行为的；

(七)给他人的注册商标专用权造成其他损害的。

第六十条 有本法第五十七条所列侵犯注册商标专用权行为之一，引起纠纷的，由当事人协商解决；不愿协商或者协商不成的，商标注册人或者利害关系人可以向人民法院起诉，也可以请求工商行政管理部门处理。

工商行政管理部门处理时，认定侵权行为成立的，责令立即停止侵权行为，没收、销毁侵权商品和主要用于制造侵权商品、伪造注册商标标识的工具，违法经营额五万元以上的，可以处违法经营额五倍以下的罚款，没有违法经营额或者违法经营额不足五万元的，可以处二十五万元以下的罚款。对五年内实施两次以上商标侵权行为或者有其他严重情节的，应当从重处罚。销售不知道是侵犯注册商标专用权的商品，能证明该商品是自己合法取得并说明提供者的，由工商行政管理部门责令停止销售。

对侵犯商标专用权的赔偿数额的争议，当事人可以请求进行处理的工商行政管理部门调解，也可以依照《中华人民共和国民事诉讼法》向人民法院起诉。经工商行政管理部门调解，当事人未达成协议或者调解书生效后不履行的，当事人可以依照《中华人民共和国民事诉讼法》向人民法院起诉。

四、《中华人民共和国商标法》整体介绍

《中华人民共和国商标法》在国家相关官网查看完整内容。

(一)修订过程

1982 年 8 月 23 日，第五届全国人民代表大会常务委员会第二十四次会议通过；

1993 年 2 月 22 日，第七届全国人民代表大会常务委员会第三十次会议《关于修改〈中华人民共和国商标法〉的决定》第一次修正；

2001 年 10 月 27 日，第九届全国人民代表大会常务委员会第二十四次会议《关于修改〈中华人民共和国商标法〉的决定》第二次修正；

2013 年 8 月 30 日，第十二届全国人民代表大会常务委员会第四次会议《关于修改〈中华人民共和国商标法〉的决定》第三次修正；

2019 年 4 月 23 日，第十三届全国人民代表大会常务委员会第十次会议《关于修改《中华人民共和国建筑法》等八部法律的决定》修正。

(二)中外对照

19 世纪中叶，由于希腊、意大利等国大量伪造法国名酒标志，法国曾爆发酒业危机。为了解决以酒类为主的农产品受到冲击以及牛奶掺水和食品安全等问题，1857 年 6 月 23 日，法国颁布了《与商业标记和产业标志有关的法律》(以下简称《商标法》)，这部法律是世界上第一部现代意义的成文商标法。确立了商标通过使用获得权利，以及对商标注册申请不予审查和使用与否在所不问的原则。

英国早在 13 世纪就开始了商标保护的实践，1353 年的英国即已允许工匠为防止仿冒而在商品上使用标记。1862 年英国颁布了《商品标记法》。1885 年，英国又颁布了《商标注册法》，对商标注册的程序予以明确规定，从而全面确立了商标通过注册获得权利的制度。这一制度相继被美国、日本等国效仿。美国于 1870 年、德国于 1874 年、日本于 1884 年、瑞士于 1890 年颁行了商标法，雀巢(NESTLE)商标就是 1874 年在香港注册取得的。

我国第一部与商标有关法律的颁布是在清光绪年间(1904 年)，是由英国人起草的《商标注册试办章程》。该法第一条规定：无论华、洋商欲专用商标者须依此条例注册。1923 年第一部商标法在此基础上公布，第一条亦规定：凡因表彰自己所生产、制造、加工、拣选、批售或经纪之商品，欲专用商标者，须依本法申请注册。中华人民共和国成立后，1950 年公布了《商标注册暂行条例》、1963 年又制定了《商标管理条例》。1982 年 8 月 23 日，制定并颁布了新中国第一部知识产权领域的法律《商标法》。

第十三章 营销相关的法律法规与营销活动

【引导案例】

"海底捞"——"河底捞"

原告： 四川海底捞餐饮股份有限公司(以下简称为"海底捞公司")

被告： 长沙市雨花区河底捞餐馆(以下简称为"河底捞餐馆")

原告诉讼请求： 海底捞公司在提供餐饮服务上享有"海底捞"商标专用权，有效期自2017年4月14日至2027年4月13日。未经原告海底捞公司许可，被告河底捞餐馆擅自在其开设饭店的牌匾以及服务用品上使用"河底捞"标识，在企业名称中使用"河底捞"字号。被告河底捞餐馆使用的"河底捞"标识与原告海底捞公司核准注册的"海底捞"商标为近似商标，被告河底捞餐馆在其经营场所使用"河底捞"商标，属于饭店服务业中典型的商标使用行为，构成在相同服务上使用近似商标。依据《中华人民共和国商标法》第五十七条(二)，河底捞餐馆侵犯了海底捞公司的"海底捞"商标专用权。

被告请求： "海底捞"与"河底捞"在字形方面存在差别；双方提供的产品服务存在差别，不构成商标法上所称的相似，所以请求法庭驳回原告海底捞公司的诉讼请求。

法院判决： "河底捞"从字体的字形、读音、构图、颜色，还是从经营的菜品等方面，均不会使一般的消费者对河底捞的餐饮服务的来源产生误认或者认为其来源与原告注册商标海底捞之间有特定的联系，故被告河底捞餐馆不构成对原告海底捞公司的注册商标"海底捞"的商标权的侵犯。

案例分析： "河底捞"标识与"海底捞"商标虽都有"底捞"二字，但在文字的整体字形方面，两者还是存在一定的差异，原告海底捞公司其注册商标"海底捞"为方正华隶字体，再看"河底捞"标识则是艺术字构成，"河"字三点水部分则是呈现河流的艺术形态，"底"字其下面的点则是用艺术形态的鱼的图像构成。读音方面"河"字与"海"字，虽然拼音都是H开头，但是无论是按照普通话读法，还是按照湖南本地方言读法，两者读音均无任何相似性。河底捞餐馆店铺牌匾与海底捞火锅店铺牌匾在构图、颜色等方面没有相似性。且其整体结构、立体形状、颜色组合均无相似性。

其次，海底捞公司旗下所有店铺经营的菜谱全部是川菜系列的火锅，而河底捞餐馆经营的菜谱是典型的湘菜系列，虽然河底捞餐馆菜谱有火锅菜品，但其火锅也与原告海底捞公司经营的火锅存在一定的差别，大多数为河鲜火锅，通过其菜单和店铺门口海报宣传可以看出，其门口招牌以及菜单海报上都是针对其湘菜系列进行宣传。

因此，河底捞餐馆对海底捞公司的"海底捞"商标专用权不构成侵犯。

(资料来源：四川海底捞餐饮股份有限公司与长沙市雨花区河底捞餐馆侵害商标权纠纷一审民事判决书. 中国裁判文书网，https://wenshu.court.gov.cn/.)

本 章 小 结

《中华人民共和国价格法》于1997年12月29日由第八届全国人民代表大会常务委员会第二十九次会议通过，共7章，48条。是为了规范价格行为，发挥价格合理配置资源的作用，稳定市场价格总水平，保护消费者和经营者的合法权益，促进社会主义市场经济健康发展而制定的法律。

《中华人民共和国广告法》于1994年10月27日由第八届全国人民代表大会常务委员会第十次会议通过，当前版本是2021年4月29日第十三届全国人民代表大会常务委员会第二十八次会议修正，共6章，74条。是为了规范广告活动，保护消费者的合法权益，促进广告业的健康发展，维护社会经济秩序而制定的法律。

《中华人民共和国产品质量法》于1993年2月22日由第七届全国人民代表大会常务委员会第三十次会议通过，自1993年9月1日起施行。当前版本是2018年12月29日第十三届全国人民代表大会常务委员会第七次会议通过第十三届全国人民代表大会常务委员会第七次会议修改，共6章，74条。是为了加强对产品质量的监督管理，提高产品质量水平，明确产品质量责任，保护消费者的合法权益，维护社会经济秩序而制定。

《中华人民共和国消费者权益保护法》包含63条法律条款，由8章组成，分别为：总则；消费者的权利；经营者的义务；国家对消费者合法权益的保护；消费者组织；争议的解决；法律责任；附则。是国家为保护消费者的合法权益而制定的，调整人们在消费过程中所发生的社会关系的法律规范的总称。

《中华人民共和国反不正当竞争法》包含33条法律条款，由5章组成，分别为：总则；不正当竞争行为；对涉嫌不正当竞争行为的调查；法律责任；附则。是为了促进社会主义市场经济健康发展，鼓励和保护公平竞争，制止不正当竞争行为，保护经营者和消费者的合法权益制定的法律。

《中华人民共和国商标法》包含73条法律条款，由8章组成，分别为：总则；商标注册的申请；商标注册的审查和核准；注册商标的续展、变更、转让和使用许可；注册商标的无效宣告；商标使用的管理；注册商标专用权的保护；附则。是国家为了调整商标使用中发生的社会关系而制订的有关商标注册、商标管理和保护商标专用权的法律规范。

自 测 题

1. 简述广告法的修订内容及修订的原因。
2. 《中华人民共和国消费者权益保护法》中的消费者指的是什么人？
3. 《中华人民共和国反不正当竞争法》中的经营者是指什么人？
4. 申请注册商标需要符合哪些基本条件？

第十四章 营销人员和企业的道德责任

【学习要点及目标】 通过对本章内容的学习，使学生掌握营销人员与企业道德责任的内容，了解企业与道德的关系，认识道德水平与道德责任、义务责任与解释责任的概念，理解营销管理者及其角色的道德责任、功利主义与商业贿赂。

【关键概念】 营销人员道德责任(moral responsibility of marketers)　企业道德责任(enterprise moral responsibility)

【引导案例】

华为"商业道德"

坚持诚信经营、恪守商业道德、遵守所有适用的法律法规是华为管理层一直秉持的核心理念。华为长期致力于通过资源的持续投入建立符合业界最佳实践的合规管理体系，并坚持将合规管理端到端地落实到业务活动及流程中；重视并持续营造诚信文化，要求每一位员工遵守商业行为准则。

在长期合规管理实践基础上，借鉴国际合规相关标准、指南、最佳实践，2020年发布了《华为合规管理白皮书》，围绕风险，基于国家、业务，开展合规管理。持续建设专业的合规管理队伍，在开展业务的所在国家均任命了专职合规官，对各子公司的合规运营进行管理和监督，具体采取以下关键措施：

将合规考核纳入业务组织关键绩效指标(KPI)并设立奖惩机制，牵引各子公司的资源投入。

在集团统一合规要求的指引下，基于当地的地方性法规要求制定子公司合规管理政策和制度，确保业务所在国的合规遵从。

在充分识别与评估风险的基础上设定年度合规管理目标，制定管控措施并定期审视工作进展，确保措施落实。

通过业务自检、合规组织专业检查以及内部独立审计等，检验合规管理机制的有效性，并根据检查结果持续优化管理。

华为公司长期致力于倡导及维护公司合规文化，营造良好的诚信氛围。公司高层管理者以行践言，积极践行并传递诚信的价值观。面向员工，公司开展了形式多样的合规赋能，包括宣传、培训、考试等，使员工充分了解其合规遵从义务和责任。

2020年，华为继续致力于反腐败和反商业贿赂、知识产权与商业秘密保护、贸易合规、金融合规、网络安全与隐私保护等多个领域的合规管理体系建设，并与客户、合作伙伴以及各国政府监管机构等利益相关方展开积极、开放的交流与合作，增强彼此的理解与信任。

反腐败和反商业贿赂

对贿赂和腐败行为持"零容忍"态度。在各国有关公平竞争、反贿赂/反腐败的法律框架下开展业务，将公司的反贿赂和反腐败义务置于公司的商业利益之上，确保公司业务建立在公平、公正、透明的基础上。

从"合规文化、治理与监督、合规风险评估及防范—发现—应对、持续运营"等四个方面，构建有效的反贿赂/反腐败体系，通过定期开展合规风险评估，全面识别业务场景中可能存在的风险点，优化相应管控策略，并落实到业务活动和流程当中。

重视并持续营造诚信文化。对于员工，要求员工学习、签署并遵守商业行为准则及反腐败政策，华为对不同的区域根据识别的风险场景定制化培训内容，对全员及高风险人群进行培训；为了便于员工了解和学习，华为以多种形式共享培训材料，如视频、论坛、专题频道等；对于合作伙伴，要求所有合作伙伴在向华为提供服务和履行合同义务时，或代表华为向华为客户或其他第三方提供服务和履行合同义务时，都应遵守所有适用的法律法规，遵从业界通行的道德标准，遵守和维护华为公司合作伙伴反腐败政策、华为供应商社会责任行为准则、合作伙伴行为准则和诚信廉洁承诺等相关要求。

提供投诉举报渠道，鼓励知情者举报违规行为，华为会对相关举报展开调查，并对举报人严格保密，不允许对举报方进行威胁或打击报复。

与利益相关方(包括业界及行业公司、顾问、合作伙伴、非政府组织等)开展合规交流，阐明华为反贿赂/反腐败的立场和要求，确保利益相关方能够清晰地理解华为合规管理政策。

知识产权与商业秘密保护

华为是目前全球最大的专利持有企业之一，坚持长期投入研究与开发，不断丰富自身知识产权积累。截至2020年底，华为全球共持有有效授权专利4万余族(超过10万件)，90%以上专利为发明专利。坚信尊重和保护知识产权是创新的必由之路。作为创新者以及知识产权规则的遵循者、实践者和贡献者，华为与全世界主要ICT企业达成了专利交叉许可，并积极通过自身实践致力于行业和国家的创新和知识产权环境的完善。

注重自有知识产权和商业秘密的保护，也尊重他人知识产权和商业秘密，禁止员工不当获取、不当披露、不当使用及不当处置他人商业秘密。华为采取以下关键措施保护他人商业秘密：

发布《关于尊重与保护他人商业秘密的管理规定》，对员工在商业活动中尊重与保护他人商业秘密提出明确要求，确保员工合法、合约地开展各项业务活动。

将商业秘密保护的管理要求融入研发、销售、采购、人力资源等业务流程中，定期审视并结合业务运作中发现的问题和案例持续进行管理改进。

向全员开展商业秘密保护宣传、培训、考试，使员工充分知悉商业秘密合规遵从的义务及责任。

通过检查、审计等方式对保护他人商业秘密工作情况进行监督，确保政策、制度及流程有效落地。

建立问责机制，发布《关于侵犯他人商业秘密违规的问责制度》《信息安全违规问责定级标准》等文件，对违规行为进行问责。

(资料来源：https://www.huawei.com/cn/sustainability/win-win-development/develop_honesty.)

第十四章 营销人员和企业的道德责任

第一节 企业与道德的关系

企业与道德之间的某些关系是显著的,有些关系则是微妙的,而揭示这些关系是"企业伦理学"的任务之一。

一、企业的主业

有句老话说:"企业的主业是业务。"要理解这个问题,我们的视角必须超越某个特定的社会模式,结果发现人们对企业和其主业的理解因社会而异。在日本,大公司的主业不仅仅是生产商品,还包括照顾员工。在美国,起初人们希望产品尽可能地丰富、优质和便宜;但是人们对企业的要求在改变,人们更多地期望企业在其活动中不仅仅考虑财务因素。事实上,确定企业的主要任务有哪些,这本身就是一个道德决策,这个道德决策由社会作出并执行。道德是一种社会性的意识,是人们共同生活所遵循的行为准则和规范。

二、企业的道德背景

企业是当代社会的重要组成。企业不是独立于社会之外也不是凌驾于社会之上的,它是社会不可或缺的部分。任何行为都可以从道德视角进行审视。

企业的经营活动也可以从道德视角进行评判。例如,雇主希望员工不会盗窃公司财物。

企业经营活动中的人也受制于道德准则,企业是一个社会实体,社会设定了对它的要求和限制。这些限制往往以道德的形式出现,也常常会被写入法律。

以法律为企业行为的唯一标准是一种逃避的做法,它在某种程度上反映了大部分经理并不知道如何处理企业中的许多道德问题。

三、社会对企业要求

社会对企业的要求通过法律和大众的需求以各种方式表达出来。如今,对企业的要求来自方方面面,企业也只是对其中一些作出了回应。以法律为挡箭牌、无视其他的道德要求,这些往往并不能说明这些企业是出于恶意。相反,这常常是反映了公司内部机制的欠缺。在某种程度上这也是企业无道德的一种表现形式,总有人认为经济体系是没有价值观的:这个体系里的人追逐各自的利益,买卖双方为了互惠互利而缔约。

第二节 道德水平与道德责任

一、道德水平

道德水平是指一个人的品德、品性,是社会道德对个人言行的约束程度。某人的道德水平就是某人的言行受社会道德约束的程度。

二、道德责任

一个行为要成为有道德的行为，必须是有意识和主动作出的。例如，虽然我对自己睡着时所做的事情负有因果责任，但不负有道德责任。当我们说我对某个行为负有道德上的责任，表达的意思是以下三点：我做了这件事；我是有意识做出此事的；我是愿意做此事的。

道德责任是人们对自己行为的过失及其不良后果在道义上所承担的责任。在西方伦理学史上，道德责任与人的意志有无自由的问题密切联系。宿命论和机械论否定人的意志自由，认为人的活动是由神、上帝预先安排的，或者在一切场合下都是由环境决定的，个人完全无能为力，从而否认人的道德责任。在现代西方，存在主义者萨特从承认主体有着不受限制的绝对自由这一角度出发，把人的道德责任绝对化，提出"人要为自己所作的一切承担责任"。马克思主义认为，人的行为虽然受到客观必然性和社会历史条件的制约，但是人又具有主观能动性，有辨别是非、善恶的能力，对自己的行为具有一定的选择自由，必须承担相应的道德责任。肯定人的行为的道德责任是进行道德评价的前提。

第三节　义务责任与解释责任

一、义务责任

义务责任是指为某人的行动承担义务责任，意味着可以有正当理由要求某人为其行为对别人产生的负面影响付出代价。例如，司机的汽车责任险要支付的就是司机给他人的财产带来的损失。只要我们是造成这种损失的原因之一，我们就有义务责任支付这样的款项。

二、解释责任

解释责任是指对我们的行为给出(或者准备好需要时给出)解释，这种解释包括该行为的合理性、恰当性、正确性、合法性和道德性。道德可解释性包括准备好从道德上为自己的行为或者代理别人的行为做出解释，我们理应对我们负责的事情给出解释。

第四节　营销管理者及其角色的道德责任

营销管理者是一个群体概念，包括直接从事企业营销活动的管理人员以及企业的最高决策者，如销售经理、市场主管、总经理及董事长。在经营活动中，营销管理者主要扮演两方面角色。一方面，营销管理者是企业内部营销活动的组织者，企业的营销战略通过营销管理者决策与组织；另一方面，营销管理者是企业与外部环境沟通的渠道，营销管理者的品行与行为代表企业形象，会对企业外部利益相关者产生影响。营销管理者遵循的道德责任，对企业道德文化形象具有重要意义。

营销管理者的道德责任可以依据其角色分为两类：道德管理与社会责任，具体内容见

表 14-1。

表 14-1 营销管理者的道德责任分类

道德管理	社会责任
♣ 以管理系统的价值观为行为导向 ♣ 以社会利益为中心 ♣ 重视利益相关者利益 ♣ 以人为目的 ♣ 以遵守道德规范为责任 ♣ 超越法律的要求,让组织获得卓越成就 ♣ 自律	♣ 搞好生产经营,获取必要的利润 ♣ 经营管理行为符合道德规范 ♣ 注重慈善事业与福利投资 ♣ 自觉保护自然环境

第五节　功利主义与商业贿赂

一、功利主义

功利主义(utilitarianism),即效益主义,是道德哲学(伦理学)中的一个理论。该理论提倡追求"最大幸福"(maximum happiness),主要哲学家有约翰·斯图亚特·密尔(John Stuart Mill)、杰瑞米·边沁(Jeremy Bentham)等。

功利主义亦称"功利论""功用主义",通常指以实际功效或利益作为道德标准的伦理学说。在中国,战国思想家墨子以功利言善,是早期功利主义的重要代表。功利主义认为人应该做出能"达到最大善"的行为。功利主义不考虑一个人行为的动机与手段,仅考虑一个行为的结果对最大快乐值的影响。能增加最大快乐值的即是善;反之即为恶。边沁和密尔都认为:人类的行为完全以快乐和痛苦为动机。密尔认为:人类行为的唯一目的是求得幸福,所以对幸福的促进就成为判断人的一切行为的标准。

功利主义根据应用的方式可分为以下几种。

(1) 情境功利主义。情境功利主义强调"达到最大善"的情境。在此时此刻的情境下,如何做才能达到最大善。善意的谎言即为情境功利主义的体现。

(2) 普遍功利主义。普遍功利主义认为"每个个体都按照现在遵守的道德法律作出行为,即可达到最大善"。"穷人可不可以夺取富人的财富"即为普遍功利主义探讨的重要议题。

(3) 规则功利主义。规则功利主义认为,若每个人都永远遵守同一套道德规范,就能达到最大快乐值。规则功利主义可应用于交通规则,若大家都能遵守交通规则,交通就能安全便利(最大快乐值)。但需要注意这个规则制定时的合理性。有批评学者认为实际是变化的,这种规则若不能紧跟变化会最终走向不合理。

二、商业贿赂

商业贿赂是一种职权职务性利益交换行为,即经营者以排斥竞争对手为目的,为争取交易机会，暗中给予交易对方有关人员和能够影响交易的其他相关人员以财物或其他好处的不正当竞争行为，是贿赂的一种形式，但又不同于其他贿赂形式。商业贿赂的行为主体是经营者或受经营者指使的人。其他行为主体构成的贿赂行为不属于商业贿赂。

针对商业贿赂，反不正当竞争法第七条规定：经营者不得采用财物或者其他手段贿赂下列单位或者个人，以谋取交易机会或者竞争优势。

（一）交易相对方的工作人员。

（二）受交易相对方委托办理相关事务的单位或者个人。

（三）利用职权或者影响力影响交易的单位或者个人。

经营者在交易活动中，可以以明示方式向交易相对方支付折扣，或者向中间人支付佣金。经营者向交易相对方支付折扣、向中间人支付佣金的，应当如实入账。接受折扣、佣金的经营者也应当如实入账。经营者的工作人员进行贿赂的，应当认定为经营者的行为；但是，经营者有证据证明该工作人员的行为与为经营者谋取交易机会或者竞争优势无关的除外。

商业贿赂是以获取经济利益为目的的负面经济现象。依据《联合国反腐败公约》，商业贿赂也是一种腐败行为，严重破坏了市场经济秩序的公平竞争秩序与国家廉政建设。商业贿赂造成的社会危害主要包含以下内容。

(1) 经营者间竞争的不平等。

(2) 物价虚高、高定价、高回扣。

(3) 假冒伪劣商品流入市场。

(4) 市场配置资源的作用失灵。

(5) 受贿者出卖本单位利益，严重破坏了企事业单位内部管理制度。

(6) 损害我国的国际形象。

(7) 贫富差距加大。

(8) 政府公共开支的效益被削弱。

针对商业贿赂问题，我国依据《中华人民共和国反不正当竞争法》，施行《关于禁止商业贿赂行为的暂行规定》《关于办理商业贿赂刑事案件适用法律若干问题的意见》(最高人民法院、最高人民检察院 2008 年 11 月 20 日颁布)、《关于经济犯罪案件追诉标准的规定》等，用以肃清商业贿赂问题，为维护市场经济公平竞争秩序以及国家廉政建设建立保障。

本 章 小 结

本章主要对营销人员与企业的社会道德与责任进行剖析。企业是当代社会的重要组成。企业不是独立于社会之外，也不是凌驾于社会之上的，它是社会不可或缺的部分。道德是一种社会性的意识，是人们共同生活所遵循的行为准则和规范。任何企业行为都可以从道德视角进行审视。

在经营活动中，营销管理者是企业内部营销活动的组织者，企业的营销战略通过营销管理者决策与组织；营销管理者是企业与外部环境沟通的渠道，营销管理者的品行与行为代表企业形象，会对企业外部利益相关者产生影响。营销管理者遵循的道德责任，对企业

第十四章 营销人员和企业的道德责任

道德文化形象具有重要意义。把握好企业活动中功利主义与社会道德责任的平衡点尤为重要。

自 测 题

1. 简述道德水平与道德责任的概念。
2. 简述义务责任与解释责任的概念。
3. 营销管理者的道德责任可以依据其角色分为几类?每一类具体有哪些表现形式?

第十五章 农村市场

【学习要点及目标】 通过对本章内容的学习，使学生了解具有中国特色的农村市场，掌握农民消费行为的特征，认识农民生产和消费资料的不同需求。

【关键概念】 农村市场(rural market)　消费行为(consumption behavior)

【引导案例】

树高千百尺 根深在沃土——宁夏邮政建设三级快递物流体系拓展农村市场

在宁夏回族自治区吴忠市同心县的河西镇，有一家中邮驿站，门店不大，邮件的日流量却达到1600件左右。2020年以来，该邮政代办网点实行加盟制后，原邮政代办所营业员马淑花转型为中邮驿站的"老板"，做起了"生意"。这里每天都有很多人取包裹、寄邮件，办理邮政业务。河西镇19个行政村的百姓因为家门口有了这家中邮驿站，都称赞说"比以前真是方便多了"。

"我这个驿站还投递其他快递公司的邮件。驿站的人每天都用私家车把邮件送到19个村，既能把乡亲们服务好，自己的收入也提高了。"提起这两年的变化，马淑花从心里感到高兴。除了河西镇营业所，同心县的11个乡镇中，还有7个邮政乡镇代办所以加盟的形式服务百姓。

1. 争取政策强能力

同心县农村市场的变化是中国农村巨变的一个缩影。随着村村通公路通网络，农村经济活力不断提升，尤其是农村快递物流体系建设的快马加鞭，在推动乡村振兴战略的实施上发挥着越来越重要的作用。中国邮政也由此迎来了拓展农村市场的良机。

近年来，国家对农村快递物流体系建设空前重视。国家邮政局明确提出到2022年底符合条件的建制村基本实现"村村通快递"的要求。集团公司提出："中国邮政的资源和基础设施在农村，农村就是我们的'根据地'；中国邮政绝大多数的收入和利润在农村，农村就是我们的'大粮仓'。"

宁夏区邮政分公司以"集团有要求、宁夏有行动、落实见成效"的坚决态度，通过建设县级仓配处理中心、镇级中转运营中心(支局所)、村级收投服务站(邮乐购站)，持续推进交邮联运、邮快合作，强化板块协同，加快建设农村三级快递物流体系，快速抢占市场，巩固、提升邮政在农村市场的主导地位。

宁夏邮政紧紧抓住"全国电子商务进农村综合示范县"建设契机，积极对接各级政府部门，参与承办电子商务进农村示范物流体系、电商公共服务站等基础设施建设项目，争取获得仓配中心用地、站点建设等方面的政策和资金支持。

在同心县新区劳务移民扶贫园区，一个面积达4157.02平方米的车间被地方政府打造为县级仓储物流配送中心，由邮政主导规划使用，按照"快递下乡"的战略部署，引进其他快递企业入驻。

"经过我们与县政府多次协商，县政府不但将仓储物流配送中心交邮政管理使用，每年还发放基础设施建设补贴150万元，连续补贴三年。利用这些补贴，我们配备了邮件安检机、装卸皮带机和分拣机，购买了监控设备、揽收车辆，对乡镇网点和农村邮乐购站点进行建设改造，极大地提升了邮件处理、运输和揽投能力。政府相信邮政，我们也要把百姓服务好。"同心县邮政分公司总经理丁晓波表示。

在同心县分公司，生产现场实行大平面作业，实现了仓储统一管理、车辆统一调度和邮件统一处理。同时，一级支线邮路通过自有车辆、加盟商自带车辆或交邮联运覆盖全县11个乡镇，邮件从处理中心到乡镇中转运营中心实现一天两个频次盘驳；二级支线邮路通过乡镇加盟商转运或交邮联运，全部覆盖142个建制村。

2. 推广"加盟"添活力

场地和设备的建设改造，为开发乡镇市场奠定了坚实的基础。宁夏各级邮政部门迅速行动，以加盟制增强镇级中转运营中心(支局所)的市场渗透力。

宁夏邮政通过合理规划资源，将乡镇邮政网点与乡镇物流服务站点复用，配置设备设施，赋予乡镇邮政网点邮件处理及中转仓储功能；引进浙江"中邮驿站"模式，选择乡镇关键人开展加盟合作，授权其代理加盟区域的寄递、普报邮件揽投、运输等业务，代理各类邮政业务，量化收入、质量、安全等指标并纳入加盟合同，完成情况与结算标准挂钩。乡镇加盟商依托建制村商铺等社会资源建设"中邮驿站"或"邮乐购"站点，自带车辆至县级邮件处理场地转运邮件，做好收投服务。

宁夏邮政配套资费收入及投递结算指导标准，按照普遍服务投递频次、车辆行驶里程，给予加盟商油料补贴；核定普遍服务营业、投递固定金额补贴，加盟商享有自主用工、自主考核、自控运营成本、自主分配利润的权利。自有网点实施准加盟后，原有邮政员工撤出，补充到城市商圈揽投部，增加核心区揽投能力。

为缩短乡镇邮件到村的传递时限，2020年以来，宁夏邮政与交通运输部门联合开展"交邮合作"，利用乡镇运输综合服务站场地建设"中邮驿站"，由服务站的公交车承接乡镇网点至县城的运邮工作，以此实现邮政与公交网络的无缝衔接，既缩短了寄递时限，又提高了普遍服务能力。目前，全区镇区投递已从原来每周3个频次调整为7个频次，乡镇所辖建制村、学校等从每周3个频次调整为5个频次，普遍服务营业时长延长2小时以上；取消原乡邮串行邮路，由加盟网点自行转运邮件，提高了邮件投送及揽收服务能力。

3. 建设"邮乐购"站点提服务

中国邮政的根在农村，邮政的资源禀赋和优势也在农村。彻底打通农村物流"最后一公里"，是实现乡村振兴的必然要求。

宁夏邮政以"叠加叠加再叠加"的思维，加快农村邮政网点的转型发展，大力发展客户寄件取件方便、有业务发展潜力、保证邮件安全、具备信息处理能力的村"邮乐购"站点，积极开展"邮快合作"，与15家民营快递公司签订了《宁夏邮政"快递合作下乡进村"框架协议》。在充分发挥邮政资源优势的基础上，各方以"平等自愿、互利共赢"为原则，推进农村地区邮政服务与快递服务协同发展，打造寄递开放共享平台。同时，通过优化重组站点和营业网点，整合网络资源，采用"农村地区一揽子交邮政"的模式，切实解决农村"最后一公里"包裹投递难题。

村民基本上每天都可以在家门口收取邮件。目前，宁夏全区已建成1388个"邮乐购"

站点，每个站点利用"易邮自提"App进行邮件代收代投工作；同时，根据农民合作社、家庭农场的寄发量提供进场驻点收寄、上门收寄、现场配货、包装等定制化服务。全区快递进村将邮件及时送至村级代投站("邮乐购"站点)共计180万件。按村到乡镇平均支付交通费6元计算，此举为乡村百姓减少支出近1080万元。

(资料来源：http://www.chinapost.com.cn/xhtml1/report/2105/8367-1.htm)

第一节 农村市场的中国特色

农村市场是以农村为范围的商品流通领域。它与城市市场相互联系、相互制约，相对应而存在。所形成的数量众多的集市及有固定商业网的集镇，是城乡物资交流的连结点。农村市场在销售工厂生产的生产资料和消费资料的同时，向城市供应各种农副产品。

在国外研究中农业产业化的经营组织模式主要有两类：合同制农业和合作社农业。合同制农业中，最为普及和有效的组织模式是"公司+农户"型。合作社农业中的合作思想，可追溯到19世纪欧洲和美洲的国家，那时候合作思想就已经在农业生产中被广泛运用，而大部分研究经济和农业发展的学者，对农业合作社的未来发展潜力一直很有信心，穆勒是其中最为著名的一位代表性人物。在农业现代化发展理论研究中，标志性人物是诺贝尔经济学奖获得者西奥多·舒尔茨(Theodore W. Suchultz)，在其代表作《改造传统农业》中，作者以农业生产中的生产要素为切入点，依靠扎实的经济学理论，结合具体案例，剖析了传统农业向现代农业改造中存在的若干重大问题，最终得出结论："唯有现代化的农业，才能像发射卫星的助推器，推动经济腾飞。"美国经济学家盖尔·约翰逊的《经济发展中的农业、农村、农民问题》，书中指出，农民收入的增加绝不仅仅依赖于他们对资源的占有，还取决于对要素市场的运作，包括劳动力、土地和资金等，产出价格水平的高低只会影响到投入到农业中的生产资源的数量，对那些资源的报酬并没有影响，但土地除外。大力改善要素市场的发育和建设，这是让农民参与分享经济增长红利的重要途径，甚至是唯一途径。目前美国、澳大利亚、英国、法国等国的大学和科研机构也建立了专门组织，研究中国农村问题。由于国内的译介力度不足，要做进一步的比较研究，目前还缺乏资料支撑。

改革开放以来，中国农业经营体制突破"三级所有、队为基础"的农村人民公社体制，逐步建立以家庭承包经营为基础、统分结合的双层经营体制。这一改革使农村经济逐步走向市场经济体制，为农村市场的发展铺垫了新的制度基础。

1983年，中共中央发布《当前农村经济政策的若干问题》明确提出，家庭联产承包责任制"是在党的领导下我国农民的伟大创造，是马克思主义农业合作化理论在我国实践中的新发展"。1999年，九届全国人大第二次会议通过《中华人民共和国宪法修正案》，在国家根本法中正式将双层经营体制确立为农村一项基本经济制度。

在农业经营体制改革的基础上，中国特色的农村市场发展波澜壮阔，影响深远，主要体现在以下几个方面。

(一)结构多元的中国特色社会主义农村市场经济体系

从20世纪80年代起农村改革起始走向市场化，全国性、区域性的农产品市场体系初步形成，农副产品统购派购制被逐步取消。一方面农村土地、劳动力、技术和资金等要素市场不断发展，市场主体的独立地位逐步明确，市场发育日益走向成熟；另一方面国家通过行政手段干预经济的领域不断收缩，市场机制逐步发挥越来越重要的作用。通过所有权、承包权和经营权"三权分置"的办法，既较好地坚持了社会主义的方向，又成功地发展了市场经济。这是中国特色社会主义农村发展道路的显著特点之一。

随着市场体制机制的不断完善，以粮食生产为主体的单一农业结构发生了显著变化。乡镇企业的发展，大幅提高了农村经济的整体素质和效益，增强了农村经济的实力。在推进农业供给侧结构性改革的进程中，我国坚持以深化改革为动力，以市场需求为导向，着力调整优化农业结构，供给体系的质量和效益均得到明显提高。农业供给侧结构性改革举措主要表现为"三个调"和"三个激活"，即农业生产结构不断"调优"、农业发展方式持续"调绿"、农村产业结构加快"调新"，激活市场、要素和主体。农产品加工业、休闲农业、农村电商得到长足发展，农村第一、二、三产业实现深度融合。

(二)以集体经济为主体、多种所有制经济共同发展的基本经济制度

在经营权流转基础上，出现了经营权入股、抵押等放活经营权方式，探索农业适度规模经营的新路。乡镇集体企业还通过股份制、股份合作制以及承包、租赁、兼并等途径积极探索公有制实现形式的多样化。乡镇企业产权制度改革是农村所有制结构的又一次重大变革，形成了多种所有制经济混合发展的新局面。中国农村形成了以集体经济为主体、多种所有制经济共同发展的基本经济制度，构筑了多元化的农村产权结构，奠定了中国特色社会主义农村市场经济发展的微观基础，这是"能够极大促进生产力发展的农村集体所有制的有效实现形式"。

党和政府高度重视农村集体产权制度改革。2016年12月，中共中央、国务院发布《关于稳步推进农村集体产权制度改革的意见》，进一步明晰农村集体产权，引导农民发展股份合作，注重完善集体产权权能，赋予农民对农村集体资产股份的占有、收益、有偿退出以及担保、抵押、继承等相关权益。这是向全国逐步推开农村集体产权制度改革的重大标志。

(三)城乡一体化发展格局

改革开放以来，中国逐步打破城乡二元体制，放宽农民进城就业和居住的限制，从限制农民流动逐步转向承认流动、接受流动、鼓励流动。农村劳动力的自由流动为突破城乡二元体制进行了有益探索，为实施城乡一体化发展积累了经验。2002年11月，党的十六大报告首次提出了"统筹城乡发展"的理念和目标。2008年10月召开的中共十七届三中全会通过《关于推进农村改革发展若干重大问题的决定》，提出建立推进城乡发展一体化的制度。2015年10月，中共十八届五中全会提出，健全城乡发展一体化体制机制，推动城乡要素平等交换、合理配置和基本公共服务均等化，提出"十三五"时期城镇化的重点目标是实现1亿左右农民工和其他常住人口在城镇定居。农村财政税收制度一定程度上反映了国家与农民以及城乡之间的利益分配关系和格局。2006年国家正式全面取消农业税，标志着中国延续了2000多年的"皇粮国税"终结，国家对农民实现了由"取"到"予"的转折，开始呈现工业反哺农业、城市支持农村的格局。这是国家和农民分配关系的一次重大调整。中国公共财政优先重点保障"三农"投入，保持稳定增长。党的十九大以来，农业农村经济社

会稳定发展，农民收入持续快速增长。

农村市场在城乡一体化改革的基础上，对城市市场形成了一种向心力，城乡市场相互开放，扩大城乡物资交流。这对促进工业品下乡、农副产品进城、沟通城乡物资交流都有积极作用。城乡之间出现了农商联营、农工商联营、商商联营和商业与外贸联营的多种经营方式，这使得全社会的各类商品能够自由流通，不受城乡、地区限制，逐步形成了具有中国特色的社会主义农村市场。

(四)乡村振兴战略

党和政府从 1984 年开始启动了中国历史上也是世界历史上持续时间最长、成效最大的农村扶贫脱贫工作。通过政府主导、社会参与，采取特殊的扶贫政策和措施，促进贫困人口集中区域自我发展能力的提高，推动区域经济发展来稳定、减缓直至消除贫困。截至 2020 年年末，现行标准下农村贫困人口实现全部脱贫。

党的十九大报告提出实施乡村振兴战略，以进一步破解农村发展不平衡、不充分的问题。这一战略规划是继脱贫攻坚之后，指导"三农"工作的重大战略任务和工作重心。相比精准扶贫瞄准贫困群体的温饱问题，乡村振兴战略具有整体性、普惠性和经济性，能够更全面地强化外部支撑，总体激活乡村内生动力，为贫困群体提供更稳定的发展基础和发展机会，进一步巩固脱贫成果。

通过农村市场实现对资源的优化配置，实现城乡要素的双向流动，互助共赢。城市的资本、技术、人才流入乡村，可以有效解决乡村发展资源和人才不足的问题。农村的资源获得与城市资源同样的市场地位，变资源为资本，实现价值增值，为农村社会发展注入内在动力。乡村振兴通过吸引人才返乡以及多元化发展，提供了更多的就业岗位，拓宽农民增收渠道培养一批职业新农民。通过乡村振兴大力发展文化、科技、旅游、生态等乡村特色产业，振兴传统工艺，培育一批家庭工场、手工作坊、乡村车间，鼓励在乡村地区兴办环境友好型企业。

乡村振兴的关键是产业兴旺，产业兴旺是解决农村一切问题的前提。乡村振兴战略加快农业农村市场的发展，农产品供给充裕，物价稳定，对深化改革、推进结构调整、改善人民生活提供了强大支撑，进一步夯实农业基础。通过加强农村基础设施和公共服务扩大有效投资，能够改善消费环境激化农村市场需求，为经济发展注入新的动力，有助于构建"城市-农村的双循环发展"格局。

第二节　农民消费行为二重性与农村市场

我国农民消费行为的二重性为：消费性与投资性。一方面他们是以消费品为消费对象的消费者，另外一方面他们还必须购买农业生产资料，也是具有投资性消费的消费者。

农民消费行为的消费性在农村消费品市场中得到充分体现。农村消费品市场是引导农村居民消费、推动经济结构转型升级的重要载体和关键环节，是独立于城市消费品市场的一个全新市场，其发展能够在很大程度上影响农村经济乃至整个国民经济的发展。新中国成立以来，我国农村消费品市场体系取得了长足的发展，归结起来可划分为五个阶段，即公私兼营的市场调节阶段、计划经济阶段、有计划的商品经济向市场经济过渡阶段、以流通体系建设破解农村需求约束阶段、新常态下吸引城市居民到农村消费的业态创新阶段。我国农村消费品市场的供给体系已基本建成,农村居民消费结构升级,新型消费形式亦逐渐发育,出于对收入不平衡、未来消费不确定、流通体系不健全等影响我国农产品消费市场发展的各项因素的考虑。农村消费品市场发展路径呈现出市场从分割走向统一、流通渠道和主体结构从单一转向多元、经营模式向标准连锁化发展、流通技术不断创新、多产业融合发展等规律。

农民消费行为的投资性在农村生产资料市场中得到体现。农村生产资料市场是农村市场的重要组成部分。农村生产资料市场是我国最近几年发展起来的新的市场,主要生产:有益于农业生产或农村居民生活的化工产品、建筑材料;功能实用、简单、价廉的机电产品;实用的通信技术手段以及用于乡镇企业生产的普通工业品生产资料的交易。该市场是为直接满足农村人们生产需要服务的。当前农村生产资料市场存在流通不畅、质量低劣、市场主体繁多、信息传递落后等问题。大力完善农村生产资料市场对以增加农民收入为核心的农村经济发展具有十分重要的作用。完善农村生产资料市场,能够刺激农民对生产资料的消费,进一步促进农村经济走向产业化、规模化,带动相关产业的持续发展。

第三节 农村市场与农民需求

(一)农民生活资料的需求

生活资料,也称"消费资料"或"消费品",是指用来满足人们物质和文化生活需要的社会产品,可分为生存资料、发展资料与享受资料。随着收入的增加与生活水平的提升,农村居民对生存资料的需求比重逐渐降低,对发展资料与享受资料的需求比重增加。

1. 生存资料消费需求

生存资料消费是为了维持劳动力简单再生产所支出的生活费用,是劳动者为了恢复体力和智力的支出,即基本需求支出。2021年国家卫健委发布的《全国第六次卫生服务统计调查报告》统计显示,调查地区基本医疗保险覆盖率达96.8%,农民参与的社会保险主要有新型农村合作医疗保险和农村基本养老保险两种,商业补充险明显不足;农村居民在县域内医疗机构就诊的比例超90%,城乡卫生服务的可及性进一步改善,农村卫生院业务用房破旧、短缺,就诊条件差,卫生院基础设施建设亟待完善;卫生院还缺少能够满足群众基本医疗保健需求的医务人员。部分农村公共机构提供的服务水平低下以及财务管理不善,无法为乡村百姓提供更好的医疗服务,导致农村地区人们就医不便。随着城市化进程逐步加快,留守老人逐渐增多,农村养老机构存在数量不足,条件差等问题。农村农民的新农合报销比例有待提高,医疗机构有待改善,养老机构亟待扩容。

在农村市场中,许多商家并没有意识到农村消费者会"货比三家",以物美价廉、实用、有新意为理想的购物原则。在农村居民日益丰富的物质需要和精神诉求下,农村市场发育程度和发展规模尚有不足,难以满足农民在消费中的多样化需求。长期以来,我国农村居民因受教育程度低、综合素质较差、缺乏科学知识和法律维权意识,在市场交易环节中,处于劣势地位。在购买衣、食、住、用等消费品时,部分商家抓住农民对商品性能认识上的欠缺,恶意欺骗农民消费者的行为屡见不鲜,而且因为农民不善于借助法律途径维护自身合法权益,部分商家在坑害农民利益后常常没有后顾之忧。上述情形导致当前的农村市场鱼龙混杂,充满了城市滞销的过时产品和假冒伪劣的"三无"产品,农民消费环境的有序性需求得不到满足。

金融信贷方面,农民主要因新建、修缮房屋或者医疗服务发生信贷行为。在向金融机构借款时存在融资手续过于烦琐、门槛过高、贷款额度较低等问题,农民的信贷资金需求得不到满足。

2. 发展资料消费需求

发展资料消费是指人们为了发展体力和智力的支出。在农民发展资料需求中,主要存在教育需求、文化需求与信息需求三大方面。

1) 农民对教育的需求

目前我国的城乡教育存在着巨大差距,教育经费投入不足使农村学校与城市学校的办学条件和师资力量差距逐渐拉大。近年来学生和教师大量向城镇流动,使得农村学校生源和师资严重流失,成为制约教育公平的主要因素。当前,打工经济是中国农村的常态,中青年父母进城务工,其子女成为留守儿童,就地接受留守地教育,日常生活由爷爷奶奶或其他亲属照料。农民工子女在与父母分离的情况下长大,在学习、生理、心理、行为养成等方面都面临着问题。学生难管、教师难教、校方难调动的三难现象突出,产生了义务教育低效、私立教育发达的现象。孩子是家庭未来发展的希望,对数以千万计的留守儿童及其父母而言,重管、重教且高质量的本地教育,是其发展的硬需求。

2) 农民对文化的需求

现阶段农民的文化休闲活动相对城市居民比较单一,主要有看电视、刷短视频、网络聊天、打麻将玩扑克、唱歌跳舞等。随着经济的发展,农民生活水平的不断提高,农民对丰富多彩的精神文化需求也不断提高,求知、求美、求乐、求健康、求参与成为广大农民的共同需求。

在我国许多村镇,基础文化设施建设完备,文化活动丰富多彩。在物质生活比较充裕、距市区较近的城郊农民,能够参观博物馆、科技馆、艺术节、书画展,逛书店,体现了农民渴望开阔视野、增长见识的文化需求。一些偏僻的村镇仍缺乏合适的活动场所和活动项目,农村文化建设中对精神生活的投入稍显不足,部分农民的精神文化需求不能被满足,迫切要求建设相关的文化设施;部分已经建设建了文化中心或社区图书馆的村镇,存在活动种类较少,内容单一,环境、服务不到位等状况,老百姓参加文化站活动的积极性不高。现阶段农民迫切需要通过图书阅览、文娱广场建设以及丰富多彩的文化活动开展等方式满足农民对文化的需求。

3) 农民对信息的需求

农民的信息需求内容相当广泛,涉及政策法规、农业科技、农资供应、农产品市场价格、气象预报、教育培训、劳务外出、医疗卫生与保健、文化娱乐、子女教育等信息。农民信息传播渠道主要为广播电视、网络、手机、政府、农技推广站、报刊、人际传播及科技下乡活动等。

当前农民对信息需求不再单一,信息需求类型呈现多样化。单一从事农业生产的比例越来越少,大部分农民都是双重身份,对信息需求多样化;不同农户对信息的需求存在较大的差异性。不同的职业、学历、性别,在信息需求类型、需求量、获取的途径上有所差异。如在学历方面,学历越高者信息需求量越大、类型越全面、获取信息的途径与信息获取能力越强;网络成为农民获取信息的新途径。

3. 享受资料消费需求

享受资料指能够提高劳动者生活的质量和水平、满足人们享受需要的物质资料和精神产品。物质资料包括高级食品、饮料、耐用品,例如营养保健食品、滋补药品、高级衣料、豪华住宅和其他高级生活设施,以及公共的奢侈品等;精神产品包括娱乐、旅游、观看艺术表演和体育比赛、欣赏电影、戏剧等农民在劳动过程以外获得精神层面享受的活动。

改革开放不断深入促进社会经济持续向前发展,为封闭的农村创造了更多的机会接触外面世界,其中大部分外出务工农村居民把城市中先进的消费观念带回农村,如一部分收入较高的农村居民在跟随旅游团游览我国大部分城市风光后,会被视为本村精神享受的代表人员,这一消费观念渗透到农村居民群体,从而会影响周围村民的旅游消费观念,产生"走出去"的需求。农民的消费需求逐渐由生存型消费向享受型消费转变。

(二)农业生产资料的需求

农业生产资料是指农、林、牧、副、渔所需的资源或工具的总称,是进行农业生产的物质要素。

农村税费改革、农业税减免直至免征和粮食直补等惠农政策,在一定程度上减轻了农民的负担,农民从事农业生产的积极性高涨,农民收入增幅有所提高。农民农业生产从早期只需投入劳力、种子、肥料等,依靠种植养殖经验完成生产过程,逐渐在优质种子、机械化农具、科学种植养殖技术等方面出现需求。农民的生产需求内容随农时阶段性变化,具有鲜明的季节性。农民产前具有优良品种及高新技术需求;产中具有病虫害防治产品需求;产后具有农产品收割、存储、运输以及实时获取市场价格行情等需求。农民在日常作业中主要需要的知识和技术服务有优良的种植品种、先进的施肥技术和植保技术以及栽培技术,但是大多数农民都是从电视、广播报刊这类传统媒介中获取有关新型农业技术的知识,信息的时间差导致农技推广服务不能充分满足农民的需求。农资市场营销网络不健全,缺乏灵活的经营机制和适宜的农资营销网络。

在农业生产技能方面,农民在日常的农业生产或者经济活动当中需要运用到一些相关的农业机械或者技术手段,从而获得更多的收入。农民接受学历教育水平总体偏低,对农业机械使用以及科学种植养殖技术掌握能力较低,对于生产技能培训的需求比较强烈。2012—2020年中央文件均对新型职业农民培育工作提出要求,要求将职业农民培养成我国农业农村现代化建设的强大人才保障。新型职业农民是经过系统培训和学习后能够掌握农业知识、会利用现代信息技术手段、懂管理、善经营,以农业为职业的新型职业农民,是我国农业高质量发展和确保实现乡村振兴的根本之策。生产技能的培训对于新型职业农民的形成也至关重要。对于种植业来说,农民在粮食作物栽培技术培训、蔬菜栽培技术培训、经济作物栽培技术培训、果树栽培技术培训、病虫草害识别与防治技术、水肥管理、耕作技术、品种选育与改良技术方面的培训需求较高；对于畜牧业来说，农民在家禽养殖技术培训、疫病诊断与检疫防疫技术培训方面需求较高；对于渔业来说，农民需求以淡水养殖技术方面的培训和养殖病害诊断与生态防控技术方面的培训为主；对于农机来说，主要是故障诊断维修技术培训、保养技术培训、农机具质量鉴别技术培训；农产品质量安全需求方面，主要是农产品质量检测技术、学习农产品质量认证、农产品质量安全风险规避和自救方面的培训。

本 章 小 结

本章从农村市场的中国特色、农民消费行为的二重性与农村市场、农村市场与农民需求三个部分来剖析农村市场的特性。农村市场是以农村为范围的商品流通领域。它与城市市场相互联系、相互制约，相对应而存在。所形成的数量众多的集市及有固定商业网的集镇，是城乡物资交流的连结点。农村市场在销售工厂生产的生产资料和消费资料的同时，向城市供应各种农副产品。

我国农村市场的发展极具特色，主要体现在：结构多元的中国特色社会主义农村市场经济体系；以集体经济为主体、多种所有制经济共同发展的基本经济制度；城乡一体化发展格局；乡村振兴战略。

我国农民消费行为的二重性为：消费性与投资性。农民消费行为的消费性在农村消费品市场中得到充分体现。农民消费行为的投资性在农村生产资料市场中得到体现。农村市场主要满足农民生活资料的需求与农民的农业生产资料的需求。

自 测 题

1. 农村经济逐步走向市场经济体制的制度基础是什么？
2. 新中国成立70年来，我国农村消费品市场体系归结起来可划分为哪几个阶段？
3. 农民生活资料的三方面需求分别是什么？请举例说明。

第十六章 农村市场营销模式

【学习要点及目标】 通过对本章内容的学习,使学生掌握农村市场营销的概念,了解农村居民消费者模式与需求层次、农民消费者行为特征的内容,以农民为核心的营销策略制定,"三农"问题与营销,认识农业产业化的概念、理论及特征,农产品网络营销的相关概念。

【关键概念】 农村消费者行为(rural consumer behavior) 营销策略(marketing strategy)

【引导案例】

"一颗认养"农产品

"一颗认养"平台隶属于四川一颗认养电子商务有限公司,2014年成立至今,公司汇集全国各地视音频行业经验丰富的开发团队及"互联网+认养农业"的开发设计经验,以技术为基础,以市场为导向,以服务为宗旨,以专业技术为客户提供品牌化、一站式的解决方案。团队结合"软硬件设施+物联网"技术手段在农产品的种植养殖、直播、土地管理、销售流通等环节实现农产品的全程"智能化、信息化、可追溯化、透明化"以及家禽的在线投喂。

消费者先出资,选定农场主为自己种植、养殖指定的生态农产品,农场主在认养周期结束后将所认养的生态农产品通过物流运输等方式交付给消费者。平台在农场安装监控,物联设备为客户提供远程监控服务,提供可靠的实时信息展示。认养期间对养殖、种植目标的日常管理工作进行全程图文记录以形成完整的追溯依据。对于网络已覆盖的养殖、种植基地农场主安装视频直播设备,通过直播接口接入认养平台为消费者提供24小时全程视频直播。结合二维码、射频等技术手段对种植、养殖的生态农产品数据进行有效管理,可在线对土地执行浇水、施肥、除草等命令,监控可实时查看土地动态;将土地面积、位置、环境数据展示给消费者,为消费者提供更加逼真的产品体验。消费者通过平台可实时追踪、了解所认养农产品的最新数据,让认养的生态产品从养殖、种植、流通到餐桌的每一步均可追溯。

想要购买蔬菜的消费者,可以在一颗认养平台联系农户,认养一块土地,让农户在上面种上自己喜欢的时令蔬菜。菜地旁有平台架设的直播摄像头,蔬菜从种植到成熟,消费者都可以在一颗认养的直播间随时观看,真正实现网上种菜、全生态无污染。等蔬菜成熟后,农户就会采摘包装好,通过快递的方式送货上门。

认养小土鸡的消费者,农户会在鸡的脚上绑一个溯源码。在认养期间,消费者就可以在一颗认养的直播间,通过平台安装在鸡舍旁的网络摄像头,在线观看小鸡每天的饮食、活动轨迹等等。如果是一只母鸡,还可以看它多久会下蛋。等小鸡成熟以后,农户就会帮消费者把鸡宰杀好,然后通过快递送货上门。蔬菜、水果、大米、家禽、家畜、鱼类等农产品,消费者都能在平台上进行认养购买。

"互联网+企业(合作社)+农户+视频直播+可追溯"的农业认养运营系统,聚集家畜(猪、

鸡、牛、羊等)、果树、菜园等农产品的认养，解决优质农业产品的品牌建设及销售问题，为优质农产品企业提供"种植/养殖/生产/销售/追溯"的全过程解决方案，帮助农产品企业打造全新的"互联网+农产品"生态体系，让消费者体验种菜、养殖的乐趣。

(资料来源：一颗认养. http://www.ante3.com.)

第一节 农村居民消费者模式与需求层次

一、农村居民消费模式

消费模式是对一定的社会经济形态下个体消费遵循的规范和准则及由此决定的消费特征的总体概括，个体的消费行为特征是消费模式形成的微观基础。消费模式的形成既受到经济因素、市场因素的影响，也与个体的消费习惯、群体的内在互动作用有关。

提炼农村居民消费模式时，不能仅仅从宏观层面进行指标的选择，还必须考虑与消费行为紧密关联的变量——从影响我国农村居民消费行为的众多因素中，选择经济、行为和心理三类变量。

经济变量，即家庭年现金收入、人均年收入、家庭年消费支出、可接受的商品价格。

行为变量，即产品类型选择、购买品牌选择、购买时机选择。

心理变量，即对产品的认知、对产品购买的态度、购买意向。

依据以上三类变量，划归出中国农村居民消费行为模式的分类与模式的基本特征。农村居民的消费模式分成以下三类。

机能需求模式(functional needs mode，FNM)。对物件的需求以基本功能的满足为目的。例如，对食品的购买以基本功能(充饥)的满足为目的，即温饱性消费。又如对耐用物件以功能简单为诉求。满足 FNM 消费模式的农村居民对品质的关注十分有限，以量(quantity)为主要特征。

核心需求模式(core needs mode，CNM)。不仅仅以基本机能的满足为目的，品质质量成为消费的首要诉求点。消费以质(quality)为主要特征。

外延需求模式(extensive needs mode，ENM)。ENM 模式是对 FNM 模式和 CNM 模式的提升，满足 ENM 模式的农村居民注重产品的特别含义，如购买高档物品以显示地位、身份、财富等等。产品资产(product equity)的"含量"高低成为其主要诉求。

二、农村居民需求层次

中国农村地区地域广泛，各地农村居民消费习俗、经济水平存在较大的差异性，农民需求也存在很大的差异性。根据我们所划分的消费模式，农村居民消费存在着明显的层次性，表现为消费的时序变化和层级变化。消费模式的层次递进与需求层次的递进存在正向联系，这与马斯洛(Maslow)需要层次理论的假设相吻合。

每个人都通过先天遗传和社会交往获得一系列相似的需求。某些需求比其他需求更基本、更重要。只有当基本的需求得到最低限度的满足之后，其他需求才会被激活。基本的需求得到满足后，更高级的需求才出现。农村居民的需求层次可以概括为：机能需求、核心需求、外延需求。机能需求主要对应生理需求与安全需求；核心需求主要对应归属需求；外延需求主要对应尊重需求与自我实现需求。

第二节　农民消费行为特征

一、消费结构偏好

农村居民消费中，食物消费比重较大。在收入比较低的时候，农村居民所得收入不仅要用于生活消费，还要用于生产投资，没有足够的资金用于高层次的消费，消费以求实消费为主。食物消费支出大都集中在粮食方面，饮食质量不高，在消费行为上体现为购买食物的种类单一，对低价食物的采购量大。喜欢物美价廉的产品，对商品的质量、性能和耐用性要求比较高，对价格较为敏感，对产品的品牌、包装以及外观设计等方面则不是十分看重，概念性、奢侈性产品在农村基本没有市场。

生活水平有了改善后，追求多样化和营养化的食物，副食消费增长迅速。在衣着上，农村居民消费也在不断追求样式新颖和个性化，并开始追逐潮流；农村居民在温饱解决后，耐用品的消费也随之扩大，比如购买家电、现代化农业器具等；为改善居住环境，房屋面积和建筑质量不断提高，从砖木建造到钢筋混凝土的转变，意味着农村居民在置业建房上将投入巨大的资金；传统的农村风俗导致民俗消费和人情消费增多，包括亲友走访、各种风俗人情的礼金等；农村居民用于下一代的教育费用也在逐年增加，九年义务教育虽减少了部分费用，但农村子女进入城镇读书，实现"大学梦"的同时给农村家庭造成的经济负担仍然较大；医疗保健消费、服务消费等被动性消费也在逐渐增加。消费结构的分层使得农村居民消费行为具有物质性消费需求较大、精神性消费需求较小的特点。在短期内，农民消费者以求实消费为主的偏好将不会改变。

二、消费观念

消费观念是人们对待其可支配收入的指导思想和态度以及对商品价值追求的取向。农村居民的消费观念主要受到我国传统文化、现实环境和经济形势的影响，呈现出节俭与奢侈并存的特征。自给自足的小农经济思想对农村居民的影响深远，他们的消费观念与经历了改革开放经济大发展、思想大解放的城市居民相比存在很大差距，主要表现出节俭的特点，舍不得花钱，更不敢超前消费。

攀比心理的存在又会导致农村居民在平时生活消费节俭克制，在节假日的消费过于铺张。在逢年过节、婚丧嫁娶、人情往来等重要场合，缺乏对消费的理性认识。严重的人情消费和非科学的消费现象使得面子消费的比例偏重。对于农村这么一个熟人社会，维持面子是生活中必须要遵循的逻辑，"面子"是农村消费者人情消费和攀比消费的根本原因。如此两极化的消费特点，使得农村居民的消费呈现出集中的趋势，平时少花或不花，重要场合却大花特花，形成消费观念节俭与奢侈并存的奇特现象。

随着农村劳动力人口向城镇的流动增多，农村居民受城镇居民消费观念的引导，逐渐树立现代消费理念，消费倾向增加，从低消费高储蓄的观念中逐渐走出来。生产力发展和劳动力文化素质的提升也对农村居民消费观念变迁起到推动作用。农村居民对未来生活的不确定性降低，消费需求增加。目前，社会保障体系不尽完善，我国部分农村居民还存在治病难、养老难的问题。存在谨慎消费观念的部分农村居民选择增加储蓄的方式来解决治病、养老问题，同时即时消费也相应减少，严重影响了农村居民总体消费水平的提高。

三、消费决策

在日常消费中，农村居民消费体现出从众趋同的决策特征。相对于西方消费者而言，中国人的消费决策受群体影响较大，对于生活在熟人社会的农村居民来说尤其是如此。具体而言，他们在消费时普遍存在从众趋同的现象，购买商品前喜欢向亲戚、邻居和熟人打听，对他们深信不疑。再者，农村居民社区归属感更强，喜欢通过使用相同或相似的产品来保持群体一致性，不喜欢标新立异。

四、消费环境

消费环境是影响消费者心理和行动的重要因素，包括了自然环境和社会环境。自然环境体现在农村居民的地区地貌差异和地区经济发展，社会环境主要是国家经济体制的变革和促进农村经济发展的宏观调整战略。

1978年前的计划经济时期，我国农村居民收入低、消费品稀缺，选择商品是非自由的，满足基本生活的必需品消费占很大比例。由于价格由政府规定，与其他消费品相比，拥有政府补贴和免税的商品价格较低，不具有价格弹性。这段时期的农村居民消费行为特征表现为理性化程度较低，扭曲的相对价格使农村居民消费追求一时的效用最大化，较少的现金和金融资产流动使得自给自足的生活状态下，其承担的风险很小。

1978年之后的市场经济时期，我国农村居民的消费环境有了很大的改变，政府取消价格管制，消费的示范效用增强，把城市的消费潮流当成是时尚风潮来模仿。农村居民的资产积累可用于更多的消费预算，这使得农村居民在消费行为上，支出的不确定性增强，现金消费逐渐增多，主要以实惠耐用的消费品为主。

随着城镇化的发展，政府颁布了一系列的惠农政策，消费品的价格也逐渐调整至接近市场价格，农村居民的消费行为又发生了较大的改变。城镇化伴随着产业结构变迁，既能吸纳农村剩余劳动力，又能扩大农民的生产经营规模、提高农村居民非农收入和农业收入；在城镇化进程中，人口流动和地区交流会加强城乡居民之间商品信息、消费文化的沟通联系，由此农村居民的消费观念从自给自足的保守观念转变成商品性消费的开放观念。农村信贷渠道拓宽，居民的收入进一步增加，消费行为上表现为注重消费品的使用频率与使用寿命，以实惠型消费为主。商品交易成本与商品流通速度、流通渠道以及市场信息密不可分，流通方式的创新能够加快商品流通速度、整合商品流通渠道、传播商品流通信息，大幅降低商品交易成本。市场经济环境通过降低农村居民的商品交易成本，从而促进农村居民消费结构从个体型消费向市场型消费的升级。

第十六章　农村市场营销模式

第三节　以农民为核心的营销策略制定

农村消费者需求发生了深刻变化，在制定以农民为核心的营销策略过程中产品和价格已经不是唯一考虑对象。企业在市场营销策略的制定上，应该以消费行为特征为基础，选择适合农村市场的营销策略。

一、农村消费行为特征差异营销策略

(1) 制定个性化营销策略。将农村消费群体划分为不同层次，对于不同层次的消费群体制定个性化的营销策略。农村消费者的消费偏好不会一成不变，企业在个性化营销策略制定过程中应该不断调整，更好地迎合消费者需求。

(2) 制定群体性营销策略。在个性化营销策略基础上，对于相近层次的农村消费群体按照一定的消费偏好进行归类，然后根据不同的消费群体，有针对性地制定营销策略。诸如在对待农村学生群体所采取的营销策略应该是以价格作为核心，其次是产品质量。

(3) 制定符合产品特性的营销策略。在充分考虑农村消费群体个性特征之后，应该将产品特性、价格、使用权限、质量和售后服务等与农村消费者偏好进行有效结合，实施差异化营销。

二、农村消费者行为不确定性营销策略

随着互联网时代的到来，农村居民获得信息方式更为多元化，农村消费者行为又增加了很多不确定性，因此企业应根据农村消费者行为不确定性来确定营销策略，具体内容如下。

(1) 锁定更多消费群体。企业在制定营销策略过程中，应该考虑消费者的实际购买力，通过制定合理的价格策略来尽量占领农村市场，物有所值能够有效地减少农民消费行为的不确定性，让更多的消费者将本企业的产品作为消费偏好，从而获得规模效应。

(2) 解决产品经验消费难题。对于农村消费者而言，对产品的价格和质量并没有明确概念。对于多数农村消费者而言，高价位的产品多采取保守态度；而对于低价位产品，很多消费者认为能够给自己造成的损失相对较小。因此，通常会在消费偏好转移上向低价位方面转移。在制定营销策略过程中应当以低价位商品来解决经验消费难题，通过低价位销售让消费者消费偏好向本品牌转移，从而获得更多消费者，但前提是质量一定得过关。

(3) 从农村消费者的消费理念出发制定营销策略。对于农村消费者而言，不同产品他们会有一个心理承受价位，应该通过广泛的市场调研了解广大人民群众对于本产品的心理接受价位，并以此作为营销策略制定的突破口，确保产品定价符合消费者消费观念，同时在质量上应该进一步加强，让消费者在产品使用过程中进一步强化消费习惯。

随着我国经济社会不断发展，农村消费者偏好转移已经成为必然趋势。企业充分了解消费者消费需求层次变化和消费行为特征，针对消费者的不同消费偏好，制定有成效的营销措施，拓展农村市场。制定长远发展目标，将企业价值理念与农村消费者的消费偏好建立起长久联系，针对当前农村消费市场的现实需求，打造量身定制的产品和服务，确定科学合理的价格区间，以农村消费者为核心，制定更为科学合理的营销策略。

第四节 "三农"问题与营销

"三农"问题是指农村、农业、农民这三大问题。独立地描述是指在广大乡村区域，以种植业和养殖业为主，农民生存状态的改善、产业发展以及社会进步问题。系统地描述是指21世纪的中国，在历史形成的二元社会中，城市不断现代化，第二、第三产业不断发展，城市居民不断殷实，而农村的进步、农业的发展、农民的小康相对滞后的问题。

马克思认为："农业作为基础，农业劳动的基础性是显而易见的，不管是对于剩余劳动还是农业本身都是自然基础。"中国经济是在马克思理论的指导下发展起来，要求站在马克思主义立场上去看待和分析"三农"问题；从战略高度认识"三农"问题在国家政治、经济、文化发展中的重要地位、意义及其与国家、社会一定时期战略任务之间的辩证关系。

自改革开放以来，我国"三农"工作取得了显著成绩，农村建设越来越美，农村产业不断发展升级，农民生活越来越富裕，这对实现社会主义现代化有巨大的推动作用。过去长期城乡发展不平衡，尤其是农村发展不充分，导致农村基础设施不健全、特色农业根基不稳定、农民收入仍然偏低。农民对过上美好生活、缩小城乡收入差距的愿望迫切。要把农产品开发、现代农业发展、美丽乡村建设有机结合起来，最终实现农民富、农业强、农村美的美好愿望。

乡村振兴战略是为了推进"三农"工作而提出的，乡村振兴关注重心在农村经济、政治、文化、生态环境等方面，宗旨是实现可持续性发展。战略总体要求的第一点为"产业兴旺"，经济基础决定上层建筑，农村产业是乡村振兴战略的决定因素，发展农村经济是乡村振兴战略的首要任务。特色农产品作为发展特色产业的主要内容，发展情况一定程度上决定了乡村振兴战略的实施情况。基于此，发展特色农业、发展特色农产品是实现乡村振兴的重要抓手，是乡村振兴之根本。

实行乡村振兴战略能够实现产业兴旺、建设乡村文明、实现贫困户富裕、形成生态保障。通过乡村振兴更好地为特色农产品的发展保驾护航。特色农产品与乡村振兴是相辅相成、相互推进的关系。实施乡村振兴战略是做好新时代"三农"工作的根本遵循，是加快补齐"三农"这块发展短板，实现农业农村现代化，促进区域经济社会和农民生活幸福的重大战略决策。

目前营销助农的产业模式有很多，主要有特色种养模式、乡村休闲旅游模式、电商产业模式、边境贸易模式等。

(一)特色种养模式

特色种养模式利用农村地区资源优势发展特色产品种养殖，鼓励引导工商资本进入农业生产领域，发展生态高效农业和农产品加工业，打造农村特色产业，延伸农产品价值链，带动农民就地就业增收。特色农产品作为"三农"工作的重心，是建设美丽乡村的必要路径；是发展特色产业的重中之重；是农民手中稳定脱贫致富的"锄头"。鼓励农民自主创业，打造具有一定规模优势、比较优势和竞争优势的蔬菜、畜牧、渔业、农业特色产业、林业特色产业、休闲农业以及其他产业。推进农业产业化，发展农产品初加工，就地转化农民

第十六章　农村市场营销模式

生产的产品，推动农村农业由"输血"救济到"造血"自救的根本性转变。

(二)乡村休闲旅游模式

发展乡村旅游是新时代解决"三农"问题，建设社会主义新农村的重要途径。整合农家乐、度假村、地方经典、地方特产的商家为游客提供食、住、行、游、购等多种体验，挖掘乡村生态休闲、旅游观光、文化教育价值，拓宽农民增收渠道，调整农村产业结构、推进新农村建设。因此，要积极探索新时代发展乡村旅游拉动农村经济增长的途径，使乡村旅游成为营销助农的重要突破口。

(三)电商产业模式

2020年中央明确提出要将电子商务更大范围地应用于农村，扩大电商的覆盖面，加强物流网络、村级电商站点的建设等相关措施。电商平台迅速崛起为农产品带来了销路，助力于发展农村经济带来了强劲的动力。农民通过在家操作手机就可以将农产品卖出去，从而获得不小的收益。一部分企业家看到了农村电商的光明前景，也加入农村建设中来，促进了农村人才的振兴。有利于发展农村经济，促进了农村与外界的交流，加速了文化和思想的融合，丰富了农村居民的生活。

(四)边境贸易模式

边境贸易模式通过边境贸易基础设施建设、边贸扶贫产业园建立、边民互市贸易改革升级等措施繁荣边境贸易，吸纳更多农民在边贸产业链中实现就业、获得收入。通过创新"边贸+"模式，助推边境农民稳定脱贫致富，实现产业兴边。边贸的发展增强了地方财政收入，使边境地区有更多资金投入农业生产，促进了农村地区经济发展。边贸模式还通过为到边境参加贸易观光旅游的人员提供饮食和住宿等服务，带动边境农村地区第三产业的发展。

"打绿色牌、走特色路，努力创建以特色产业为主体的农村经济新格局"的基本思路，经受市场和实践的检验，被证明是完全正确的。我国农业发展必须坚持、深化、完善这一思路，坚持科学发展观，以创建特色产业为主体的农村经济新格局总揽"三农"工作，坚持"四条路子"，即产业开发与生态建设相协调的生态化建设路子，坚持大规模生产与标准化生产相统一的绿色化发展路子，产加销、贸工农、农科教一体的产业化发展路子，对农产品实行原料、加工、质量、品牌、营销全程企业管理的工业化发展路子，大力发展农业特色产业。

第五节　农业产业化

一、农业产业化概念

农业产业化又称农业产业一体化。美国学者戴维斯和戈尔德伯格(1957)研究认为农业产业一体化即为农业综合经营。农业产业化是以市场为导向，以农户经营为基础、以龙头农企为依托、以经济效益为中心、以综合服务为手段，通过种养加工、产供销、农工商一体化经营，将农业产前、产中、产后等环节链接为一个产业系统，把农业产供销各环节连接起来，构成涵盖农业生产全过程的一体化经营产业链条。农业产业化以规模化生产、社会化协作、商品化加工的新高效方式，取代传统农业生产经营方式，是我国农业发展史上的一次重要革命。农业产业化实质就是在市场化条件下用现代工业的方法来经营管理农业。

总而言之，农业产业化是以市场为导向、以效益为中心、以产品为重点，优化整合各种要素，形成区域化布局、规模化发展、专业化生产、系列化加工、社会化服务、企业化经营的种养加、产供销、农科教等一体化经营体系，促使粗放注重数量生产农业向集约注重质量的现代农业转变的产业组织形式。

二、农业产业化理论

农业产业化最早从美国发展起来，之后逐渐传入西欧英国、法国等国家，后来传入亚洲的日本、韩国等国家。农业产业化的核心是建立农业生产经营服务一体化结构，通过经济法律纽带将农业产前、产中、产后等环节有机串联成一个运行整体。20世纪80年代中后期，随着我国农村经济改革实践的发展，我国的农业产业化才开始起步。

农业产业化是农业市场经济发展到一定阶段的必然产物。农业产业化促进了区域经济、农业产业集群、农产品商品基地等的发展。随着农业生产规模的扩大，农业企业规模扩大、数量增加，为农业产业化发展奠定了坚实基础。农业产业化发展的支撑理论主要有：规模经济理论、分工协作及专业化理论与制度变迁理论，具体内容如下。

(1) 规模经济理论。规模经济又称为规模节约或规模利益。指在特定时期内，企业产品绝对量增加时，单位成本下降，即扩大经营规模可降低平均成本，提高收益水平。目前我国农业生产的基本单位是单个家庭，单个农户生产批量小，具有规模不经济、交易成本过高等劣势，农户生产率过低。农业生产进行大规模经营，将单独的农户经营进行优化整合，把产供销专业化，节约农户在市场上的交易成本，增加农户在市场上的议价的能力；大规模的农业生产吸引相关产业就近集结，以形成聚集效应，降低运输成本和交易费用，有利于生产要素在更大的范围内自由流动、统一配置。此外，以农副产品为对象的深加工工业空间上的集结，会提出社会化服务的要求进而带动农村第三产业的发展，促进农业剩余劳动力的转移。

(2) 分工协作及专业化理论。分工与协作是相辅相成的，两者紧密相连密不可分。协作以分工为基础，分工是协作的前提条件，分工反向促进生产的社会化、专业化和生产力的提高。目前，我国农业与第二、第三产业缺乏联系，打击了农民进行农业生产的积极性。采用新型的农业生产组织方式代替传统的农业生产方式，发展农业产业化经营。农户负责生产，由农户成立的经济组织或者龙头公司负责种子供应、生产指导、收购和销售农产品，并由这些组织或者龙头公司提供农业生产前后的系列化服务，经过产业之间的分工与协作，形成"一条龙"的经济格局。

(3) 制度变迁理论。由体制改革引起的组织、制度、机制的变化，称为制度变迁，是一种旧制度被打破，取而代之的是效率更高、收益更大、更能适应实际情况的新制度。当前，随着社会主义市场经济体制的逐步建立，改革的进一步深化，我国在农村实行的家庭联产承包责任制的许多缺陷以及因其产生的一些深层次问题逐渐暴露，如分散的农户家庭与农业现代化的矛盾、农户小经营规模和大市场的现实矛盾等。实现农业经济增长方式的转变，从追求数量型向优质高效型转变，从粗放经营向集约经营转变，从大量消耗能源向可持续发展转变，即实行农业产业化经营。

三、农业产业化的特征

国内学者李秉龙在其著作《农业经济学》中对农业产业化的特征、组织模式和运行机制等进行较为系统的论述。李秉龙指出农业产业化是把农产品的生产、加工、销售诸环节联结成完整农业产业链的一种经营体制。

相比于传统封闭的农业生产经营方式，农业产业化具有以下三个特征。

(1) 农业生产专业化。农业产业化把农产品生产、加工、销售等环节联结为一个完整的产业体系，形成每类主体专业化、每个环节专业化和每块区域专业化的农业产业化经营发展格局，继而形成更大范围的农业专业化分工与社会化协作的格局。

(2) 农业企业规模化。农业产业化是通过多种形式联合，形成"市场牵龙头、龙头带基地、基地联农户"的贸工农一体化经营方式。将农业"小生产"与"大市场"紧密联系起来，促使城乡一体化发展、农业工业化发展和一产三产化发展，形成适应市场需求、提高产业档次、降低交易成本、提高经济效益的现代农业。

(3) 农业服务社会化。农业产业化经营各环节的专业化，促使龙头农企、生产基地、合作社组织和农业科技机构等对产业化经营体内各部分提供产前、产中、产后的信息、技术、经营、管理等全方位服务，促进生产要素更加合理配置有效结合起来。通过贸工农一体化、产供销一体化等形式，增加农业附加值，提高农业比较收益。服务社会化促进农业服务的专业化、规范化和综合化发展，形成一个综合生产经营服务体系，提高了农业的微观效益和宏观效益。

第六节　农产品网络营销

农产品网络营销主要是指以互联网为途径开展的农产品营销活动，包括在互联网上发布农产品信息、市场调查、促销、交易洽谈、付款结算等活动。打破传统的时空限制，扩大农产品流通半径、使农产品信息更加透明化，减少由销售渠道缺乏带来的浪费、有利于实现农产品的产供销一体化以及产业链的整合。

一、农产品网络营销模式

随着互联网信息技术的推广与普及，农产品网络营销范围不断扩大，农产品网络营销模式在不断地创新与发展。当前农产品营销模式主要有交易服务模式和社会化营销模式。

交易服务模式是指由产品供应者或生产者等借助第三方网络平台或自建网站进行交易活动的形式。其中较为常见的第三方网络平台如淘宝、京东等。与农产品供应者自建网站相比，第三方网络平台更具影响力与交易保障性，有助于取得消费者的信任。交易服务模式有助于实现农产品供应者与消费者的直接交流与沟通，从而省去中间费用，消费者得到实惠的同时也能够为供应者降低交易成本。

社会化营销模式是指借助微博、微信、小红书、抖音等社会化网络开展营销活动。社会化营销模式意在将个体的朋友圈进行整合，不断扩大宣传营销范围，实现营销目的。社会化营销模式的优势在于具有超强的黏性，通过朋友主动转载达到宣传的效果，减少人们的抵触情绪，有利于消费者对产品信息的全面了解。消费者可以根据某一共同感兴趣的话题进行交流，由信息接收者转变为信息制造者和信息传播者，信息传递方式变为了一对多的方式。交易链上各个环节的个体可以广泛地表达自身所想传播的信息，信息交换量增加。

二、农产品网络营销策略

(一)提升农产品网络销售平台的在线品牌价值

(1) 推进线上销售农产品的极致口碑策略。农产品的线上营销市场竞争的实质是品牌的竞争，扩张农产品在线市场的重要手段是确保农产品企业的品牌在同类商品在线市场中居于强势地位。农产品营销者借助网络品牌力量迅速向目标客户展开低成本营销，着力在农产品品牌宣传中注入产品的特点，提高农产品在线营销平台供需双方的交易达成效率。农产品营销者运用互联网技术，以声音、图像、视频等多媒体技术呈现农产品特征，提升基于互联网技术的网络营销信息传播效果。通过社区营销渠道打造适合"互联网+农产品"的口碑营销模式。借助消费者之间的亲情关系和友情关系逐步消除潜在消费者对该陌生农产品品牌的天然抵触心理，增强农产品在线营销品牌对潜在农产品市场的穿透力，以农产品铁杆粉丝为支点来打造适合该农产品品牌的社交网络消费圈子，建立基于社交网络的农产品在线营销系统。

(2) 提升农产品线上品牌性价比。在传统农产品营销市场扩展过程中，农产品营销者需要面对诸多障碍，如地方农产品保护政策壁垒、交通信息不畅、商务交流中的语言不同、农产品市场供需双方之间的单向信息透明问题等，这些都削弱了农产品经营者在传统市场中交易的能力。利用网络营销边际成本趋零特征来增强农产品的品牌传播效能，切实提升线上销售的农产品的品牌性价比，增强农产品消费者的消费。

(二)整合农产品网络销售平台的供应链资源

(1) 用"互联网+农产品"技术来促进产业融合。产业间资源的有机整合可以提升信息技术对农业的支撑效果。农产品线上销售平台积极吸引农产品加工企业以独立运营者的身份推进农产品线上销售活动。农产品加工企业可将其农产品生产资料采购、农产品种植、财务、市场营销等各部门分列的资源整合为一体，推动按照传统模式运作的第一产业有序发展成现代化农业产业。

(2) 整合线上消费者信息和线下农产品生产资源。产销周期较长的特点决定了农产品营销活动的高风险性，农产品线上销售模式有助于农产品加工企业将其农产品生产销售系统的风险控制在可接受水平。农产品加工企业把握住集成化的农产品供应链管理的要点，大力推动农产品企业的内部运营资源与外部的线上销售平台资源的有机整合。农产品线上销售平台对在线获取的消费者信息进行初加工，及时传递给上游的农产品生产者，帮助上游农产品生产者提升生产决策效能。农户通过农产品网络营销平台及时掌握农产品国内外市场的动态信息，使得一线农产品生产者经由网络渠道及时掌握相关农产品的市场供需信息，为定制下一周期的种养殖计划提供有力的信息支持，有效压缩农产品供需缺口，提升农产品产销量之间的匹配度。

(三)农产品网络营销策略制定

1. 结合市场需要和自身特点选择农产品网络营销模式

农产品网络营销发展趋向个性化、专业化、区域化，消费者对农产品的质量和独特性要求进一步提升，打造区域化特色产品是农产品企业提高产品竞争力的有效手段。为提高农产品在网络营销中的成功率，树立产品的品牌形象，农产品网络营销模式选择必须坚持实用性、可控性、优势性等原则。在选择营销模式时应考虑两个方面：一是以电子商务为背景的市场形势变化。电子商务处于高速发展阶段，农产品网络营销应具有前瞻性，考虑电子商务未来的发展变化。二是网络营销应结合农产品自身的特点。农产品受季节影响大，在生产过程中存在一定的风险，利润空间较小。在农产品网络营销中应选择能够为自身带来稳定利润的运营模式，保持相对稳定的客源，树立良好的口碑，降低农产品生产的风险性，争取最大化收益。

2. 结合农产品特点和消费者需求制定策略，树立品牌意识，提高产品竞争力

农产品在生产与加工上有一定的要求，农产品网络营销策略的制定需要考虑农产品的生长周期。在销售过程中推行品牌战略，结合农产品的区域性特点，发挥区域优势，严格把控产品的质量。按照消费者需求提供个性化的产品，设身处地地为消费者考虑，建立商品原创品牌，不断宣传并提高品牌知名度，不断扩大市场规模，开展品牌营销模式。

3. 推进电子商务技术创新，培养网络销售专业人员

电子商务技术是网络营销发展的基础，网络销售技术的普及有助于推动农产品网络营销的推广与实现。农产品网络营销流程在信息技术的支持下发生了一系列变化，应时刻结合技术进步的实际情况不断优化营销过程。同时，还应注重网络营销技术人员的培养，开展农产品营销知识和新兴技术等的培训，为农产品网络营销输送全能型的技术和管理人才。

4. 健全网络营销服务体系，提高物流服务水平

网络营销物流服务体系应具有系统性和完整性的特点，以便为消费者提供更为舒适的消费体验。及时、快速、高效的物流是农产品网络营销的重要构成。农产品网络营销应选择效率高、技术好、服务优的物流公司作为合作对象，或者发展自身的物流配送货体系，逐渐形成规模化、产业化的发展模式。

农产品网络营销的开展需要结合市场的发展变化、网络销售平台和技术水平的变化、农产品生产条件的变化等多方面因素。农产品网络营销将是农产品未来销售的主要渠道，营销模式的选择需结合农产品自身的特点以及网络技术的发展现实。为提高农产品网络营销的成效，需要不断创新营销模式，推进网络销售的多元化、专业化发展。坚持品牌策略的同时，也应该寻求网络技术、物流保障等的支持。

本 章 小 结

农村市场营销在提取农村居民消费模式的基础上，划分农村居民消费需求层次，从而掌握农村居民的核心需求。结合农村消费者具体行为特征，制定以农民为核心的营销模式，为农村的实践发展提供理论指导。

我国农村居民消费模式一般可分为技能需求模式、核心需求模式和外延需求模式。与之对应的需求层次分为机能需求、核心需求和外延需求。受到我国传统文化、现实环境和经济形势的影响，我国农村居民的消费特征具有物质性消费需求较大，精神性消费需求较小的特点，并且在短期内，农民消费者以求实消费为主的偏好将不会改变。因此，企业一方面应该根据农村消费行为特征的差异制定营销策略，满足农村不同消费者需求。另一方面应该根据农村消费者行为的不确定性来制定营销策略。

在农村市场营销的发展中，农产品营销至关重要。在乡村振兴战略的引领下，营销助农产业发展迅速。目前营销助农的产业模式有很多，主要有特色种养模式、乡村休闲旅游模式、电商产业模式、边境贸易模式等。在此基础上，以市场为导向、以效益为中心、以产品为重点的农业产业化实现飞速发展。通过优化整合，农村产业形成区域化布局、规模化发展、专业化生产、系列化加工、社会化服务、企业化经营的种养加工、生产供应销售等一体化经营体系，促使农村产业从注重数量生产农业向注重质量现代农业转变农村市场营销。

自 测 题

1. 农村居民的消费模式分成哪几类？
2. 根据农村消费行为特征的差异可以制定怎样的营销策略？
3. "三农"问题具体指的是什么问题？
4. 农业产业化具有哪些特征？

参 考 文 献

[1] 菲利普·科特勒，凯文·莱恩·科勒. 营销管理[M]. 15版. 上海：格致出版社，2016.
[2] 何佳讯. 战略品牌管理——企业与顾客协同战略[M]. 北京：中国人民大学出版社，2021.
[3] 凯文·莱恩·科勒. 战略品牌管理[M]. 北京：机械工业出版社，2021.
[4] 保罗·特罗特. 创新管理与新产品开发[M]. 北京：机械工业出版社，2020.
[5] 徐岚. 服务营销[M]. 北京：北京大学出版社，2018.
[6] 蒂姆·史密斯. 定价策略[M]. 北京：中国人民大学出版社，2015.
[7] 伯特·罗森布洛姆. 营销渠道：管理的视野[M]. 8版. 北京：中国人民大学出版社，2020.
[8] 庄贵军. 营销渠道管理[M]. 3版. 北京：北京大学出版社，2018.
[9] 菲利普·科特勒，加里·阿姆斯特朗. 营销管理[M]. 15版. 上海：格致出版社，2019.
[10] 王永贵. 市场营销[M]. 2版. 北京：中国人民大学出版社，2022.
[11] 孟韬. 市场营销：课程思政与互联网创新[M]. 2版. 北京：中国人民大学出版社，2021.
[12] 赵西萍. 旅游市场营销学[M]. 北京：高等教育出版社，2002.
[13] 唐德才. 现代市场营销学教程[M]. 北京：清华大学出版社，2005.
[14] 杨剑英，张亮明. 市场营销学[M]. 南京：南京大学出版社，2018.
[15] 田广，冯蛟，王颖. 市场营销人类学[M]. 银川：宁夏人民出版社，2017.
[16] 曹旭平. 市场营销学[M]. 北京：人民邮电出版社，2017.
[17] 蒋旭峰，杜骏飞. 广告策划与创意[M]. 北京：中国人民大学出版社，2022.
[18] 张雁白，陈焕明. 现代推销学[M]. 3版. 北京：中国人民大学出版社，2018.
[19] Kotler P, Caslione J A. Chaotics: The business of managing and marketing in the age of turbulence [M]. Amacom, 2009.
[20] Morello J A. Selling the President, 1920: Albert D. Lasker, advertising, and the election of Warren G. Harding [M]. Greenwood Publishing Group, 2001.